梅兰芳纪念馆藏拓片集

刘祯 主编

知识产权出版社
全国百佳图书出版单位
—北京—

图书在版编目（CIP）数据

梅兰芳纪念馆藏拓片集/刘祯主编. —北京：知识产权出版社，2025. 1.

ISBN 978-7-5130-9651-5

Ⅰ. K825.78-64；G268.1-64

中国国家版本馆CIP数据核字第2025RD5325号

责任编辑：罗　慧　　**责任校对：**潘凤越

封面设计：研美文化　　**责任印制：**刘译文

梅兰芳纪念馆藏拓片集

刘祯　主编

出版发行：知识产权出版社有限责任公司　　**网　址：**http：//www.ipph.cn

社　址：北京市海淀区气象路50号院　　**邮　编：**100081

责编电话：010-82000860转8343　　**责编邮箱：**lhy734@126.com

发行电话：010-82000860转8101/8102　　**发行传真：**010-82000893/82005070/82000270

印　刷：天津市银博印刷集团有限公司　　**经　销：**新华书店、各大网上书店及相关专业书店

开　本：787mm×1092mm　1/16　　**印　张：**21

版　次：2025年1月第1版　　**印　次：**2025年1月第1次印刷

字　数：300千字　　**定　价：**258.00元

ISBN 978-7-5130-9651-5

《梅兰芳纪念馆藏拓片集》序

刘祯

梅兰芳是20世纪伟大的京剧表演艺术家。他的成就彪炳史册，他的影响和贡献是多方面的，诸如京剧表演艺术、海外文化传播等。缀玉轩是梅兰芳在北京的主要居所，地处北京无量大人胡同，是一处标志性符号，记录了他事业臻于巅峰的过往。在缀玉轩，梅兰芳身边聚集了一批志同道合者，他们的修养、他们对梅兰芳的无私援助，不仅使梅兰芳在舞台上大放异彩，也使梅兰芳的人格修为和文化修养得到显著提升，这是梅兰芳的成功秘诀，也是梅兰芳不同于一般艺人之处。缀玉轩不仅进出众多的文化人，也聚集了一批珍贵文物文献，这些文物文献是缀玉轩也是梅兰芳文化品牌的重要体现。梅兰芳许多方面的成就和爱好，越来越为人所知，而作为收藏家和档案文献收藏者的身份则鲜为人知。梅兰芳的档案文献收藏，是他个人的，也是那个社会时代的，特别是京剧演出、时尚审美、娱乐市场和文化活动重要的历史记录和珍贵文献；他的书画等收藏也名重一时，越来越为业界及爱好者所熟悉。梅兰芳的所藏极其珍贵，但在他的诸多收藏中，有些内容虽重要却不甚为人所知，如其所收藏的拓片，内容丰富，颇具特色。

拓片是从碑刻、铜器等文物上拓印下其形状、文字或图画的纸片，它作为中华文化的传统手艺，是记录中华文化的重要载体之一。摹拓书画的技艺远在唐代之前就已达到相当水平。晚唐张彦远在《历代名画记》卷二“论画工用拓写”中写道：“好事家宜置宣纸百幅，用法蜡之，以备摹写（顾恺之有摹拓妙法）。古时好拓画，十得七八，不失神采笔踪。亦有御府拓本，谓之官拓。国朝内库、翰林、集贤、秘阁，拓写不辍。承平之时，此道甚行，艰难之后，斯事渐废，故有非常好本拓得之者，所宜宝之。既可希其真踪，又得留为证验。”一些已毁坏不存的碑刻，因保存有拓片，才能使后人一睹原碑刻的历史内容及形象风采，如汉《西岳华山庙碑》、北魏《张玄墓志》、东吴《天发神谶碑》以及唐柳公权《宋拓神策军碑》等。拓片的种类有甲骨文拓片、秦汉瓦当拓片、历史砖拓、古币拓片、砚铭拓片、汉画像拓片、碑拓、造像拓片等。梅兰芳纪念馆所藏拓片以梅兰芳先生的收藏为主，有172幅作品，主要类别为墓志铭碑刻及石刻、造像题记、器物（砚铭）、书法（碑刻）等，其中尤以墓志铭碑刻及石刻、造像题记和书法碑刻为多，书法拓片延及当代。

这些拓片为梅兰芳收藏之物的重要组成，从中能够看到他对积淀着传统历史文化信息的拓片载体的理解和重视，北朝墓志铭碑刻、造像题记在他现有收藏中占较大比重，其历史文化价值、艺术审美价值较高，如《牛橛造像题记》《郑长猷造像题记》《贺兰汗造像记》《广川王祖母太妃侯为幼孙造像记》等多篇“龙门二十品”，为清代后期流行之碑学。梁启超在《广艺舟之宋齐梁陈》中赞“龙门二十品”有十美：“魄力雄强，气势浑穆，笔法跳跃，点画峻厚，意态奇逸，精神飞动，兴趣酣足，骨法洞达，结构天成，血肉丰美。”他并称赞魏碑“无不佳者”，彰显了具有时代特征的理性力度之美，形成书法史上质朴美之风格。从梅兰芳个人角度来看，这些收藏也与他人生经历中的爱好兴趣及信仰思想不无关系。我们知道，梅兰芳早年受佛教影响较大，这在他早年的绘画与戏曲创排中均有反映，此类收藏也可从一个侧面窥见梅兰芳某个阶段的思想与意趣所在。

梅兰芳拓片收藏多为历代书画文学大家的作品，如陈抟、黄庭坚、柯九思、董其昌、傅山、朱奄、朱彝尊、金农、郑板桥、刘墉、翁方纲、俞樾等，还包括柯璜所书当代伟人毛泽东、朱德诗词的作品，也有思想家王阳明的书法，以及历史上一些具有爱国情怀的英雄、忠臣如岳飞、史可法、杨继盛等的书法作品。从梅兰芳抗日时期的蓄须明志到新中国的爱国爱党，其思想渊源有自，是可以从多方面进行探索的。传统是一面镜子，也是一种激励，拓片不仅是一方纸页，积淀其上的思想、精神和气质，也会转化为一种动力，影响人的思想和审美。拓片中有元代至正十年（1350）的《竹》《兰花》，这是历代文人喜爱和欣赏的植物，也是梅兰芳一生高洁情操的象征，虽为墨拓，却能够感受到兰花与竹子的清新、明丽与不俗。在梅兰芳所藏的拓片文献中，也保存了与戏曲梨园界有关的内容，这就是1934年由徐兰沅所书《梨园公益会立碑》拓片。杨小楼、余叔岩、梅兰芳等人“念同业之人旅榇无寄，孤魂何依”，乃筹款助洋，“以作剧界同人义园”，发扬梨园界团结互助的传统，这也是梅巧玲辈积义行仁盛德的体现。拓片《释迦文佛》（天统三年）有1923年姚茫父的跋记。姚长梅兰芳18岁，为著名文人，金石、诗词曲赋无不精通，与王国维、吴梅并称“曲学三大家”，是梅兰芳的绘画老师。《北齐武平七年造像》《合邑五十人造像记》有罗瘿公跋记，前者跋中说该造像：“民国十一年出土，西充白坚充得诸太原。癸亥三月书画展览会陈列此石，完好精丽。畹华亲摄全影，翌日白君以拓本贻之。为志其上。”后者跋曰：“西充白氏藏石，以墨拓贻缀玉轩主人。”两跋对梅兰芳这两件拓片的来源进行说明。

梅兰芳构筑的中国戏曲表演体系是以戏曲为核心的，他的海外文化传播也是以京剧为主导的，但梅兰芳有着更宏阔和系统的文化视野和文化理想，这令梅兰芳超越于其艺术家的身份。梅兰芳京剧与表演艺术研究如火如荼，“梅学”方兴未艾，从文献档案的收集、整理到研究、出版，需要一步一步做，我们也在一步一步做，相信最终将为人们带来认识彼时社会更为真实的描绘，也包括这个真实描绘里真实、生动和多彩的梅兰芳！从这一角度看，拓片集的整理出版，不是辉煌梅兰芳艺术的边缘和角隅，而是需要我们认真加以研究的一个领域和天地。

由于馆里的整理和研究工作比较繁重，此稿的整理经历了较长时间。文献的整理释读主要是由梅兰芳纪念馆孙利华女士承担，并邀请南京艺术学院美术学院王霖老师做了审校工作，还得到北京画院一级美术师纪清远先生的多次帮助，梅兰芳纪念馆俞丽伟博士亦承担了一些释读工作，本人进一步做了释读和审校工作，拓片残缺者中有些文字据通行本进行了补全，如晋祠藏风峪《花严石经》拓片文字。该项目的出版，得到了知识产权出版社副总编王润贵及文史编辑室宋云主任的大力支持，责编罗慧老师认真编辑校对，反复推敲，仔细识读拓片原文，可谓一丝不苟，付出良多，深表谢忱！当然，上述这一工作的复杂性和难度显而易见，众人虽几经努力，但仍觉拓片整理存在的问题尚多，还祈方家指正！

刘　祯

2023年2月20日于京城惠新里

目录

墓志铭碑刻及石刻

造像题记

器物

书法

墓志铭碑刻及石刻

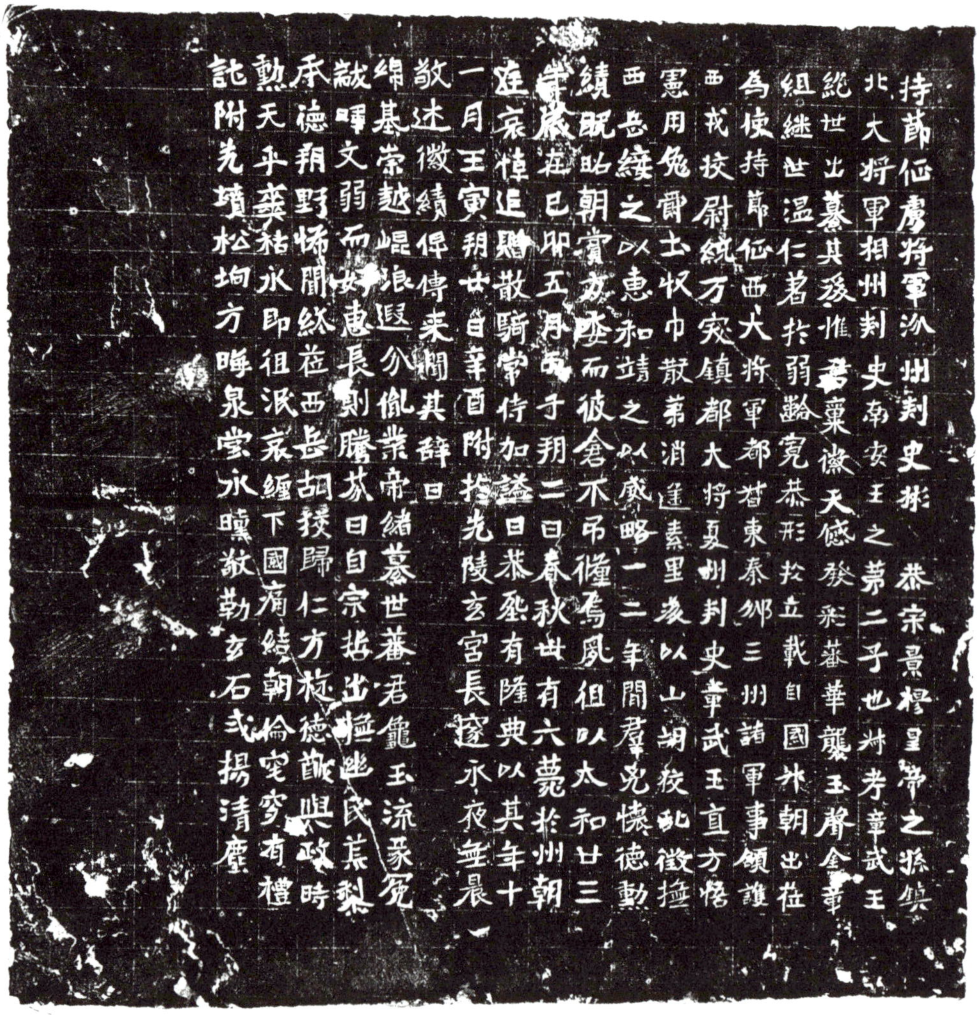

《元彬墓志铭》

北魏太和二十三年（499）

释文

持节征虏将军汾州刺史彬，恭宗景穆皇帝之孙，镇北大将军相州刺史南安王之第二子也。叔考章武王绝世，出纂其后。惟君禀徽天戚，发彩蕃华，袭玉声金，章组继世。温仁著于弱龄，宽恭形于立载。自国升朝，出莅为使持节、征西大将军、都督东秦邠三州诸军事、领护西戎校尉、统万突镇都大将、夏州刺史。章武王直方悟宪，用勉爵土，收巾散第，消遥素里。后以山胡狡乱，征抚西岳，绥之以惠和，靖之以威略。一二年间，群凶怀德。勋绩既昭，朝赏方委，而彼仓不吊，倏焉夙徂。以太和廿三年岁在己卯五月丙子朔二日，春秋卅有六，薨于州。朝廷哀悼，追赠散骑常侍，加谥曰恭，葬有隆典。以其年十一月壬寅朔廿日辛酉附于先陵。玄宫长邃，永夜无晨，敬述徽绩，俾传来闻。其辞曰：

绵基崇越，昆浪遐分，胤业帝绪，纂世蕃君。龟玉流象，冕黻晖文，弱而好惠，长则腾芬。日自宗哲，出抚幽民，荒黎承德，朔野怖闻。终莅西岳，胡狡归仁，方旋德猷，与政时勋。天乎爽枯，永即徂泯，哀缠下国，痛结朝伦。窀穸有礼，托附先坟，松垧方晦，泉堂永曛。敬勒玄石，式扬清尘。

说明

志石高53厘米，宽55.4厘米，共18行，行高21字，共366字。1925年于河南洛阳城西北高沟村出土，曾归河南省图书馆，现藏河南博物院。

魏故侍中太保領司徒公廣平王姓元諱懷字宣義
河南洛陽乘軒里人顯祖獻文皇帝之孫高祖孝文
皇帝之第四子世宗宣武皇帝之母弟 皇上之叔
父也體乹坤之叡性承日月之貞暉比德蘭玉操邁
松竹延愛 二皇寵結三世姿文挺武苞仁韞哲量
高山岳道協風雲周之魯衛在漢閒平未足稱美於
前代矣享年不永春秋卅熙平二年三月廿六日丁
亥薨追崇使持節假黄鉞都督中外諸軍事太師領
太尉公侍中王如故顯以殊禮備物九錫謚曰武穆
禮也及葬 皇太后輿駕親臨百官赴會秋八月廿
日窆于西郊之兆懼陵谷易位市朝或侵墳堂有改
金石無虧敬勒誌銘樹之泉闥其頌曰
老尚蘭嘿孔貴雅言於穆懿王體素心閑德秀時英
器允宗賢踐仁作保履義居蕃忠冠朝首寵表戚先
勳覬未半背世茂年生榮殁哀餘光永延刊美瑤牒
祏告幽玄

《元怀墓志铭》

北魏熙平二年（517）

释文

魏故侍中太保领司徒公广平王，姓元，讳怀，字宣义。河南洛阳乘轩里人。显祖献文皇帝之孙，高祖孝文皇帝之第四子，世宗宣武皇帝之母弟，皇上之叔父也。体乾坤之睿性，承日月之贞晖，比德兰玉，操迈松竹，延爱二皇，宠结三世。姿文挺武，苞仁韫哲。量高山岳，道协风云。周之鲁卫，在汉间平，未足称美于前代矣。享年不永，春秋卅，熙平二年三月廿六日丁亥薨。追崇使持节、假黄钺、都督中外诸军事、太师、领太尉公、侍中，王如故。显以殊礼，备物九锡，谥曰武穆，礼也。及葬，皇太后舆驾亲临，百官赴会。秋八月廿日，窆于西郊之兆。惧陵谷易位，市朝或侵，坟堂有改，金石无亏，敬勒志铭，树之泉闼。其颂曰：

老尚简嘿，孔贵雅言，于穆懿王，体素心闲。德秀时英，器允宗贤，践仁作保，履义居蕃。忠冠朝首，宠表戚先，勋规未半，背世茂年。生荣殁哀，烋光永延。刊美瑶牒，祇告幽玄。

说明

无首题。青石质，志石高81厘米，宽80.5厘米，厚19厘米。共16行，行高20字。志石完好，字迹清晰。盖已佚。1925年于河南省洛阳城北张羊村出土。曾归河南省图书馆，现藏河南博物院。

大魏故城門校尉元騰墓誌銘
城門校尉元騰字金龍司州河南嘉平里人也
大宗明元皇帝之曾孫使持節都督秦雍涇涼
益五州諸軍事開府儀同三司衛大將軍雍州
刺史樂安宣王範之孫使持節都督秦雍涇涼
益五州諸軍事開府儀同三司衛大將軍雍州
刺史樂安簡王良之第八子也正始四年歲次
丁亥四月十一日薨于第夫人廣平程氏字法
珠神龜二年歲次己亥七月十四日薨其年十
一月丙子朔九日甲申合窆於長陵之東北皇
宗之兆茫茫二造雲雷參靈我皇剎建武魁文
經道光九壤本枝八寓承明疊聖民穆天清資
華重徽體一乾柯飛英曜彩含奇毓和如金之
美如玉之瑳任近道遠比德衡阿尸鳩作配賓
惟夫人蘋蘩以潔四德以懃閑閑喈喈左右我
君鍾鼓琴瑟桂馥蘭薰仁壽無徵信順虛設桂
宇凝霜玄堂納雪楊路鞭雲松原風咽鎸石題
式照餘烈

《元腾暨妻程法珠墓志铭》

北魏神龟二年（519）

释文

大魏故城门校尉元腾墓志铭

城门校尉元腾，字金龙，司州河南嘉平里人也。太宗明元皇帝之曾孙，使持节都督秦雍泾凉益五州诸军事、开府仪同三司、卫大将军、雍州刺史、乐安宣王范之孙，使持节都督秦雍泾凉益五州诸军事、开府仪同三司、卫大将军、雍州刺史、乐安简王良之第八子也。正始四年，岁次丁亥，四月十一日薨于第。夫人广平程氏，字法珠，神龟二年，岁次己亥，七月十四日薨。其年十一月丙子朔九日甲申合窆于长陵之东北皇宗之兆。茫茫二造，云雷启灵，我皇利建，武克文经。道光九壤，本枝八冥，承明叠圣，民穆天清。资华重睿，体一乾柯，飞英曜彩，含奇吐和。如金之美，如玉之瑳，任近道远，比德衡阿。尸鸠作配，实惟夫人，蘋蘋以洁，四德以勤。关关喈喈，左右我君，钟鼓琴瑟，桂馥兰薰。仁寿无征，信顺虚设，桂宇凝霜，玄堂纲雪。杨路鲠云，松原风咽，镌石题□，式照余烈。

说明

原志题《大魏故城门校尉元腾墓志铭》。志石高51.3厘米，宽55.5厘米。正书。共18行，行高18字，共304字。1925年于河南省洛阳城北徐家沟出土，后藏于河南博物院。

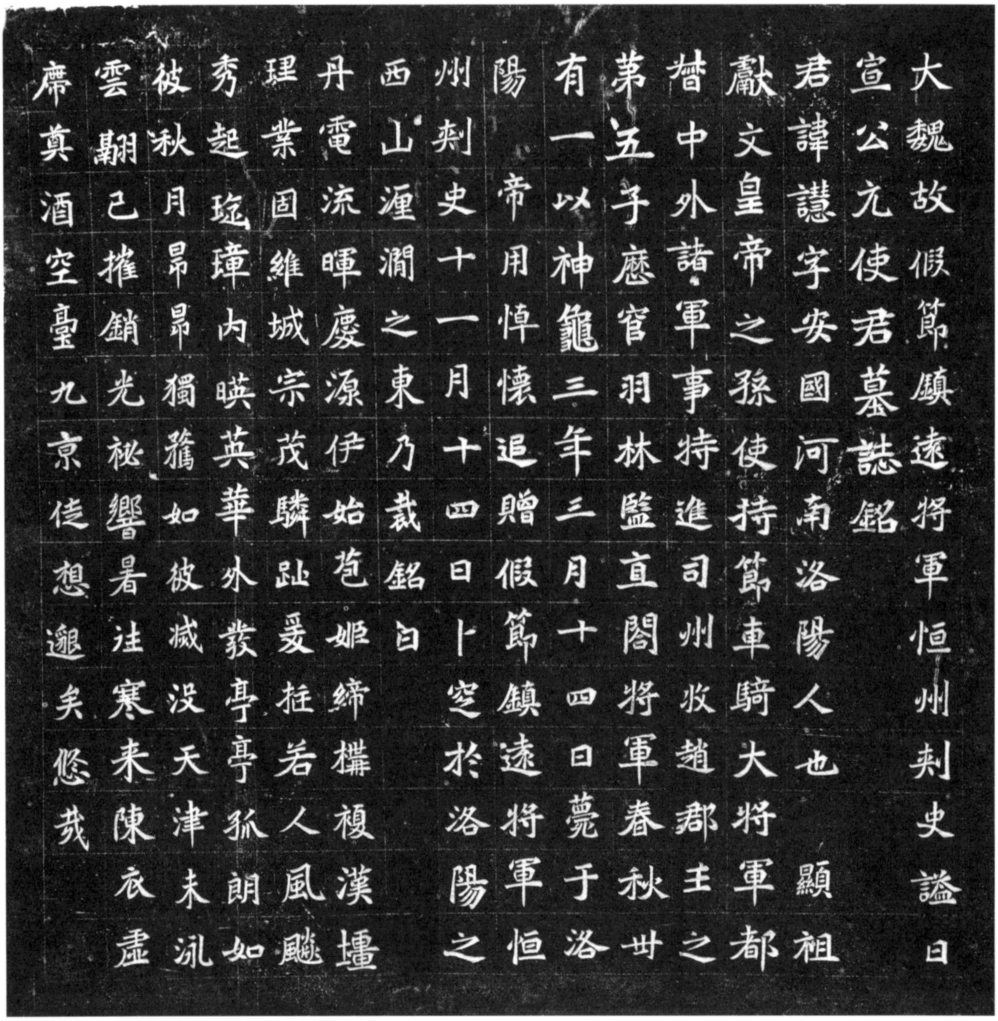

大魏故假節顧遠将軍恒州刺史謚曰
宣公元使君墓誌銘
君諱讖字安國河南洛陽人也　顯祖
獻文皇帝之孫使持節車騎大将軍都
督中外諸軍事特進司州牧趙郡王之
第五子歷官羽林監直閤将軍春秋卅
有一以神龜三年三月十四日薨于洛
陽　帝用悼懷追贈假節鎮遠将軍恒
州刺史十一月十四日卜窆於洛陽之
西山瀍澗之東乃裁銘曰
丹電流暉慶源伊始苞姬締構複漢墉
理業固維城宗茂麟趾爰摽若人風飈
秀起瑤瑋內暎英華外發亭亭孤朗如
彼秋月昂昂獨舊如彼滅沒天津未泯
雲翮已摧銷光秘響暑往寒来陳衣盡
席奠酒空臺九京徒想邈矣悠哉

《元譓墓志铭》

北魏神龟三年（520）

释文

大魏故假节镇远将军恒州刺史谥曰宣公元使君墓志铭

君讳譓，字安国，河南洛阳人也。显祖献文皇帝之孙，使持节、车骑大将军、都督中外诸军事特进司州牧赵郡王之第五子。历官羽林监、直阁将军。春秋卅有一，以神龟三年三月十四日薨于洛阳。帝用悼怀，追赠假节、镇远将军、恒州刺史。十一月十四日卜窆于洛阳之西山，瀍涧之东。乃裁铭曰：

丹电流晖，庆源伊始。苞姬缔构，复汉疆理；业固维城，宗茂磐趾。爰挺若人，风飙秀起；瑶璋内映，英华外发。亭亭孤朗，如彼秋月；昂昂独骛，如彼灭没。天津未泳，云翮已摧；销光秘响，暑往寒来。陈衣虚席，奠酒空台；九京徒想，邈矣悠哉。

说明

拓片长61厘米，宽62厘米。共16行，行高15字，正书。有翻刻。无撰书人姓名。志石保存完好，文字清晰。1920年于河南洛阳安驾沟村出土，现藏河南省图书馆。

南平王墓誌銘
王諱暐字仲固河南洛陽人 太祖道武 皇帝六世孫也自出作蕃維入為卿仕
烈高功煥于帝籍王資神秀桀自得溫恭岐嶷表於髫年樂善著於冠日故以千乘典
嗟万夫攸仰是稱磐石斯日光予自增構爰歸象賢繼及盛業惟新風聲日廣肯准之
容接踵而來遊鄴牧之侶慕義而斯至雖東閣未啟補袞之望儼然子違汝弼望隆任
顯假借之寄時無異歸除諫議大夫王如故鳳沼嶽貴王言攸委絲綸所出匪易其人
轉中書侍郎王如故東濱巨海西望長河四會所經五方伊湊尊彝是屬興利時憑揔
寵寄惟允當物議除使持節都督光州諸軍事輔國將軍光州刺史王如故王去茲荷
政鎮彼亂群曾未碁年風移俗化𤩽門注望其來日久將兵喉脣事資執戟除給事黃
門侍郎將軍王如故王固遵後來深秉謙撝敦柱陳誠久而獲許改授散騎常侍王如
故秦川擾亂自滑涪天大將軍太傅以安危所鍾揔戎西伐而疊躬之寄實歸猶子協
怪之举是賴高謨乃授使持節假平西將軍以本官為西道別將既而涇陽告警隴首
未康龕亂宇民持難其選除使持節都督涇州諸軍事右將軍涇州刺史屬狄虜寇繫
遊魂未息周旋誅討歲歷滋多乃授平西將軍銀青光祿大夫假安西將軍使持節為
征討都督三令靡違五勝無舛遂北追奔繫頸將及 朝廷以山西猶梗民庶未寧作
鎮班條實佇英略進授使持節都督泰州諸軍事本將軍泰州刺史假鎮西將軍都督
王如故王脂車秣駟擁節杭旗竹馬盈郊壺漿繼道會前驅覆衆大督雲亡王策鉀徐
歸抽戈後殿慨東隅之有缺思改旦於後圖卻戟長安方申更舉之悔禍隆緒興妖
履霜已見燎原行在以王遠近注心雅相猜忌醜正有徒奇謀未拓延義勇糾龍
收離東河吉誠西轉述職而維城之志以懃靖亂之心未遑忽離盜增之禍奄及推墻
之災以孝昌三年十月廿日薨於長安之 館春秋卅八 朝廷詠言忠烈念深追遠
褒德紀勳禮崇加毀 詔贈使持節衛大將軍尚書右僕射都督雍岐南豳三州諸軍
事雍州刺史增邑三百户王如故王孝情天至友愛特深悅善好名寬仁容衆學涉墳
之雅好斯文草隸之工邁於鍾索及臨民撫衆既寬能猛基忠履孝善始令終勁質表
於疾風貞柯冠於歲暮柝所謂廣夏之棟樑斯民之領袖者矣以武泰元年歲次戊申
三月戊午朔十六日癸酉歸窆於景陵東山之陽懼山澗之有變悲丹壑之徂遷僊青
緗之毀滅庶斯美之長宣其辭曰
懸天作構帶地為源載毗載輔或屏或蕃懷黃佩紫繡軸朱軒八命單寵十等窮尊餘
烈所鍾時惟繼體聲樹入宮譽宣居邸四馬駿駕千乘矢盛逾下其志益卑其禮彌闇
瞻儀鵷彼屬望濯鱗尉羽既潛且飄風表聞詳聆情簡曠父拜有聞恰遺靡尚東牧深
聲西鑒有戮同致而事等湯雪猛志徒男雄圖空結遽隕貞心奄淪峭節哀榮揔被
望實兼崇朱旂委霧清吹從風誰言易踐所貴要終丹青有歌郁烈無窮

《元暐墓志铭》

北魏正光四年（523）

释文

魏故使持节、散骑常侍、卫大将军、尚书右仆射、都督雍岐南豳三州诸军事、雍州刺史、南平王墓志铭

王讳暐，字仲囧，河南洛阳人，太祖道武皇帝六世孙也。自出作蕃维，入为卿□，□烈高功，焕于帝籍。王资神秀桀，自得温恭，岐嶷表于觽年，乐善著于冠日。故以千里兴嗟，万夫攸仰，是称磐石，斯曰犬牙。自增构爰归，象贤继及，盛业惟新，风声日广。背淮之客，接踵而来游；邹牧之侣，慕义而斯至。虽东阁未启，补衮之望，俄然予违汝弼，望隆任显，假借之寄，时无异归。除谏议大夫，王如故。凤沼严贵，王言攸委，丝纶所出，匪易其人。转中书侍郎，王如故。东滨巨海，西望长河，四会所缠，五方伊在。亨鲜是属，兴利时凭，总辔褰帷，允当物议。除使持节、都督光州诸军事、辅国将军、光州刺史，王如故。王去兹苛政，黜彼乱群，曾未期年，风移俗化，琐门注望，其来日久，将委喉唇，事资执戟。除给事黄门侍郎、将军，王如故。王固遵后外，深秉谦抝，敷衽陈诚，久而获许。改授散骑常侍，王如故。秦川构乱，巨滑滔天，大将军太傅以安危所钟，总戎西伐，而晨昏之寄，实归犹子，帷幄之算，是赖高谟。乃授使持节、假平西将军，以本官为西□别将。既而泾阳告警，陇首未康，匋乱宇民，特难其选。除使持节、都督泾州诸军事、右将军、泾州刺史。属狡虏实繁，游魂未息，周旋诛讨，岁历兹多。乃授平西将军、银青光禄大夫、假安西将军，使持节为征讨都督。三令靡违，五胜无舛，遂北追奔，系颈将及。朝廷以山西犹梗，民庶未宁，作镇班条，实伫英略，进授使持节、都督秦州诸军事、本将军、秦州刺史、假镇西将军，都督、王如故。王脂车秣驷，拥节抗旗，竹马盈郊，壶浆继道。会前驱覆众，大督云亡，王弃钾徐

归，抽戈后殿，慨东隅之有缺，思改旦于后图，却就长安，方申更举。□□悔祸，隆绪兴妖，履霜已见，燎原行在。以王远近注心，雅相猜忌，丑正有徒，奇谋未□，乃招延义勇，纠散收离，东向告诫，西辕述职。而维城之志以勤，靖乱之心未遑。忽离盗增之祸，奄及推墙之灾。以孝昌三年十月廿日薨于长安之公馆，春秋卅八。朝廷咏言忠烈，念深追远，褒德纪勋，礼崇加数。诏赠使持节、卫大将军、尚书右仆射、都督雍岐南豳三州诸军事、雍州刺史，增邑三百户，王如故。王孝情天至，友爱特深，悦善好名，宽仁容众，学涉坟史，雅好斯文，草隶之工，迈于钟索。及临民抚众，既宽能猛，基忠履孝，善始令终，劲质表于疾风，贞柯冠于岁暮。抑所谓广夏之栋梁，斯民之领袖者矣。以武泰元年岁次戊申三月戊午朔十六日癸酉归窆于景陵东山之阳。惧山渊之有变，悲丹壑之徂迁，傥青编之毁灭，庶斯美之长宣。其辞曰：

极天作构，带地为源，载毗载辅，或屏或蕃。怀黄佩紫，绣轴朱轩，八命单宠，十等穷尊。余烈所钟，时惟继体，声标入宦，誉宣居邸。四马骏驾，千乘大启，逾下其志，益卑其礼。琐闼瞻仪，鸩波属望，濯鳞尉羽，既潜且扬。风表闲详，衿情简旷，夕拜有闻，拾遗靡尚。东牧流声，西龛有机，义同致雨，事等汤雪。猛志徒男，雄图空结，遽陨贞心，奄沦峭节。哀荣总被，望实兼采，朱旌委雾，清吹从风。谁言易践，所贵要终，丹青有歇，郁烈无穷。

说明

《元暐墓志铭》系北魏正光四年（523）三月刻。志石高、宽均85厘米，厚18厘米，为一正方形墓志铭，文字为魏楷，33行，行高33字，无撰书人姓名。志石完整，仅个别字残损。1928年农历六月在河南洛阳城北四公里盘龙冢村东南地出土。盖已佚。志石现藏开封市博物馆碑廊。

魏故使持節侍中驃騎大將軍儀同三司尚書令益州刺史江陽王元公之墓誌銘

公諱乂字伯儁河南洛陽人也 道武皇帝之玄孫太師京兆王之世子派道天河分峯曰觀川岳合而
為靈辰昂散而成德清明內照光景外融欎致玄遠崖涘高峻皁白定於是非朱紫由其欎格加呂思極
来往學貫隱深奇文異制雕龍未爽樞機韞吐詎越談天楊葉棘刺之妙基衛未之踰蚍形鳥跡之術張
蔡熟能比於是遠近推慕籍甚京師遭太妃憂哀毀過礼幾於滅性太師敦喻乃更藴粒年方弱冠應物
来仕掩浮雲而上征搏積風而皷翼初除散騎侍郎尚宣武胡太后妹馮翊郡君呂親賢莫二少歷顯官
尋轉通直遷散騎常侍光祿勳職惟談議任實摠領選才而舉民無間然非唯獲賞衆乘見知廉清而已
轉侍中領軍將軍領左右尋加衛將軍雖秩班近侍而任居時宰朝權國柄僉望有歸類公旦之相周等
霍侯之輔漢妙識居龍之道深體亨鮮之術振綱而万目理委戀而四牡調人無廢才宮無廢職時和俗
泰遠至迩安田疇之謠既彌羔裘之刺亦息于時三雍締構疑議紛綸呂公學綜墳籍儒士彼宗復領明
堂大將公斟酌三代憲章漢晉獨見卓然經始用立志性廉隅非礼不動雖消人童[illegible]必冠而見慍喜不
形於色蓋介未曾經懷積而能散貴而能貧湛湛然若滄瀛之靡浪汪汪焉如江河之末深深達廢興鑒
識淵濬自己為大權不可久居大功難可又樹周公東征范蠡浮海乃損首歸政固乞骸骨聖上謙虛屢
詔不許表跡十上終不見聽夫任首三獨礼均八命自非外著九功內含一德俞往之誥未見其人乃親
詔解領軍更授驃騎大將軍儀同三司尚書令侍中領左右如故公沖讓懇款煩於辭牘既不獲已復
庶政翼亮王猷緝熙治道濟斯民於貴壽躋吾君於堯舜春氣生草未足同言夏雨膏物曾何竊比至於
異流並會文墨成山言若循環筆無停運商較用捨曲有章條文若之奇策謀清塵未遠伯師之匪躬
亮亶獨亦何人公儀範端華音神秀徹言稱古昔景行行止多能寬欲負中方外孝為行本信作身與運
斗柄而長六官攡其璫而釐万務一人拱己無為百司御而成績正色危言獻替無殆送往勞来吐握忘
倦論玉不由小大求馬忘其白黑管庫咸舉闒折靡遺猶如提水於河取火於燧者矣至於高清臨首官
徽鳴冑懷金抱玉陟降墀陛故呂儀形列辟冠冕羣龍信廣夏之棟梁太川之舟楫豈唯一草之根一孤
之腋而已哉方贊玉鼓之化陪金繩之礼隆成平於天地增光華於日月而流言傳沓萋斐成章公乃泣
涙謁 帝遜還私宅俄而有詔解公侍中領左右尋又除名為民公遂杜門奉養曾無慍色公少好黃老
尤精釋義招集緇徒曰盈數百講論疑滯研賾是非呂燭嗣曰怡然自得邢茅之報未嘉藏甲之謗已及
孝昌二年三月廿日詔遣宿衛禁兵二千人夜圍公第公神色自若都無懼容乃感太師開門延使者與
第五弟給事中山賓同時遇害春秋卌有一公臨終歎曰夫忠貞守死臣之節也伊尹不免我獨何為但
恨不得辭老父訣稚子耳御藥而薨天下聞之莫不流涕雖秦之喪百里漢之殺蕭傅何呂匹諸所謂人
之云亡古之遺愛者也既而 聖上追遠 靈后傷懷贈使持節侍中驃騎大將軍儀同三司尚書令益
州刺史 皇太后親臨哭弔哀動百寮自薨及葬賵贈有加遣中使監護喪事賜朝服一襲[illegible]三百斤賻
布絹一千三百匹錢卅万祠呂太牢給東園轜車挽歌十部賜呂明器發卒衛從自都及墓太師悼世子
之夙泯愍孤魂之靡託乃表讓爵土追授于公朝廷義之哀而見許乃改封江陽王粤七月戊戌朔廿四
日辛酉窆於成周之北山長陵塋內丹青有歇葦編易絕銘茲琬琰幽塗永晰其詞曰
名世寡廓非聖伊賢資靈象宿稟氣河山英戎上德有從自天百世隨踵千里比肩仁為經緯孝作終始
學海不窮為山未止識同四面辯非三耳俳佪語嘿優遊宴憙人官奚寶天爵斯貴合信四時齊明五緯
斧藻川流雕篆霞蔚業通鄒魯聲高梁魏畜寶待價藏器須時通夢協下命世應期三事俞往百揆允釐
鼎實斯屬鹽梅在茲方賴股肱弼諧元首緝我王度永作先後天鑒孔明宜登上壽豈云不弔如禽庚殲
暑往秋来蓋從龜襲金鐸夜警龍轜曉立寂寂原田蕭蕭都邑逝矣何期瞻望靡及昔遊國道華轂生塵
今首山路迴望無人短生已夕脩夜不晨唯蘭與菊空播餘芬
妃安定胡氏父珎相國太上秦公 息亮字休明年十一平原郡開國公 亮妻范陽盧氏父聿駙馬都尉太尉司馬
息穎字稚舒年十五秘書郎中 穎妻清河崔氏父休尚書僕射 女[illegible]

《元乂墓志铭》

北魏孝昌二年（526）

释文

魏故使持节、侍中、骠骑大将军、仪同三司、尚书令、冀州刺史、江阳王元公之墓志铭

公讳乂，字伯儁，河南洛阳人也。道武皇帝之玄孙。太师京兆王之世子。派道天河，分峰日观，川岳合而为灵，辰昴散而成德。清明内照，光景外融，标致玄远，崖涘高峻，皂白定于是非，朱紫由其标格。加以思极来往，学贯隐深，奇文异制，雕龙未爽，枢机暂吐，讵越谈天。杨叶棘刺之妙，基卫未之逾，蛇形鸟迹之术，张蔡熟（孰）能比？于是远近推慕，藉甚京师。遭太妃丧，哀毁过礼，几于灭性，太师敦喻，乃更苏粒。年方弱冠，应物来仕，掩浮云而上征，抟积风而鼓翼。初除散骑侍郎。尚宣武胡太后妹冯翊郡君，以亲贤莫二。少历显官，寻转通直，迁散骑常侍光禄勋。职惟谈议，任实总领，选才而举，民无间然。非唯获赏参乘，见知廉清而已。转侍中、领军将军、领左右，寻加卫将军。虽秩班近侍，而任居时宰，朝权国柄，佥望有归。类公旦之相周，等霍侯之辅汉。妙识屠龙之道，深体亨鲜之术。振纲而万目理，委辔而四牡调。人无废才，官无废职，时和俗泰，远至迩安。田畴之谣既弭，羔裘之刺亦息。于时三雍缔构，疑议纷纶。以公学综坟籍，儒士攸宗，复领明堂大将。公斟酌三代，宪章汉晋，独见卓然，经始用立。志性廉隅，非礼不动，虽涓人童隶，必冠而见。愠喜不形于色，虿介未曾经怀，积而能散，贵而能贫。湛湛然若沧瀛之靡浪，汪汪焉如江河之末流。深达废兴，鉴诫满覆，自以为大权不可久居，大功难可久树，周公东征，范蠡浮海，乃顿首归政，固乞骸骨。圣上谦虚，屡诏不许。表疏十上，终不见听。夫任首三独，礼均八命，自非外著九功，内含一德，俞往之诰，

未见其人。乃诏解领军，更授骠骑大将军、仪同三司、尚书令、侍中，领左右如故。公冲让恳款，烦于辞牍，既不获已，复亲庶政。翼亮王猷，缉熙治道，济斯民于贵寿，弼吾君于尧舜。春气生草，未足同言；夏雨膏物，曾何窃比？至于异流并会，文墨成山，言若循环，笔无停运，商较用舍，曲有章条。文若之奇策密谋，清尘未远；伯师之匪躬亮直，独亦何人？公仪范端华，音神秀彻，言称古昔，景行行止，多能寡欲，员中方外，孝为行本，信作身舆。运斗柄而长六官，拥大珰而厘万务。一人拱己，无为百司，仰而成绩，正色危言，献替无殆，送往劳来，吐握忘倦。论玉不由小大，求马忘其白黑。管库咸举，关柝靡遗，犹如挹水于河，取火于燧者矣。至于高清临首，宫徵鸣腰，怀金拕玉，陟降墀陛，故以仪形列辟，冠冕群龙。信广夏之栋梁，大川之舟楫，岂唯一草之根、一狐之腋而已哉？方赞玉鼓之化，陪金绳之礼，隆成平于天地，增光华于日月，而流言僔沓，萋斐成章。公乃垂泪谒帝，逊还私宅。俄而有诏解公侍中、领左右，寻又除名为民。公遂杜门奉养，曾无愠色。公少好黄老，尤精释义，招集缁徒，日盈数百。讲论疑滞，研赜是非，以烛嗣日，怡然自得。邢茅之报未嘉，藏甲之谤已及。孝昌二年三月廿日，诏遣宿卫禁兵二千人夜围公第。公神色自若，都无惧容，乃启太师，开门延使者，与第五弟给事中山宾同时遇害。春秋卌有一。公临终叹曰：夫忠贞守死，臣之节也。伊尹不免，我独何为？但恨不得辞老父，诀稚子耳。仰药而薨。天下闻之，莫不流涕。虽秦之丧百里，汉之杀萧傅，何以匹诸？所谓人之云亡，古之遗爱者也。既而圣上追远，睿后伤怀，赠使持节、侍中、骠骑大将军、仪同三司、尚书令、冀州刺史。皇太后亲临哭吊，哀动百寮，自薨及葬，賵赠有加。遣中使监护丧事。赐朝服一袭，蜡三百斤，赠布绢一千三百匹，钱卌万，祠以太牢，给东园轀车，挽歌十部，赐以明器，发卒卫从，自都及墓。太师悼世子之夙泯，愍孤魂之靡托，乃表让爵土，追授于公。朝廷义之，哀而见许，乃改封江阳王。粤七月戊戌朔廿四日辛酉窆于成周之北山长陵茔内。丹青有歇，韦编易绝，铭兹琬琰，幽涂永晰。其词曰：

名世寥廓，非圣伊贤，资灵象宿，禀气河山。英哉上德，有纵自天，百世随踵，千里比肩。仁为经纬，孝作终始，学海不穷，为山未止。识同四面，辩非三耳，徘徊语嘿，优游宴憙。人官奚宝，天爵斯贵，合信四时，齐明五纬。斧藻川流，雕篆霞蔚，业通邹鲁，声高梁魏。畜宝待价，藏器须时，通梦协下，命世应期。三事俞往，百揆允厘，鼎实斯属，盐梅在兹。方赖股肱，弼谐元首，缉我王度，永作先后。天鉴孔明，宜登上寿，岂云不吊，如禽度牖。暑往秋来，筮从龟袭，金铎夜警，龙輴晓立。寂寂原田，萧萧都邑，逝矣何期，瞻望靡及。昔游国道，华毂生尘，今首山路，回望无人。短生已夕，脩夜不晨，唯兰与菊，空播余芬。

妃安定胡氏，父珍，相国太上秦公。息亮，字休明，年十一，平原郡开国公。亮妻范阳卢氏，父聿，驸马都尉、太尉、司马。息颖，字稚舒，年十五，秘书郎中。舒妻清河崔氏，父休，尚书仆射。女僧儿，年十七，适琅琊王子建，父散骑常侍、济州刺史。

说明

志石高、宽均为81.5厘米，厚19厘米，1925年于河南洛阳向阳村出土。现藏于河南博物院。

曾祖高祖孝文皇帝
曾祖母清河王太妃河南羅氏父雲使持節侍中鎮東將軍青州刺史
祖　祖國清河文獻王
祖母河南羅氏父蓋使持節撫軍將軍濟兗二州刺史
父　相國清河文宣王
母安定胡氏父寧使持節散騎常侍右將軍都督岐涇雍三州諸軍事雍州
刺史臨涇公謚曰孝穆
王諱寶建字景植河南洛陽人也世有崇高之業家開邦家之基文獻標榜千
仞懷袖万頃獨秀生民唯善爲樂文宣道冠周燕聲高梁楚及乳顯棄德自然
民神居中承制載離寒暑大道功行朝無秕政王資靈天縱稟氣神生多而明
察弱不好弄出言必踐立志無違仁義之道因心被物孝友之行自己形人同
齊獻之並學等梁王之愛上內無聲色之好野絕犬馬之娛於是德潤生民譽
滿邦國　主上運屬樂推應期入纘乃除驃騎大將軍開府儀同三司及丁
艱苦遂主喪事顧礼僅存扶而後起服闋除光祿勳開府儀同如故周盛本支
懿親並建乃大啓山河封宜陽郡王方謂天聽輔德神鑒祐善錫此大年申茲
遠業而旭日收光中霄墜羽以興和三年七月九日薨于位慟發宮闈哀感氓
庶非唯收珠解佩輟耒捐鉤而已　詔贈使持節侍中假黃鉞相國太保司徒
公錄書事都督雍秦涇渭華五州諸軍事雍州刺史王如故謚曰孝武礼也粵
以八月廿一日祔葬於文宣王陵之右懼山崩川改餘芙無傳故敢勒聲徽舊
諸來世其詞曰
大君有命利建親賢應茲磐石光啓山川身貽日月德潤淵泉入爲卿士乃作
宮連　天眷方並恩光鼎盛九曜連輝三台比曜謨明國道弼諧朝政禍福無
門遭隨有命爵之不淑曷云能久忽如閃電奄同過隔日斯辯智同之先後乳
捐華屋長歸窅冥徒嗷嗷服馬蕭蕭挽悽野夕鉛亂霜朝狐兔方竄豺狼且
嘷一經岸下方覩地高
姊河南長公主適潁川崔祖昂散騎常侍光祿勳武津縣開國公
妹馮翊長公主適勃海高澄侍中尚書令領軍開府儀同三司勃海王世子
弟徽義驃騎大將軍儀同三司清河王
弟徽禮驃騎大將軍儀同三司潁川王

《元宝建墓志铭》

东魏兴和三年（541）

释文

曾祖高祖孝文皇帝。曾祖母清河王太妃河南罗氏，父云，使持节、侍中、镇东将军、青州刺史。

祖相国清河文献王。祖母河南罗氏，父盖，使持节、抚军将军、济兖二州刺史。

父相国清河文宣王。母安定胡氏，父宁，使持节、散骑常侍、右将军、都督岐泾雍三州诸军事、雍州刺史、临泾公，谥曰孝穆。

王讳宝建，字景植，河南洛阳人也。世有崇高之业，家开邦家之基。文献标榜千仞，怀袖万顷，独秀生民，唯善为乐。文宣道冠周燕，声高梁楚；及永熙弃德，自绝民神，居中承制，载离寒暑，大道功行，朝无秕政。王资灵天纵，禀气神生，幼而明察，弱不好弄，出言必践，立志无违。仁义之道，因心被物；孝友之行，自己形人。同齐献之竺学，等梁王之爱士，内无声色之好，野绝犬马之娱。于是德润生民，誉满邦国。主上运属乐推，应期入缵，乃除骠骑大将军、开府仪同三司。及丁艰苦，遂主丧事，顾礼仅存，扶而后起。服阕，除光禄勋，开府仪同如故。周盛本支，懿亲并建，乃大启山河，封宜阳郡王。方谓天聪辅德，神鉴佑善，锡此大年，申兹远业。而旭旦收光，中霄坠羽，以兴和三年七月九日薨于位。恸发宫闱，哀感氓庶，非唯收珠解佩，释耒捐钩而已。诏赠使持节、侍中、假黄钺、相国、太保、司徒公、录书事、都督雍秦泾渭华五州诸军事、雍州刺史，王如故，谥曰孝武，礼也。粤以八月廿一日祔葬于文宣王陵之右。惧山崩川改，余美无传，故敬勒声徽，奋诸来世。其词曰：

大君有命，利建亲贤，应兹盘石，光启山川。身照日月，德润渊泉，入为卿士，乃作宫连。天眷方竺，恩光鼎盛，九曜连辉，三台比映。谟明国道，弼谐朝政，祸福无门，遭随有命。命之不淑，曷云能久，忽如开电，奄同过牖。以斯辩智，同之先后，永捐华屋，长归芒阜。宾徒嗷嗷，服马萧萧，挽凄野夕，笳乱霜朝。狐兔方窟，豺狼且嗥，一经岸下，方睹地高。

姊河南长公主。适颍川崔祖昴，散骑常侍、光禄勋，武津县开国公。

妹冯翊长公主。适勃海高澄，侍中、尚书令、领军、开府仪同三司，勃海王世子。

弟徽义，骠骑大将军、仪同三司，清河王。

弟徽礼，骠骑大将军、仪同三司，颍川王。

妻武城崔氏，父悛，骠骑大将军、徐州刺史。

说明

此墓志铭正书30行，行高30字。此志石在河北磁县出土。

《曹恪碑》

北周天和五年（570）

释文

□□故谯郡太守曹恪

君讳恪，字枚乐，沛国谯人也。其先皇帝当高阳之世，陆终之子曰安，是为曹姓。□□□□□□□□之□又封曹□于邾。汉室龙兴，曹参为相。魏武皇帝以英杰之上才，□挺之睿哲，□为魏祖历载弥长，君即其后。□□□□□□□□□霖黄初三年立为河东王，食邑六千二百户，太和六年改封东海王，嘉平元年薨，谥曰定王，礼也。子启嗣。君即□□□□□□□□□□□逢兹不造，□深思远大□后变起，遂令夫人达携二子，长道真，次道英，微行避难，秘称姓木，以求万全。□□□□□□□□□□民□后魏太和三年旨复曹□□□□□□□□也伪姚乡郡太守，雅望渊邃，博爱文艳，禀德齐礼，善修政化，□□□□□□□□父协，志尚清静，好学经诰，矫然挺立，不可以非义亏其性，孝德慈风，禀大气而自远，文流洞照之艺，因事以发□□□□□□□□□□□途致惟安神奉养，不慕荣贵。逢大武皇帝亲总六戎讨逆□薛永宗、盖吴，驾幸大州，下召乡俊，导引前驱□□□□□□□□获已。从驾西行□平凶丑，随赴北伐，遂充殿会土豪。国有大议，必使参焉。□（后）欲选□（绪）请乞归侍。圣上加愍，假安邑□□□□□□□□积□禀质秀灵，幼怀廉雅之风，长操独善之策，抱蕴德于奇年，立成名于冠岁。太和之季，马圈歼覆。孝文皇帝威□□□□奋指麾□□□□国志，兵法优长，乃勇略奋发，遂提戈披幕，先锋击贼，前无横阵，搴旗斩馘。□皇上□□即补千人军将，授□远将军。驾还宫阙，策勋饮至。殿会之初，以为弥逆殊最，皇帝临轩，宣敕褒赉，赏帛匹彩两百余段。歌劳止之诗，听归侍养，使得尽欢膝下，□其孝德，光于事亲，忠诚形于接物，穆穆闺庭之际，恂恂乡党之间，文丽雕篆，学赡博通，思入玄综，性与天道。翱翔诗书之菀，游息礼乐之场。若乃□□□□主泛爱以亲仁，闾里结谐密之欢，朋故广笃诚之信。轻财若水，重义如山，一言可怀，千金不吝。景明中会安邑府君卒，君居庐□礼至□□□哀恸□中茹，忧毁骨服勤，虽闵余痛在心。每仰凯风以长鸷，溯寒泉而不息。三年泣血，□□□也。五十犹慕，方□舜焉。至延昌二年□遭母忧，君扣石土以穷号，仰苍天而自诉，水浆不进口四晨，哭泣不绝声逾月，丧过于哀，有感行路，毁□之至，殆将灭性。虽高柴泣血于□辰，王修□慕于社日，无以逾也。去魏大统初，君齿班逾矩，旨授本土谯郡太守。君妙□元□深入佛惠□□□□□□□净名，超遥解脱之门，放浪清旷之域。君虽老而敬信喻笃，年将暮而修崇无怠。于是□竭□资□□□身□融□教造浮图一区，□□□□□于□相□写《法华》《涅槃》，常奉读诵，恒持斋戒，罔有劳倦。方介尔景福，贻我远□之寿，永究悬□之礼。□大统十年秋，忽遭□疾，□□□□□□□□苓。泛泛之影已沦，滔滔之波不住。春秋九十有七，终于临民□□质既殒，□识怀悲，岂□辍杵停歌云尔而已哉！君有六子：长回欢，次遵欢，次骠骑将军、右光禄都督、汉阳太守，又任虞州别驾、长史、□中□□，次夏县功□□宾□□□，次宣威将军、陇州治中、司马、□阳太守、河北大郡主簿弼等。天和五年十月，卜葬乎夏禹城之西□□□原之南。君□□□圹□□□□姻□闻窀穸□涕零□□临□而洒泣。悲夫！痛切也□孝□至深□刊石□存□者子孙□慕之□□□感音仪之寂□□□□之□□□至德以作颂，镌崇碑以铭烈。其词曰：

恢恢谯郡，郁郁神区，怀贞□□，□人□□。□建魏胤，九服康衢，□□□□，□代称誉。宏济六合，继响唐虞，穆穆□灵，□允倚□，□□□□，□满州闾，□诚内外，□□□逾。秉直□□，岂独史鱼，□□□□□□□□□□□□□□□□□□入阵凶首□擒罢戎归，侍□□□心，□翔书菀，文丽词林。□□□□□□□□□□□□□□□□□□□□□□□□□□□□□□□□□□□。

说明

志石高210厘米，宽85厘米，厚27.5厘米。碑文26行，行高51字。石碑于北周天和五年（570）立，出土于山西运城盐湖区陶村镇东北的石碑庄，原立在该村北门外关帝庙东侧，民国七年（1918）移入太原市傅宫祠保存，现藏山西省艺术博物馆。

晋祠藏风峪《花严石经》译经职司

唐圣历二年（699）

释文

圣历二年九匜（月）一日译毕，三藏沙门于阗国僧实叉难陀□□□（释梵文），南天竺国僧菩提流志、□□□□（沙弥真那）、三藏沙门大福光寺僧义净证梵本；乌苌国沙门达摩□陀译□□□□□□婆罗门大首领臣李无谄译语，北天竺国沙门达摩难陀证梵语，北天竺国沙门尸利末多证梵语，佛授记寺沙门道昌证梵语。翻经大德佛授记寺上座沙门玄度，翻经大德大福光寺沙门复礼缀文，翻经大德荆州玉泉寺沙门弘景证义，翻经大德秦州大云寺沙门灵睿证义，翻经大德大福光寺上座沙门波仑证义，翻经大德长寿寺主沙门智潋证义，翻经大德崇仙寺上座沙门法宝证义，翻经大德大福光寺都维那沙门惠俨证义，翻经大德大周西寺沙门法藏证义，翻经大德佛授记寺沙门德感证义，翻经大德中大云寺都维那沙门玄轨证义。翊麾副尉直祠部婆罗门臣伊舍罗写梵本，婆罗门臣祝摸罗写梵本，鸿州庆山县人叱开智藏写梵本，麟台楷书令史张山臣写梵本。经生吕仙乔写，用纸一十五张，典刘珍远、判官承奉郎守左玉铃卫录事参军于师逸、判官朝议郎行梁王府记室参军事王璠、判官通直郎行洛州参军事宋之问、检校翻译使朝请大夫守太子中舍□上柱国贾膺福。

说明

此拓片源于晋祠藏风峪《花严石经》的一部分，记载了唐圣历二年（699）武则天请于阗沙门实叉难陀主译《大方广佛华严经》的主要职司人员。在此经中出现了武则天新造的部分字，如年、月、日、证、臣、天、授、国、人等。梅兰芳纪念馆所收藏的这一张拓片为经文第一卷之末。

大唐故特進行右衛大將軍兼檢校右羽林軍仗內供奉上柱國卞國公贈并州大都督泉君墓誌銘并序
中書侍郎兼檢校相王府司馬王德真撰　朝議大夫行司勳郎中上騎都尉渤海縣開國男歐陽通書
若美虹光韞石即任土而輝山蠙照涵波亦因川而媚水洎乎椎朱閣登紫蓋騰輝自遠踰十乘於莘軒表[illegible]
於輿壤況復珠躔角亙垂景宿之精芒碧海之罘感名山之氣色欒鍾柔順之境盧觴君子之源挖祖豆而領律[illegible]
而登廊廟移根蟠鑿中大廈之隆林轉職加庭奉元戎之切寄典夫隋珠薦櫝楚璧緘繩豈同年而語其於卞[illegible]
焉公姓泉諱男生字元德遼東郡平壤城人也原夫遠系本出於泉既託神以隤祉遂因生以命族其猶鳳產[illegible]
於九苞鶴起青田稟靈姿於千載是以空桑誕懿竹隨波並降乾精式標人傑迺徒洪源控引能惟金樞曾堂[illegible]
瓊鑑曾祖子遊祖太祚並任莫離支父盖金任太大對盧乃祖乃父良冶良弓並執兵鈐咸專國柄杜婁盛業赫[illegible]
資蓬山高視躍乎伊霍之任公貽厥傳慶弁績乃王公之孫寔翼聯華沛郡爲荀奄之子在語無弄家兒不群乘[illegible]
塗光玉粹綴陶謙之帛里聯珠縮襟挖散朗標寔賓樽廣峻不羈於物識通不無滯於時撫書劍與傳提蒿與裁[illegible]
碁兩龍鷹行与鶴迴同頎體仁成夢前述雷將誕據挖信由乘亂驚波於禹鑿天紀質教乃由生王道無[illegible]
陂万頃游者不測其淺深繚垣九仞譏者未窺其庭宇年始九歲即授先人父任爲郎正吐入榛之辭天工其代[illegible]
之榮年十五授中裏小兄十八授中裏大兄年廿三改任中裏位頭大兄廿四兼授將軍餘官如故廿八任莫離支兼授三
軍大將軍卅二加太莫離支摠錄軍國阿衡元首紹先疇之業士識歸心執兄弟之權人無駮議于時[illegible]
期公照花照萼內有難除之草爲幹爲楨外有將顛之樹遂使桃海之濱隨八條於禮讓蕭墻之內落四羽於干戈公情思
內款事乖中執方欲出撫邊甿外巡荒甸按碣處之舊壤請羲仲之新官二弟產建一朝兇悖能忍無親稱兵內[illegible]
子忽就鯨鯢玉膳長筵儀辟頑復公以共氣毀分既飲淚而飛檄同盟雨集遂銜膽而提戈將屬平壤用捨元惡[illegible]
之郡且破瑟堅之壘明其爲賊鼓行而進仍遣大兄弗德等奉表入朝陳其事延屬有離叛德遂稽留公乃反旆[illegible]
海北馳心丹鳳之闕飭躬玄菟之城更遣大兄冉有重申誠効膺林猜惡先尋開伯之戈洪池近遊豈貪[illegible]
皇帝照彼青丘亮其丹懇覽建產之罪發雷霆之威九山未銘得來其先覺畢水無卑仲謀憂其必亡乾封[illegible]
子獻誠入朝　帝有嘉焉遂拜公特進太大兄如故平壤道行軍大摠管兼使持節安撫大使領本蕃兵共[illegible]
苾何力等相知經略公率國內等六城十餘萬戶書籍轅門又有木底等三城希風共款蒙尔危矣日窮月蹙[illegible]
也追公入朝總章元年授使持節遼東大都督上柱國玄菟郡開國公食邑二千戶餘官如故小貊未夷方傾[illegible]
大君有命還歸盖馬之營其年秋奉　勅共司空英國公李勣相知經略風驅電激直臨平壤之城前哥後[illegible]
墉之揉公以罸罪吊人憫其塗地潛機密構濟此膏泉遂與僧信誠等內外相應趙城拔幟豈勞韓信之師[illegible]
表譚之將其王高藏及男建等咸從俘虜巢山潛海共入隄封五部三韓並爲臣妾遂能立義銜恩同鄭伯之[illegible]
福類其子之嗚庸其年与英公李勣等凱入京都策勳飲至獻捷之日男建將誅公內切天倫請重闈而[illegible]
皇睠兢軫典而深其上丈悌之極朝野斯尚其年蒙授右衛大將軍進封卞國公食邑三千戶特進勳官如故[illegible]
林軍仍令仗內供奉降禮於優登壇升拜桓北蝟中益之瑞羽林光太紫之星陪奉輦輅便繁左右恩寵之隆無[illegible]
騰之寄莫可爲儔儀鳳二年奉　勅存撫遼東改置州縣求瘼卹隱襁負如歸劃野疏疆奠川知正以儀鳳四年正月
廿九日遘疾薨於安東府之官舍春秋卌有六　震悼傷鞶台衛悲笛四郡由之而罷市九種因之以輟耕[illegible]
詔曰懋功流賞寵命洽於生前縟禮贈終哀榮貴於身後式甄忠義豈隔存亡特進行右衛大將軍上柱國卞[illegible]
五部酋豪三韓英傑機神穎悟識具沉遠秘筭發於鈐謀宏材申於武藝僻居荒服思効款誠去危就安允叶[illegible]
順圖遂克清遼須之濱美勳遐著崇章薦委入典北軍承宴私於紫禁出臨東陪光鎮撫於青丘佇化折風[illegible]
永逝震悼良深宜增連率之班載穆追崇之典可贈使持節大都督并汾箕嵐四州諸軍事并州刺史餘官並[illegible]
禮冊命贈絹布七百段米粟七百石凶事葬事所須並宜官給務從優厚賜東園秘器差京官四品一人攝[illegible]
儀仗鼓吹送至墓所往還五品一人持節賚璽書弔祭三日不視事靈柩到日仍令五品已上赴宅寵贈之[illegible]
送之盛古今斯絕考功累行謚曰襄公以調露元年十二月廿六日壬申窆於洛陽邙山之原禮也哀子衛[illegible]
奉庭訓早紆朝獻拜前拜後周魯之寵既隆知死知生弔贈之恩彌縟若荼吹棘踐霜移露痛迷徹之顯傾[illegible]
虔毀魏墳之舊漆落漢臺之後素刊翠琬而傳芳就黃壚而永固其詞曰
三岳神府十洲仙庭谷王產傑山祇孕靈訏謨國緯馬彝人紀錦衣繡服議罪詳刑（其一）伊人閒出承家疊祉[illegible]
驥子韞智川積懷仁岳峙州牧鷹刀橋翁授履（其二）消灌務擾郢盧寄深文樞執柄武轄摠鈐荊樹鵲起蘆川[illegible]
且恨移衾（其三）肅景麟洲輸誠鳳闕朝命光寵
天臨弔伐弥寂瞻星行師計月[illegible]
謁（其四）彎弧對泣叫閽祈帝靈遷從秋荼復開春棣鏘玉島袂衛珠近衛寶劍舒蓮香車罽柱（其五）軒軒出撫重錦晨[illegible]
堤封疊洲瞻咸仰惠望景思柔始禧來軸俄慌去輀（其六）綏革勤王闈葽悼　宸九原容衛三河兵士南望少[illegible]
兢泉通山隨墓起（其七）霜露年積春秋日居墳圍月滿野矄風銶幽壤勤頌貞珉歷書千齡暐曄一代丘墟其[illegible]

大唐故特進泉君墓誌

《泉男生墓志铭》

唐调露元年（679）

释文

大唐故特进行右卫大将军兼检校右羽林军仗内供奉上柱国卞国公赠并州大都督泉君墓志铭并序

中书侍郎兼检校相王府司马王德真撰。

朝议大夫行司勋郎中上骑都尉渤海县开国男欧阳通书。

若夫虹光韫石，即任土而辉山；玭照涵波，亦因川而媚水。洎乎排朱阁，登紫盖，腾辉自远，逾十乘于华轩；表价增高，裂五城于奥壤。况复珠躔角互，垂景宿之精芒；碧海之罘，感名山之气色。举踵柔顺之境，滥觞君子之源，抱俎豆而窥律吕，怀锦绣而登廊庙。移根蟠壑，申大厦之隆材；转职加庭，奉元戎之切寄。与夫隋珠荐楱，楚璧缄绳，岂同年而语矣！于卞国公斯见之焉。公姓泉，讳男生，字元德，辽东郡平壤城人也。原夫远系，本出于泉，既托神以隤祉，遂因生以命族。其犹凤产丹穴，发奇文于九苞；鹤起青田，禀灵姿于千载。是以空桑诞懿，虚竹随波，并降乾精，式标人杰。遂使洪源控引，态掩金枢；曾堂延衺，势临琼槛。曾祖子游，祖太祚，并任莫离支；父盖金，任太大对卢。乃祖乃父，良冶良弓，并执兵钤，咸专国柄。桂娄盛业，赫然凌替之资；蓬山高视，确乎伊霍之任。公贻厥传庆，弁帻乃王公之孙；宴翼联华，沛邹为荀令之子。在髫无弄，处丱不群。乘卫玠之车，涂光玉粹；缀陶谦之帛，里映珠韬。襟抱散朗，标置宏博，广峻不疵于物议，通介无滞于时机。书剑双传，提蔗与截蒲俱妙；琴棋两玩，雁行与鹤迾同倾。体仁成勇，静迅雷于诞据；抱信由衷，乱惊波于禹凿。天经不匮，教乃由生，王道无私，忠为令德。澄陂万顷，游者不测其浅深；缭垣九仞，谈者未窥其庭宇。年始九岁，即授先人，父任为郎，正吐入榛之辩，天工其代，方升结艾之荣。年十五，授中里小兄，十八授中里大兄，年廿三改任中里位头大兄，廿四兼授将军，余官如故，廿八任莫离支兼授三军大将军，卅二加太莫离支，总录军国。阿衡元首，绍先畴之业；士识归心，执危邦之权。人无驳议。于时萝图御寓，楛矢褰期，公照花照萼，内有难除之草；为干为桢，外有将颠之树。遂使桃海之滨，隳八条于礼让；萧墙之内，落四羽于干戈。公情思内款，事乖中执，方欲出抚边甿，外巡荒甸，按嵎夷之旧壤，请羲仲之新官。二弟产、建，一朝凶悖，能忍无亲，称兵内拒。金环幼子，忽就鲸鲵，玉膳长筵，俄辞顾复。公以共气皇分，既饮泪而飞檄；同盟雨集，遂衔胆而提戈。将屠平壤，用擒元恶。始达乌骨之郊，且破瑟坚之垒，明其为贼，鼓行而进。仍遣大兄弗德等奉表入朝，陈其事迹。属有离叛，德遂稽留，公乃反旆辽东，移军海北，驰心丹凤之阙，饬躬玄兔（菟）之城。更遣大兄冉有重申诚效，旷林积怨，先寻阏伯之戈；洪池近游，岂贪虞叔之剑。皇帝照彼青丘，亮其丹恳，览建、产之罪，发雷霆之威。丸山未铭，得来表其先觉；梁水无孽，仲谋忧其必亡。乾封元年，公又遣子献诚入朝。帝有嘉焉，遥拜公特进，太大兄如故，平壤道行军大总管兼使持节安抚大使，领本蕃兵共大总管契苾何力等相知经略。公率国内等六城十余万户，书籍辕门；又有木底等三城，希风共款，蕞尔危矣，日穷月蹙。二年奉敕追公入朝。总章元年，授使持节、辽东大都督、上柱国、玄菟郡开国公，食邑二千户，余官如故。小貊未夷，方倾巢燕之幕；大君有命，还归盖马之营。其年秋，奉敕共司空、英国公李勣相知经略。风驱电激，直临平壤之城；前哥后舞，遥振崇墉之堞。公以罚罪吊人，悯其涂地，潜机密构，济此膏原，遂与僧信诚等内外相应。赵城拔帜，岂劳韩信之师；邺扇抽关，自结袁谭之将。其王高藏及男建等咸从俘虏，巢山潜海，共入堤封；五部三韩，并为臣妾。遂能立义断恩，同郑伯之得儁；反祸成福，类箕子之畴庸。其年与英公李勣等凯入京都，策勋饮至。献捷之日，男建将诛，公内切天伦，请重阍而蔡蔡叔，上感皇睠，就轻典而流共工。友悌之极，朝野斯尚。其年蒙授右卫大将军，进封卞国公，食邑三千户，特进勋官如故，兼检校右羽林军，仍令仗内供奉。降礼承优，登坛引拜，桓珪辑中黄之瑞，羽林光太紫之星。陪奉辇辂，便繁左右，恩宠之隆，无所与让；肾肠之寄，莫可为俦。仪凤二年，奉敕存抚辽东，改置州县，求瘼恤隐，襁负如归；划野疏疆，奠川知正。以仪凤四年正月廿九日遘疾，薨于安东府之官舍，春秋四十有六。震扆伤鞶，台衡怨笛，四郡由之而罢市，九种因之以辍耕。诏曰：懋功流赏，宠命洽于生前；缛礼赠终，哀荣贲于身后。式甄忠义，岂隔存亡。特进行右卫大将军上柱国卞国公泉男生：五部酋豪，三韩英杰，机神颖悟，识具沉远，秘算发于钤谋，宏材申于武艺。僻居荒服，思效款诚。去危就安，允叶变通之道；以顺图逆，克清辽浿之滨。美绩遐著，崇章荐委。入典北军，承宴私于紫禁；出临东渚，光镇抚于青丘。伫化折风，溘先危露，兴言永逝，震悼良深。宜增连率之班，载穆追崇之典。可赠使持节、大都督并汾箕岚四州诸军事、并州刺史，余官并如故。所司备礼册命。赠绢布七百段，米粟七百石，凶事葬事所须，并宜官给，务从优厚。赐东园秘器，差京官四品一人摄鸿胪少卿，监护仪仗鼓吹，送至墓所往还。五品一人持节赍玺书吊祭，三日不视事。灵柩到日，仍令五品已上赴宅。宠赠之厚，存殁增华，哀送之盛，古今斯绝。考功累行，谥曰襄公。以调露元年十二月廿六日壬申窆于洛阳邙山之原礼也。哀子卫尉寺卿献诚，夙奉庭训，早纡朝黻，拜前拜后，周鲁之宠既隆；知死知生，吊赠之恩弥缛。茹荼吹棘，践霜移露，痛迭微之显倾，哀负趋之潜度，毁魏坟之旧漆，落汉台之后素，刊翠琬而传芳，就黄垆而永固。其词曰：

三岳神府，十洲仙庭，谷王产杰，山祇孕灵。订谟国纬，舄弈人经，锦衣绣服，议罪详刑（其一）。伊人间出，承家叠祉，矫矫凤雏，昂昂骥子。韫智川积，怀仁岳峙，州牧荐刀，桥翁授履（其二）。消灌务扰，邹卢寄深，文枢执柄，武辖操钤。荆树鹗起，庐川雁沉，既伤反袂，且恨移衾（其三）。肃影麟洲，输诚凤阙，朝命光宠，天威吊伐。殄寇瞻星，行师计月，夷舞归献，凯哥还谒（其四）。弯弧对泣，叩阍祈帝，遽徙秋荼，复开春棣。锵玉高袟，衔珠近卫，宝剑舒莲，香车褭桂（其五）。轻轩出抚，重锦晨游，抑扬䍐穴，堤封亶洲。赡威仰惠，望景思柔，始襘来轴，俄慌去辀（其六）。敛革勤王，闻鼙悼扆，九原容卫，三河兵士。南望少室，北临太史，海就泉通，山随墓起（其七）。霜露年积，春秋日居，坟圆月满，野旷风疏。幽壤勒颂，贞珉瘗书，千龄玮晔，一代丘墟（其八）。

说明

此墓志铭为王德真撰文，欧阳通书，调露元年（679）刻。志石高92厘米，宽91厘米，厚12厘米。文凡46行，行高47字。欧阳通的书法严整峻美，但偶有恣肆奇倔之笔，颇有其父欧阳询之风。志石记录了泉男生一生的经历，也侧面反映了唐时高丽与中原的关系。志石于1921年在河南洛阳城北东岭头村出土。志石曾归陶北溟，陶北溟欲转售给日本人，被张风台以千元截回，后藏于河南开封市博物馆，现藏于河南省图书馆。

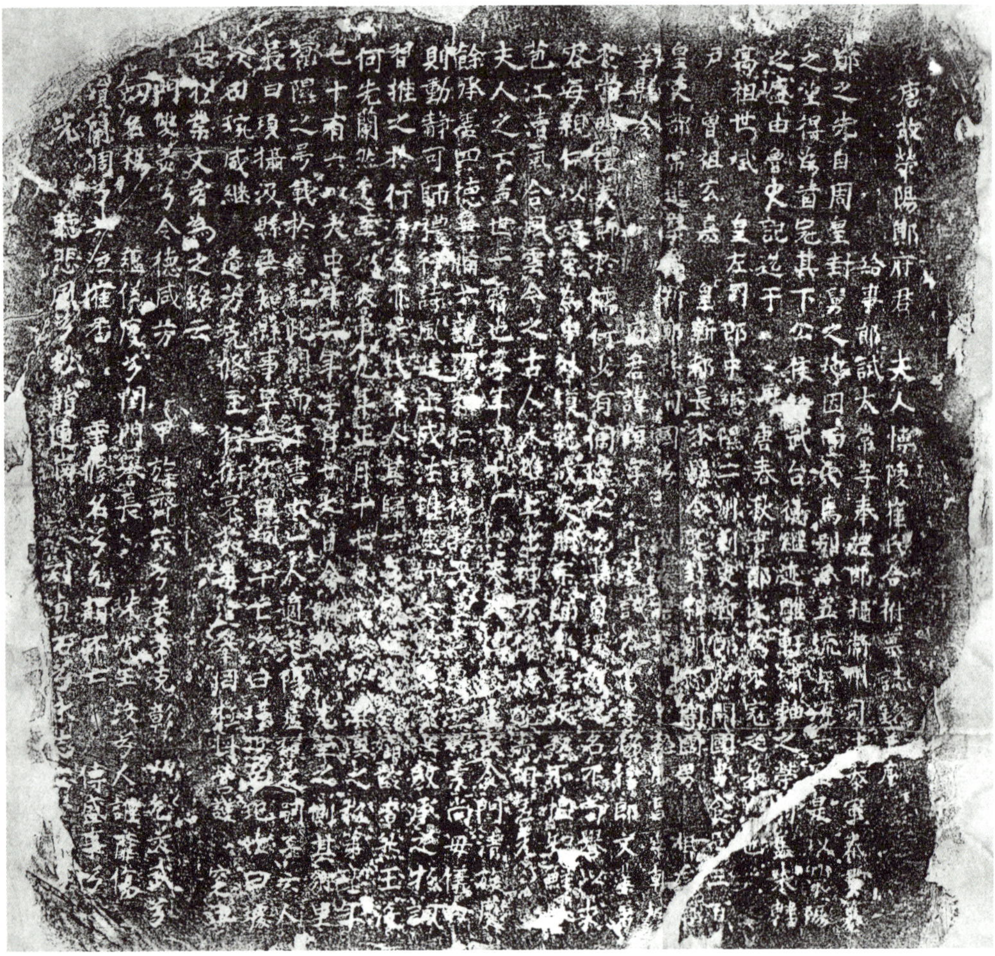

《唐故荥阳郑府君、夫人博陵崔氏合祔墓志铭》

唐大中十二年（858）

释文

唐故荥阳郑府君、夫人博陵崔氏合祔墓志铭并序

给事郎试太常寺奉礼郎摄卫州司法参军秦贯纂。

郑之先，自周皇封舅之地，因而氏焉。别派五流，深源一至，是以荥阳之望，得为首冠。其下公侯接武，台衡继迹，雕轩绣轴之荣，羽盖朱幡之盛，由鲁史记迄于□唐春秋，实郑氏为衣冠之泉薮也。

高祖世斌，皇右司郎中，磁、隰二州刺史，新郑县开国男，食邑三百户。曾祖玄嘉，皇新都长水县令，袭封新郑县开国男。祖有常，皇吏部常选，袭爵新郑县开国男。烈考探贤，皇卫州昌乐朝城莘县令。府君讳恒，字行甫，皇试太常寺协律郎。文业著于当时，礼义饰于儒行。少有倜傥之志，长负瑰奇之名。不苟誉以求容，每亲仁以竭爱。为中外模范，成友朋宗师。乐善孜孜，不愠知鲜。量苞江渎，气合风云。今之古人，人虽上出，神不忧德，配寿胡羞。先夫人之亡，盖卅一霜也，享年六十。夫人博陵崔氏，令门清族，庆余承善。四德兼备，六亲雍和。仁让得于天真，慈惠立于素尚。母仪内则，动静可师；礼行诗风，进止成法。虽婕妤女史，大家经教，承之于讽习，推之于行源者，亦异代殊人，其归一也（一作旨）。未亡之叹，孀龄杳然，玉没何先，兰凋遽至。以大中九年正月十七日，病终于淇澳之私第，享年七十有六。以大中十二年二月廿七日，合祔于先茔之侧。其乡里原隰之号，载祔于旧记，此阙而不书。女一人，适范阳卢损之嗣。子六人，长曰顼，摄汲县丞知县事，早亡。次曰珮，早亡。次曰瑾，次曰玘，次曰璩，次曰琬。咸继遗芳，克修至行。衔哀茹毒，追攀罔极。将营护窆，泣告于业文者，为之铭云：

仕门双美兮令德咸芳，甲族齐茂兮英华克彰。□允文武兮书剑名扬，弋蕴仪度兮闺门誉长。珠沉玉没兮人谁靡伤，桂殒兰凋兮共泣摧香。遗垂修名兮允谓不亡，流传盛事兮多载弥光。伯听悲风兮松韵连岗，镌刻贞石兮永志玄堂。

说明

志石高80厘米，宽100厘米，左边及右下角已残缺。志文正楷书，历时沧桑，许多地方已漫漶不清。

《谭稹祭汾东王文碑》

宋宣和五年（1123）

释文

维宣和五年，岁次癸卯，五月朔癸丑初七日己未，起复太尉武信军节度使、充上清宝箓宫使，兼神霄玉清万寿宫副使直睿思殿、河东燕山府路宣扶使谭稹，谨以清酌庶羞之奠，致祭于显灵昭济圣母汾东王之祠。兹衔命而出使兮，总燕晋之抚绥。并并州之故垒兮，访往古之丛祠。迁乘传而修谒兮，历山路之逶迤。询遗迹于父老兮，曰祸福惟神之所司。属常旸之稍愆兮，渴霈泽之甘祁。虽地偏而节晚兮，惧南亩之失时。念密云之或布兮，久屯膏而未施。顾无路以讼风伯兮，又力不能鞭夫雷师。惟云朔之初附兮，震天声于远夷。谅非神之阴相兮，何以社鼠窃于藩篱。乃潜心而默祷兮，薄精诚之上驰。达龙香之芬苾兮，耸冠佩之陆离。步长廊之回环兮，考故事于丰碑。惟圣母之发祥兮，肇晋室而开基。王有文之在手兮，其神灵之可知。顾林薄之映带兮，发岩岫之英奇。泉一出于堂下兮，作万顷之洪陂。信灵仙之窟宅兮，宜庙食之在兹。矧归禾之盛德兮，惠故土而不疑。曾未逾于浃辰兮，遂渗漉于灵厘。初霢霂而裛尘兮，欻檐溜之已垂；散郁结为欢愉兮，回清润于赫曦。谅拔才于大泽兮，起高卧之潜螭；何作霖于肤寸兮，被远近而不遗。麦酣酣而将秀兮，万绿净之纷披；助朱明之长养兮，验丰年之可期。惟神鉴之甚昭兮，实大芘于黔黎。念何以报贶兮，乃诹日而灼龟。奠蒲萄之佳酿兮，奉蕴藻以荐词。冀明灵之终惠兮，盛百谷之如茨；惟菲薄之是愧兮，恃神听之无私。伏惟尚飨！

朝散大夫充河东燕山府路宣抚使司勾当公事赐紫金鱼袋赵令畤　书

朝奉郎直秘阁充河东燕山府路宣抚使司管句机宜文字姜仲谦　撰

龙图阁直学士通议大夫河东路经略安抚使兼知太原军府事张孝纯　立石

说明

谭稹，生卒年不详，北宋末年宦官。方腊起义之初，谭稹首先奉命统军出征，后童贯出任江淮荆浙宣抚使，谭稹改任两浙制置使，朝廷遣领枢密院事童贯、常德军节度使谭稹率禁旅及京畿、关右、河东蕃汉兵制置江、浙。宋宣和五年（1123），童贯致仕后，谭稹出任河北、河东、燕山府路宣抚使，成为继童贯之后主持北方前线防务的主帅。

誥授光祿大夫貴州巡撫沈敬裕公墓誌銘

義甯陳三立撰
閩縣鄭孝胥書
南皮張權篆蓋

公諱瑜慶字愛蒼自號濤園兩江總督沈文肅公第四子也母林夫人為文忠公則徐女文肅當世名臣林夫人亦以智略俠義助文肅守廣信卻賊稱天下公即生於圍城中脫乳哺林夫人課摹圭峰碑年十一口授資治通鑑稍長遂博覽群籍習掌故時務文辭敏贍文肅最賞異之及文肅視師臺灣充船政大臣公屢進說以為中興諸功臣浸驕頹蔽於海國情勢恐道他日之悔今獨有郭侍郎嵩燾丁巡撫日昌明達習外事是將二公方以言事為清議所排詆而文肅卒舉二公自代用公言也文肅薨於位　恩旨錄公主事用諸生舉光緒乙酉科順天鄉試分刑部尋改江南候補道委辦水師學堂宜昌鹽釐局歲甲午張文襄公自湖廣移督兩江延公入幕兼籌防局營務處時與日本搆釁調軍食治文書日不暇給戰敗海軍熸領艦將吏率南奔公以海軍文肅所經營為立國根本言文襄分別留置使自效後庚子之變言於劉忠誠公者亦如之兩收海軍餘燼稍保聚於南紀公之力也事定又歷充皖北正陽關督銷淮鹽諸權貨拳匪亂東南互保之約成公首奔走預其議補淮揚海兵備道護漕督凡舉辦學堂市政農事試驗場暨築馳道達板浦一隅賴其利擢湖南按察使未及赴　授順天府尹京師浩穰一切督奸倚步軍統領應故事公自請募騎步編隊督捕治由是盜賊斂迹嘗疏陳治輦下道路釐定度量衡制度皆得　旨允行性伉直不苟同異屢忤權貴人乃出為山西按察使移廣東總督某公屬鋒棱百僚畏憚公輒盡言無所避下上格阻所調護甚衆旋擢江西布政使江西故文肅舊治德澤在人久又公兒時嬉遊地其至撫視比鄉土父老亦爭迎讙呼相告曰此沈公子也以故興革利弊情通而事集聲績大著明年護巡撫會贛州有戕教士燬堂之獄總督懼上請移江南軍戡亂公丞奏止極陳不煩兵力狀未幾議結遂無事蘇松太道瑞澂者初擢江西按察使自詡長交涉張皇居奇務移獄辭判領事尸功上海公復堅拒之於是比總督中傷公坐罷去先是南潯鐵道乏資久未就公曰鑿地方利害大役甯能坐視乎遽斥倖金相號召州部風靡輸資者絡繹及公去復觀望解體至今士民猶惜公未獲少留以責成功須後患焉久之　朝廷終察公能起任貴州布政使調河南留升貴州巡撫公憂亂萌日滋貴州懸孤遠斷聲援圖興築黔渝鐵道便通商用兵而武昌難作九服崩潰公畫策中梗遂避而流寓上海矣居數歲集父老縱飲聯吟盪激哀憤遇　孝定景皇后之喪　崇陵奉安皆一再躬赴年六十一以戊午九月二日疾薨遺疏上　予謚敬裕　賜祭葬公讀書癖左氏喜言兵妙擅章檄詩歌具體子瞻真行書磊砢有氣勢為政一本文肅綜核名實威重嚴整差不及然懷奇敢任有度外之略遭逢末運摧殘牽制勳效止此抑惟深知公者能悲其不幸而信為未盡試其所長也幼嗣為從父後自高祖由浙還閩遂為侯官人本生曾祖大鏞祖廷楓所後曾祖大銘祖廷元考佑宗咸以文肅及公貴　贈如其官娶鄭夫人檢約惠順後公數月卒側室張孺人鄭夫人所出男三人成鵠成準成式成準殤女六人長適已故四品卿銜內閣中書林旭次適王孝縉三適陳繹四殤五字劉宗鍇七字何孝元張孺人所出男四人成麟成棟成龍成武成龍殤女二人未字孫二人戊午十二月卜葬公福州北關外義井何家山之原余父子累世獲交於余益文酒狎習自許能深知公者爰敘而鎮諸幽域系銘曰

烈烈文肅聲譽垓埏公起承之踸踔騰騫孕蓄偉略以破拘攣樹績中外龍蟠蜿蜒接鎮南州膝上依然雙流新波瀠疊舊恩政成祠畔父老謳傳遺時忌害移繫荒蠻禍延瓦解旁伺陰姦計拙控馭脫命閶闔逢迎海市為劫一尊涕洟吞腹溢寫吟篇遒響歇絕安訪成連英霸之氣瘖寐未殘天轉五運光發幽鐫

誥授光祿大
夫貴州巡撫
沈敬裕公墓
志銘

《诰授光禄大夫贵州巡抚沈敬裕公墓志铭》

释文

诰授光禄大夫贵州巡抚沈敬裕公墓志铭

义宁陈三立撰。

闽县郑孝胥书。

南皮张权篆盖。

公讳瑜庆，字爱苍，自号涛园。两江总督沈文肃公第四子也，母林夫人为文忠公则徐女。文肃当世名臣，林夫人亦以智略侠义助文肃，守广信却贼称天下。公即生于围城中。脱乳哺，林夫人课摹《圭峰碑》，年十一，口授《资治通鉴》，稍长遂博览群籍，习掌故时务，文辞敏赡，文肃最赏异之。及文肃视师台湾充船政大臣，公屡进说，以为中兴诸功臣寝骄，类蔽于海国情势，恐遗他日之悔，今独有郭侍郎嵩焘、丁巡抚日昌明达习外事。是时二公方以言事为清议所排诋，而文肃卒，举二公自代，用公言也。文肃薨于位。恩旨录公主事，用诸生举光绪乙酉科顺天乡试，分刑部，寻改江南候补道，委办水师学堂、宜昌盐厘局。岁甲午，张文襄公自湖广移督两江，延公入幕，兼筹防局营务处。时与日本构衅，调军食、治文书，日不暇给。战败，海军熸，领舰将吏率南奔，公以海军文肃所经营，为立国根本，言文襄分别留置使自效。后庚子之变，言于刘忠诚公者亦如之。两收海军余烬，稍保聚于南纪，公之力也。事定，又历充皖北正阳关督销淮盐诸榷员，拳匪乱东南，互保之约成，公首奔走预其议。补淮扬海兵备道护漕督，凡举办学堂、市政、农事试验场暨筑驰道达板浦一隅，赖其利。擢湖南按察使，未及赴，授顺天府尹。京师浩穰，一切督奸倚步军统领应故事，公自请募骑步编队，督捕治，由是盗贼敛迹。尝疏陈治辇下道路，厘定度量衡制度，皆得旨允。行性伉直，不苟同异，屡忤权贵，人乃出为山西按察使。移广东，总督某公厉锋棱，百僚畏惮，公辄尽言，无所避，下上格阻，所调护甚众。旋擢江西布政使。江西，故文肃旧治，德泽在人久，又公儿时嬉游地，其至抚视比乡土，父老亦争迎，欢呼相告曰：此沈公子也。以故兴革利弊，情通而事集，声绩大著。明年护巡抚，会赣州有戕教士毁堂之狱，总督惧，上请移江南军戡乱。公亟奏止，极陈不烦兵力。状未几，议结遂无事。苏松太道瑞澂者，初擢江西按察使，自诩长，交涉张皇居奇，务移狱辞判，领事尸功上海，公复坚拒之。于是比总督中伤，公坐罢去。先是，南浔铁道乏资久未就，公曰：系地方利害，大役宁能坐视乎？遽斥俸金相号召，州部风靡输资者络绎，及公去，复观望解体。至今士民犹惜公未获少留，以责成功，弭后患焉。久之，朝廷终察，公能起任贵州布政使，调河南，留升贵州巡抚。公忧乱萌日滋，贵州悬孤，远断声援，图兴筑黔渝铁道，便通商用兵，而武昌难作，九服崩溃，公画策中梗，遂避而流寓上海矣。居数岁，集父老纵饮联吟，荡激哀愤。遇孝定景皇后之丧，崇陵奉安皆一再躬赴，年六十一以戊午九月二日疾薨，遗疏上，予谥敬裕，赐祭葬。公读书，癖左氏，喜言兵，妙擅章檄，诗歌具体子瞻，真行书磊砢有气势，为政一本文肃，综核名实，威重严整差不及，然怀奇敢任有度外之略，遭逢末运摧残牵制，勋效止此。抑惟深知公者，能悲其不幸，而信为未尽试其所长也。幼嗣为从父后，自高祖由浙迁闽，遂为侯官人。本生曾祖大镛、祖廷枫，所后曾祖大铭、祖廷元、考佑宗咸以文肃及公贵，赠如其官。娶郑夫人，检约惠顺，后公数月卒。侧室张孺人。郑夫人所出男三人：成鹄、成准、成式。成准殇。女六人，长适已故四品卿衔内阁中书林旭，次适王孝缙，三适陈绎，四殇，五字刘宗鋐，七字何孝元。张孺人所出男四人：成麟、成栋、成龙、成武。成龙殇。女二人，未字。孙二人。戊午十二月卜葬公福州北关外义井何家山之原。余父子累世获交，于余益文酒狎习，自许能深知公者。爰叙而镇诸幽域，系铭曰：

烈烈文肃，声耆垓埏，公起承之，踸踔腾骞。孕蓄伟略，以破拘挛，树绩中外，龙螭蜿蜒。接镇南州，膝上依然。双流新波，滢叠旧思，政成祠畔，父老讴传。遭时忌害，移系荒蛮。祸延瓦解，旁伺阴奸。计挫控驭，脱命间关，逢迎海市，万劫一尊。涕洟吞腹，溢写吟篇，遗响歇绝，安访成连。英霸之气，寤寐未残，天转五运，光发幽镌。

说明

郑孝胥（1860—1938），字太夷，号苏戡，又称海藏。闽县（今福建福州）人。近世著名政治家、诗人、书法家、画家。清光绪八年（1882）解元，光绪十五年（1889）考取内阁中书。光绪十七年（1891）东渡日本，任使馆秘书。次年升驻日领事，调神户大阪总领事。后归国。历官总理各国事务衙门章京、京汉铁路南段总办，督办广西边务。宣统三年（1911），为湖南布政使。清亡后，以遗老自居，寓居沪上，常与遗老辈相唱和，鬻书自给。1934年任伪满洲国国务总理，旧时朋辈如陈衍、冒广生等，都和他绝交。工诗。擅画松，古苍浑穆，可与陈宝琛并驾。书工楷、隶，尤擅楷书，取经欧阳询及苏轼，而得力于北魏碑版，所作字势偏长而苍劲朴茂。有《海藏楼诗集》等行世。

沈敬裕（1858—1918），即沈瑜庆，福建侯官（今福州）人。光绪十一年（1885）顺天乡试中试，历任刑部主事、江苏候补道、顺天府尹、广东按察使、江西布政使、护理江西巡抚、贵州巡抚等职。清亡后，流寓上海，与人联吟，年六十一卒。沈瑜庆的外祖为林则徐，父亲为沈葆桢，两人皆是清末名臣。沈瑜庆在政治上少即满腔志向，但因清朝动荡之局势而无从实现。其诗文多记录时事、人物掌故，较为真实地反映了当时的社会状况，被李宣龚称为“可作诗史观”（《涛园集跋》）。

清榮祿大夫署江西廣信府知府二品銜安徽候補道閩縣李公墓志銘

年愚弟侯官卓孝復篆蓋
年愚弟閩縣林紓撰文
年愚弟侯官陳衍書丹

公諱宗言姓李氏字畬曾號㽔巢晚號儥園先世家閩之石壁邨遷居會城曾祖諱
翼禧鹽大使妣氏林祖諱作梅候選員外郎妣氏何考諱端江蘇補用道妣氏沈三
代封贈如其官妣均封夫人公少溫裕以雅量高人人樂近之員外公中年得冢孫
家方以鹺富戚黨待以舉火者衆旹曾祖妣林太夫人健在公承重闈鍾愛顧清約
自矢衣食未嘗逾度壬午領鄉薦癸未丁太公憂鹺業適敗則攻苦刻勵若寒素不
因盛衰易搖也壬辰由戶部郎中改官知府需次江右丙申攝廣信府篆廣信者公
外大父沈文肅公舊治也赭冠撲廣信文肅城守夫人林氏據井自誓已而援師至
圍解信之父老尸祝文肅并祠林夫人而公乃以外孫蒞守廣信信民愈悅而禮公
如禮文肅也公奉母官舍追念自出因名井曰誓井堂曰寶井堂公在官通簡不尚
鉤摭而下無疑獄嘗臨鞫六囚鉛山令已具獄論如法公曰囚六而瞽亓一謂瞽者
殺人人乃不之避是獄枉也飭再鞫而代者已至公終論折而平反之得不坐者三
人在郡休暇恆集勝流觴詠且獎拔知名之士都其文爲守信錄尋以舅氏沈公瑜
慶調贛藩迴避改安徽用勞進道員公勤吏事不廢風雅詩近篆山於清初諸老取
陳元孝吳槑邨宋荔裳故近體聲亢而悲嘗自言吾詛亓亡國之音乎公兄弟四人
次曰宗緯能畫工詞善擘窠書客死金陵而炸季又繼逝太夫人年高公齋居悽咽
不忍使太夫人肖之幽痗內嬰遂日就羸困夫人黃氏賢而能上奉衰姑下督諸子
甲辰太夫人棄養戊申黃夫人亦歿於南昌寓所公哀悼之餘益復頹喪方員外公
生旹修族譜既竟公以族姓日蕃乃自江右寓書宗老采摭傳志仿壽州孫氏餘姚
邵氏嘉興張氏諸譜纂成亓書世次井然故宅曰玉尺山房藏書及書畫多幾連楹
國變後轉從喪失乃十存其二三公微喟委之於數不復吝惜嘗寶一古玉環就浴
旹侍者振衣而碎環慄懼失色公哂曰此亦數也於尒胡尤聞者敬服公生於咸豐
戊午年四月二十九日卒於民國六年丁巳三月六日享壽六十歲簉尹氏子六長
宣璋江西候補縣知事次宣威前郵傳部主事又次宣倜陸軍少將又次宣鉞爲朝
陽大斈教員宣㯄宣果肄業於滬上醫斈堂女六長適陳世恩次適郭則澐三適陳
祖光四適陳懋解餘二均幼孫四人功范功蔡功藻功原孫女四曾孫一念慈宣璋
兄弟將扶柩南歸葬公於北關外大夫嶺之陽書來請銘嗚呼公生旹固以銘屬余
矣後死之責其何謙邪敢爲之銘曰
宏其表而蘊盈爲虛碩於道寧病其癯隨牒而趨乃濫尸之虞趣利者湊如國進者
苦如子乃湛然安其居而遂其初嗚呼昊天不弔胡莪胡蓼一瞑弗視永息茲兆

吳玉田鐫

清榮祿大夫署江西廣信府知府二品銜安徽候補道閩縣李公墓志銘

《清荣禄大夫署江西广信府知府二品衔安徽侯补道闽县李公墓志铭》

释文

清荣禄大夫署江西广信府知府二品衔安徽侯补道闽县李公墓志铭

年愚弟侯官卓孝复篆盖。

年愚弟闽县林纾撰文。

年愚弟侯官陈衍书丹。

公讳宗言，姓李氏，字畬曾，号粗巢，晚号偿园。先世家闽之石壁村，迁居会城。曾祖讳翼禧，盐大使，妣氏林；祖讳作梅，候选员外郎，妣氏何；考讳端，江苏补用道，妣氏沈。三代封赠如其官，妣均封夫人。公少温裕，以雅量高，人人乐近之，员外公中年得冢孙，家方以鹾富，戚党待以举火者众，时曾祖妣林太夫人健在，公承重闱钟爱顾，清约自矢，衣食未尝逾度。壬午领乡荐，癸未丁太公忧，鹾业适败，则攻苦刻励若寒素，不因盛衰易操也。壬辰由户部郎中改官知府，需次江右，丙申摄广信府篆。广㐰（信）者，公外大父沈文肃公旧治也。赭冠扑广信，文肃城守，夫人林氏据井自誓，已而援师至，围解。信之父老尸祝文肃，并祠林夫人。而公乃以外孙踵守广信，㐰（信）民愈悦，而礼公如礼文肃也。公奉母官舍，追念自出，因名井曰誓井，堂曰宝井堂。公在官，通简不尚钩摭，而下无疑狱。尝临鞫六囚，铅山令已具狱，论如法，公曰，囚六而瞽亓一，谓瞽者杀人，人乃不之避，是谳枉也。饬再鞫，而代者已至，公终论折而平反之，得不坐者三人。在郡休暇，恒集胜流觞咏，且奖拔知名之士，都其文为《守信录》。寻以舅氏沈公瑜庆调赣藩回避，改安徽用劳，进道员。公勤吏事，不废风疋，诗近义山，于清初诸老取陈元孝、吴梅村、宋荔裳，故近体声亢而悲，尝自言，吾诗亦亡国之音乎！公兄弟四人，次曰宗祎，能画，工词，善擘窠书，客死金陵。而叔季又继逝，太夫人年高，公斋居悽咽，不忍使太夫人闻之。幽痗内襮，遂日就羸困。夫人黄氏贤而能，上奉衰姑，下督诸子，甲辰太夫人弃养，戊申黄夫人亦殁于南昌寓所。公哀悼之余，益复颓丧。方员外公生时修族谱既竟，公以族姓日蕃，乃自江右寓书宗老，采摭传志仿寿州孙氏、余姚邵氏、嘉兴张氏诸谱，纂成亓书，世次井然。故宅曰玉尺山房，藏书及书画多几连楹，国变后转徙丧失，乃十存其二三，公微喟委之于数，不复咎惜。尝宝一古玉环，就浴时侍者振衣而碎环，慄惧失色，公哂曰，此亦数也，于尔胡尤。闻者敬服。公生于咸丰戊午年四月二十九日，卒于民国六年丁巳三月六日，享寿六十岁。篷尹氏，子六：长宣璋，江西候补县知事；次宣威，前邮传部主事；又次宣倜，陆军少将；又次宣钺，为朝阳大学教员；宣襟、宣果肄业于沪上医学堂。女六，长适陈世恩，次适郭则涑，三适陈祖光，四适陈懋解，余二均幼。孙四人，功范、功蒸、功藻、功原。孙女四。曾孙一，念慈。宣璋兄弟将扶柩南归，葬公于北关外，大夫岭之阳书来请铭，呜呼！公生时固以铭属余矣，后死之责，其何谢邪！敬为之铭曰：

宏其衷而藐盈为虚，硕于道宁病其癯，随牒而趋乃滥尸之虞。趣利者凑如，图进者若如，子乃湛然安其居而遂其初。呜呼，昊天不吊，胡荠胡蓼，一瞑弗视，永息兹兆。

吴玉田镌。

说明

李宗言，出身于福建三坊七巷，与林纾同为壬午科举人，与林纾、陈衍、郑孝胥、沈瑜庆为“同光体”闽派的重要力量。

雲南黎縣朱公墓誌銘

桐城馬其昶撰文
安吉吳昌碩篆蓋
南豐趙世駿書丹

癸亥秋九月五日寧州朱公年六十四卒於天津邸舍其孫綸以世亂不克歸謹卜乙丑年八月二十一日僑葬公宛平縣西山之麓門頭村因致公自著家庭瑣言暨達德周尚書所為生壙記來徵銘初公撫皖有惠愛其昶皖人也又辱公知薦烏得辭乃序而銘焉公諱家寶字經田晚號舜農世居雲南寧州今黎縣也父諱學詩妣張氏祖諱文光妣林氏曾祖諱珍妣柯氏繼妣魏氏三世皆以公貴贈封如其官公少穎異善文辭年十九舉光緒己卯科鄉試六試禮部不第充咸安宮教習壬辰成進士選庶吉士散館以主事改知縣發直隸平鄉壤瘠多盜至則開溝洫溉農田務在富之而庶孚劉拳匪尤有名調新城改南和又調東明知灤州所至民皆畏愛灤俗健訟日進牧以百數公即狀推問盡得其情偽未三月訟者大稀凡任州縣四年課第一總督李文忠公數稱之其後項城袁公繼為總督愈益賢公奏為保定府知府遂使日本考察政治比還遷通永道旋授江蘇按察使署布政使擢吉林巡撫吉林初設治釐㦤張弛不憚勞勤戊申調安徽當是時新學少年喜倡革命說陰煽卒伍皖據長江中樞尤形勢所必爭冬十月詔集江南湖廣諸軍會操太湖公赴太湖猝聞兩宮徂落即日馳還治所而馬礮營果乘夜大譟攻東門城中巡防卒止三百公戎服登陴固守更檄江貞兵船擊走之詰朝亂定民相與立亭畫像頌焉再逾年皖北大水又明年皖南災公募銀三百餘萬振之復修廣濟圩風雨躬巡視居民咸感奮趨工堤完不圮辛亥秋武昌事起皖諮議局宣言獨立眾往請公為帥公不許民老弱聚者二萬人環跪而泣乃許暫留未幾九江兵至事益不可為公去之滬上民國既建袁公為大總統召公督倉場明年舉充參議院議員甲寅任直隸民政長兼都督改巡按使加將軍銜領軍務旋奉諱奪情於茹哀飲痛中修飭庶政治績為行省冠丁巳復辟特授民政部尚書未行而變作遂投劾不再出矣公起牧令至封疆堅忍伉直一以潔清自厲罷官賃屋以居蕭寒索然性豪於飲窮無姬侍遭值世變以政聲流聞莫能晦迹遠引意悒悒不自得也於是逢德尚書偕寓天津一日杯酒論心起而言曰清帝之遜位也國體更也不忍以一姓之故苦萬民是今之從政與在昔國亡事二姓者別況如公者國之幹民萌之所恃賴歟屏斥與辭封爵積忤當塗復坐故主內召疑謗去官其志事固昭然可白於天下公其可無憾乎讀而悲之因綴其語納之壙中以達公志銘曰

猗與良宰威振閭村踐歷艱畫變薦暴殄災唯畜是務唯善是懷宣條布政德惠以諧忽焉頹頃孰不慟哀幽忠孤憤終古翳蘊鐫此銘詩永詔方來

妻張氏　子綸　女純適合肥李經廣　孫浚宣曾宣名宣　孫女七人

中華民國十有四年歲次乙丑五月　李月亭刻石

雲南黎縣朱公墓誌銘

《云南黎县朱公墓志铭》

（1925）

释文

云南黎县朱公墓志铭

桐城马其昶撰文。

安吉吴昌硕篆盖。

南丰赵世骏书丹。

癸亥秋九月五日，宁州朱公年六十四，卒于天津邸舍。其孤纶以世乱不克归，谨卜乙丑年八月二十一日侨葬公宛平县西山之麓门头村。因致公自著家庭琐言暨建德周尚书所为生圹记来征铭。初，公抚皖有惠爱，其昶，皖人也，又辱公知荐，乌得辞？乃序而铭焉。公讳家宝，字经田，晚号髯农。世居云南宁州，今黎县也。父讳学诗，妣张氏；祖讳文光，妣林氏；曾祖讳珍，妣柯氏，继妣魏氏。三世皆以公贵，赠封如其官。公少颖异，善文辞，年十九举光绪己卯科乡试，六试礼部不第，充咸安宫教习。壬辰成进士，选庶吉士散馆以主事，改知县，授直隶。平乡壤瘠多盗，至则开沟洫，溉农田，务在富之。而庚子剿拳匪尤有名，调新城改南知，又调东明知滦州，所至民皆畏爱。滦俗健讼，日进状以百数，公即状推问，尽得其情伪，未三月，讼者大稀。凡任州县四年，课第一，总督李文忠公数称之。其后项城袁公继为总督，愈益贤公，奏为保定府知府，遂使日本考察政治。比还，迁通永道，旋授江苏按察使，署布政使，擢吉林巡抚。吉林初设治厘整，张弛不惮劳勚。戊申调安徽。当是时，新学少年喜倡革命说，阴煽卒伍，皖扼长江中枢，尤形势所必争。冬十月诏集江南湖广诸军会操太湖，公赴太湖，猝闻两宫殂落，即日驰还治所。而马炮营果乘夜大掠，攻东门，城中巡防卒止三百，公戎服登陴，固守，更檄江贞兵船，击走之。诘朝乱定，民相与立亭画像颂焉。再逾年，皖北大水，又明年，皖南灾，公募银三百余万振之，复修广济圩，风雨躬巡视，居民咸感奋趋工，堤完不圮。辛亥秋武昌事起，皖咨议局宣言独立，众往请公为帅，公不许。民老弱聚者二万人环跪而泣，乃许暂留。未几，九江兵至，事益不可为，公去之沪上。民国既建，袁公为大总统。召公督仓场，明年举充参议院议员，甲寅任直隶民政长兼都督，改巡按使加将军衔，领军务。旋奉讳夺情，于茹哀饮痛中，修饬庶政，治绩为行省冠。丁巳复辟，特授民政部尚书，未行而变作，遂投劾不再出矣。公起牧令至封疆，坚忍伉直，一以洁清自厉。罢官赁屋以居，若寒素，然性豪于饮，旁无姬侍。遭值世变以政声流闻，莫能晦迹远引，意悒悒不自得也，于是建德尚书偕寓天津。一日杯酒论心，起而言曰，清帝之逊位也，国体更也，不忍以一姓之故苦万民，是今之从政与在昔国亡事二姓者别。况如公者，国之干民，萌之所恃赖，既屏荣典、辞封爵，积忤当涂，复坐故主内召，疑谤去官，其志事固昭然，可白于天下，公其可无憾。予读而悲之，因缀其语，纳之圹中，以达公志。铭曰：

猗与良宰，夙振闳材，践艰画变，薅暴弭灾，唯啬是务，唯善是怀。宣条布政，亿兆以谐，忽焉颓顷，孰不恸哀？幽忠孤愤，终古翳薶，鑱此铭诗，永诏方来。

妻张氏，子纶，女纯，适合肥李经广。孙浚宣、曾宣、名宣。孙女七人。

中华民国十有四年岁次乙丑五月。

李月亭刻石。

说明

朱家宝（1860—1923），清光绪十八年（1892）进士，选翰林院编修，后授礼部祭司等职，被袁世凯赏识，派其至日本考察政务。辛亥革命后听从袁世凯之安排，宣告安徽独立，被立为安徽都督，次日被赣军所迫，缒城而逃。后又拥护袁世凯称帝、响应张勋复辟，失败后逃亡日本。1918年返回天津。朱家宝爱好书法，习黄庭坚之法，著称一时。

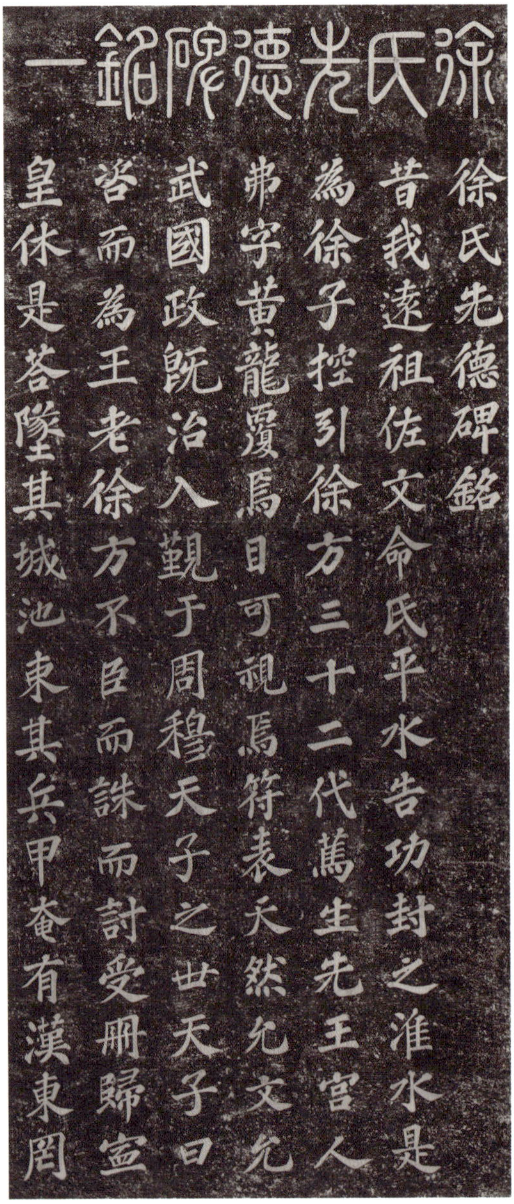

徐氏先德碑銘
徐氏先德碑銘
昔我遠祖佐文命氏平水告功封之淮水是
為徐子控引徐方三十二代篤生先王宮人
弗字黄龍覆焉目可視焉符表天然允文允
武國政既治入覲于周穆天子之世天子曰
咨而為王老徐方不臣而誅而討受冊歸寧
皇休是荅墜其城池束其兵甲奄有漢東罔

《徐氏先德碑铭》

释文

徐氏先德碑铭

昔我远祖，佐文命氏，平水告功，封之淮水，是为徐子。控引徐方，三十二代，笃生先王，宫人弗字，黄龙覆焉，目可视焉，符表天然，允文允武。国政既治，入觐于周，穆天子之世，天子曰：“咨！而为王老，徐方不臣，而诛而讨，受册归宁。皇休是答，坠其城池，束其兵甲，奄有汉东，罔……”

说明

此碑铭为苏轼所书。其在颜真卿《多宝塔碑》《东方朔画赞碑》相结合的基础上，揉入自我风格。此拓文是《徐氏先德碑铭》的前部分。

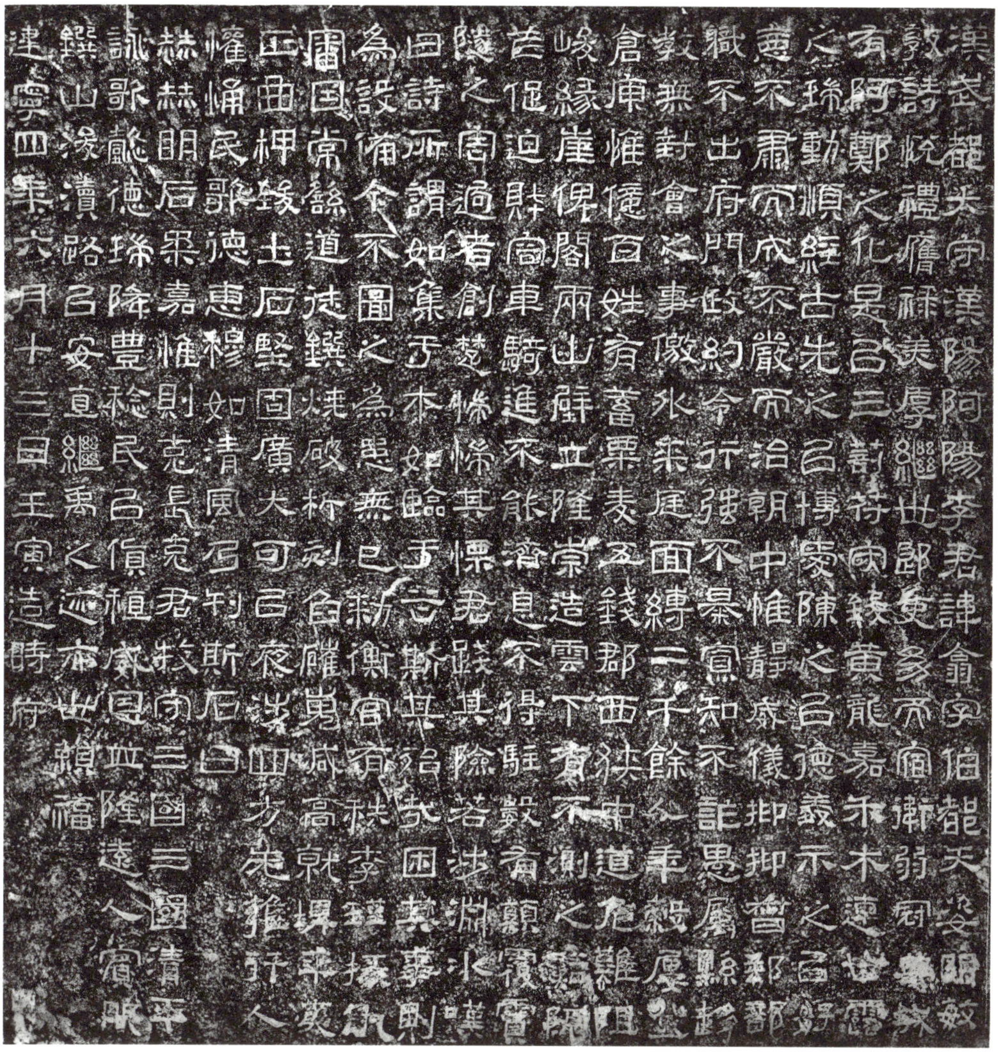

《西狭颂》

东汉建宁四年（171）

释文

汉武都太守汉阳阿阳李君，讳翕，字伯都。天姿明敏，敦诗悦礼，膺禄美厚，继世郎吏，幼而宿卫，弱冠典城，有阿郑之化。是以三剖符守，致黄龙、嘉禾、木连、甘露之瑞。动顺经古，先之以博爱，陈之以德义，示之以好恶；不肃而成，不严而治，朝中惟静，威仪抑抑。督邮、部职不出府门，政约令行，强不暴寡，知不诈愚。属县趋教，无对会之事；徼外来庭，面缚二千余人。年谷屡登，仓库惟亿，百姓有蓄，粟麦五钱。郡西狭中道，危难阻峻，缘崖俾阁，两山壁立，隆崇造云，下有不测之溪，阨笮促迫，财（才）容车骑，进不能济，息不得驻，数有颠覆陨隧（坠）之害，过者创楚，惴惴其栗。君践其险，若涉渊冰，叹曰："《诗》所谓'如集于木，如临于谷'，斯其殆哉！困其事则为设备，今不图之，为患无已。"敕衡官有秩李瑾、掾仇审，因常繇道徒，鐉烧破析，刻臽崔嵬，减高就埤，平夷正曲，柙致土石，坚固广大，可以夜涉。四方无雍，行人欢悀，民歌德惠，穆如清风，乃刊斯石，曰：

赫赫明后，柔嘉惟则，克长克君，牧守三国；三国清平，咏歌懿德。瑞降丰稔，民以货稙。威恩并隆，远人宾服。鐉山浚渎，路以安直。继禹之迹，亦世赖福。

建宁四年六月十三日壬寅造，时府……

说明

此碑亦称《李翕颂》《黄龙碑》，出土于甘肃省成县天井山，东汉建宁四年（171）六月刻，仇靖撰刻并书丹。《西狭颂》与陕西省汉中市的《石门颂》、略阳县的《郙阁颂》同列为汉代书法"三颂"，是三大颂碑中保存最完整的一座摩崖刻石。《西狭颂》有额、图、颂、题名四部分，篆额有"惠安西表"四字。正文右侧刻有"邑池五瑞图"，即黄龙、白鹿、嘉禾、木连理和承露人。颂在图之左，阴刻隶书20行，共385字，颂之左为题名，隶书12行，共142字。整碑高220厘米，宽340厘米。记载武都太守李翕生平，歌颂其为民修复西狭栈道、为民造福的事迹。

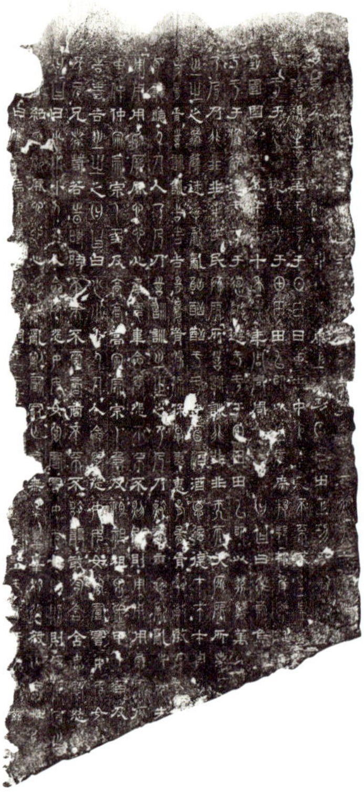
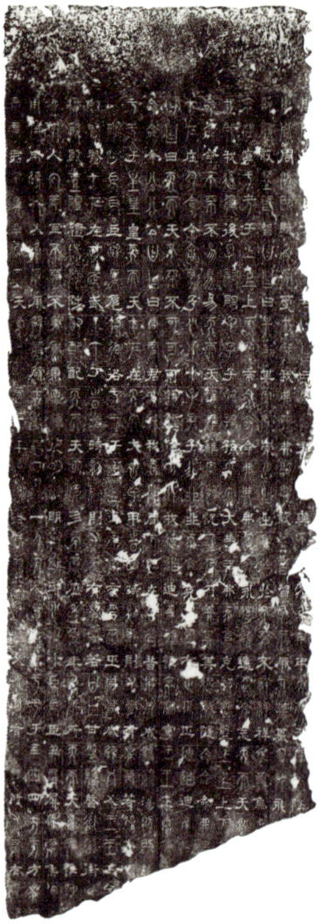

《三体石经》

三国魏正始年间（240—249）

说明

释文因经文破碎不成章句，故未作。

魏石经刊于魏废帝正始年间（240—249），每字都有古文、篆、隶三体，故又名《正始石经》或《三体石经》。经石正面刻《尚书》，背面刻《春秋》。经石在晋代已崩坏，以后不断有残石发现。1922年冬，河南洛阳东郊朱圪垱村村民朱某在汉魏太学遗址的棉田中掘出一大一小两块魏石经残石。大块阳面刻《尚书·无逸》《君奭》二篇文字，阴面刻《春秋》僖公、文公经文，即魏三体石经《尚书》《春秋》残碑。小块阳面刻《尚书·多士》篇文字，阴面刻《春秋》文公经文。此轴即为小石的碑阳、碑阴拓本。

《竹》《兰花》

元至正十年（1350）

释文

时至正十年暮春三月梅善人写意。

《罗洪先悬笔诗碑》

明嘉靖三十七年（1558）

释文

悬瓮山中一脉清，龙蟠虎伏隐真明。水飘火劫山移步，五十年来帝母临。

戊午秋月罗洪先悬笔，宛城郜焕元摹勒上石。

说明

罗洪先（1504—1564），字达夫，号念庵，江西吉安府吉水黄橙溪（今吉水县谷村）人，明代学者，杰出的地理制图学家，绘有《广舆图》。

《史忠正公小象（像）》

弘光甲申年（1644）

释文

史忠正公小象（像）

会稽陶濬宣拜手谨署

《史可法遗书》

弘光元年（1645）

释文

恭候

太太、

杨太太：

夫人万安。北兵于十八日围扬城，至今尚未攻打。然人心已去，收拾不来。法早晚必死，不知夫人肯随我去否，如此世界，生亦无益，不如早早决断也。

太太苦恼，须托四太爷、大爷、三哥大家照管，炤儿好歹随他罢了。书至此，肝肠寸断矣。

四月廿一日法寄

说明

史可法（1602—1645），字宪之，号道邻，汉族，顺天府大兴人，祖籍河南开封府祥符（今开封祥符区）。明末抗清名将。

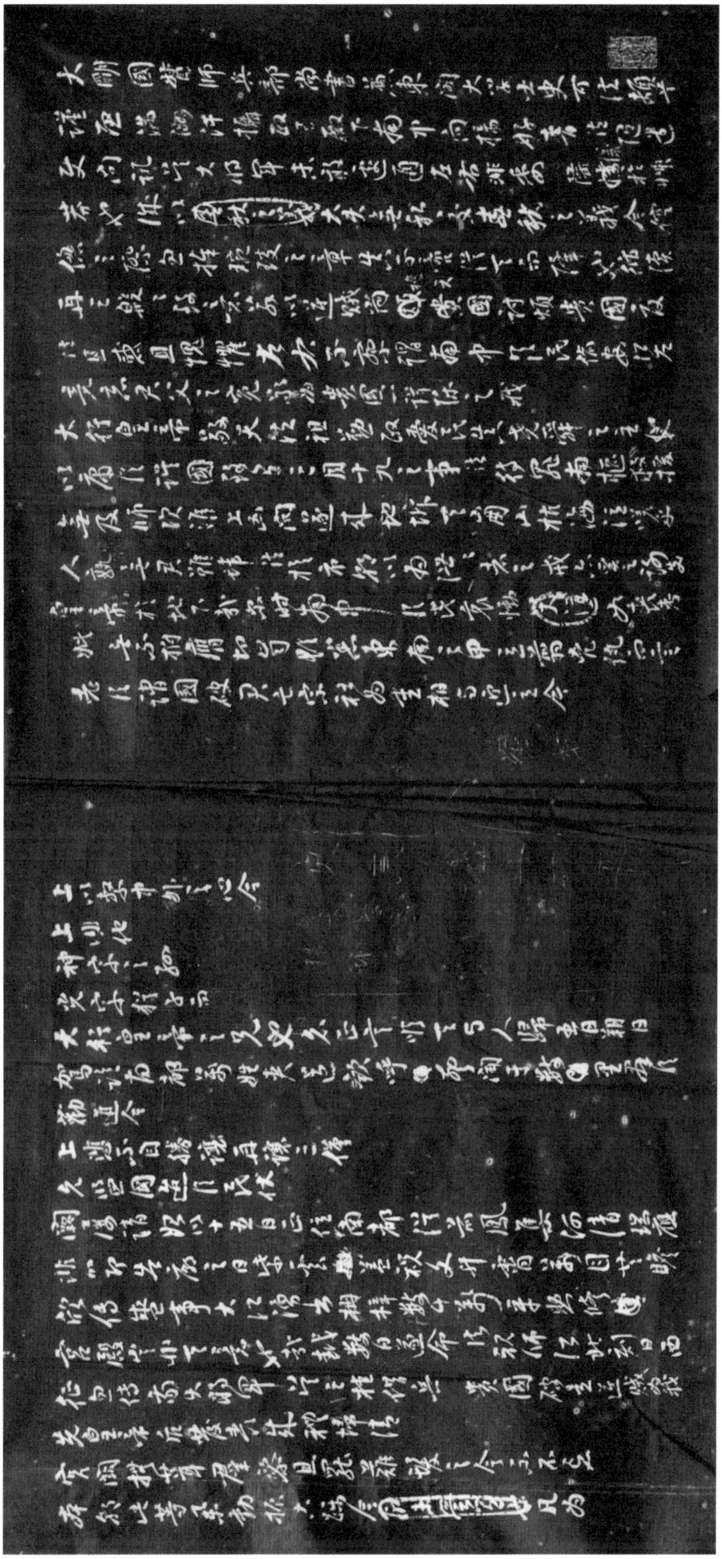

《史可法复多尔衮书》

弘光元年（1645）

释文

大明国督师、兵部尚书兼东阁大学士史可法顿首谨启满洲汗摄政王殿下：

南中向接好音，法随遣使问讯吴大将军，未敢遽通左右，非委隆仪于草莽也，诚以大夫无私交，《春秋》之义。今倥偬之际，忽捧琬琰之章，真不啻从天而降也。循读再三，殷殷致意。若以逆贼尚稽天讨，烦贵国忧，法且感且愧。惧左右不察，谓南中臣民偷安江左，竟忘君父之冤，敬为贵国一详陈之。我大行皇帝敬天法祖，勤政爱民，真尧舜之主也。以庸臣误国，致有三月十九之事。法待罪南枢，救援无及，师次淮上，凶问遂来，地坼天崩，山枯海泣。嗟乎，人孰无君，虽肆法于市朝，以为泄泄者之戒，亦奚足谢先皇帝于地下哉！尔时南中臣民哀恸，如丧考妣，无不扪膺切齿，欲悉东南之甲，立翦凶仇。而二三老臣，谓国破君亡，宗社为重，相与迎立今上，以系中外之心。今上非他，神宗之孙、光宗犹子，而大行皇帝之兄也。名正言顺，天与人归。五月朔日，驾临南都，万姓夹道欢呼，声闻于数里。群臣劝进，今上悲不自胜，让再让三，仅允监国。迨臣民伏阙屡请，始以十五日正位南都。从前凤集河清，瑞应非明。即告庙之日，紫云如盖，祝文升霄，万目共瞻，欣传盛事。大江涌出楠梓数十万章，助修宫殿，岂非天意也哉！越数日，遂命法视师江北，刻日西征。忽传我大将军吴三桂借兵贵国，破走逆贼，为我先皇帝、后发丧成礼，扫清宫阙，抚葺群黎，且罢薙发之令，示不忘本朝。此等举动，振古烁今，凡为……

说明

馆藏只有一张，不全。

《傅山古柏题辞石刻》

清康熙年间（1662—1722）

释文

晋源之柏第一章

真山题

太鼎立

段綷刊

说明

傅山（1607—1684），明清之际思想家、书法家、医学家。初名鼎臣，字青竹，改字青主，又有真山浊翁、观化等别名。汉族，山西太原人。

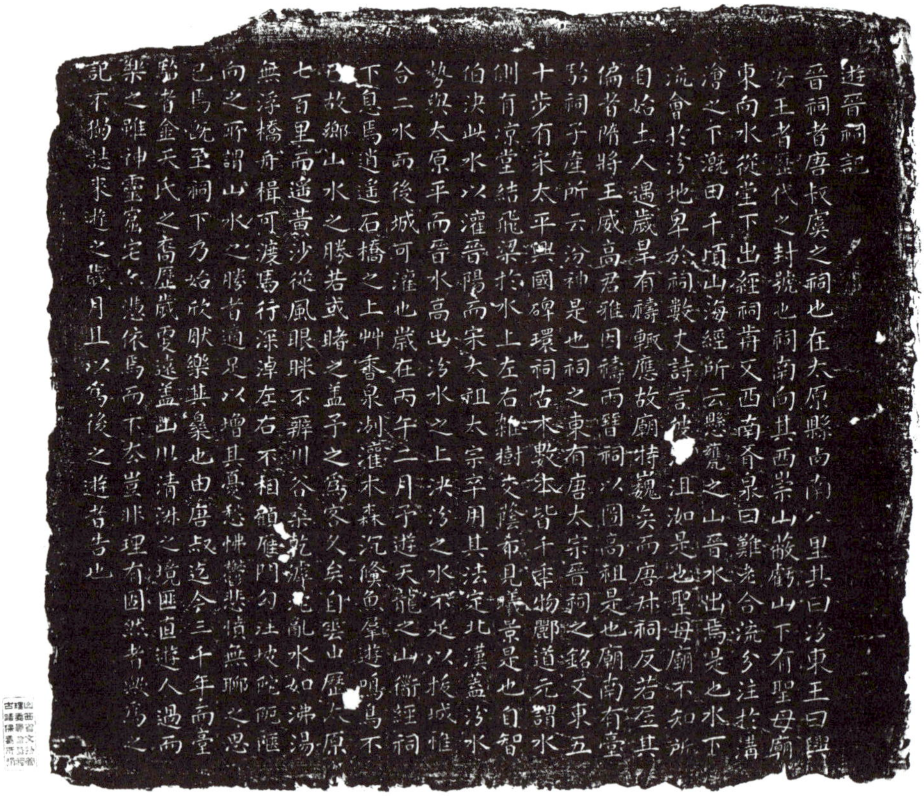
遊晉祠記
晉祠者唐叔虞之祠也在太原縣西南八里其曰汾東王曰興
安王者歷代之封號也祠南向其西崇山蔽虧山下有聖母廟
東向水從堂下出經祠前又西南有泉曰難老合流分注於溝
澮之下溉田千頃山海經所云懸甕之山晉水出焉是也水下
流會於汾地卑於祠數丈詩言彼汾沮洳是也聖母廟不知所
自始土人遇歲旱有禱輒應故廟特巍然而唐叔祠反若居其
偏者隋將王威高君雅因禱雨晉祠以圖高祖是也廟南有臺
駘祠子產所云汾神是也祠之東有唐太宗晉祠之銘文東五
十步有宋太平興國碑環祠古木數本皆千年物酈道元謂水
側有涼堂結飛梁於水上左右雜樹交蔭希見曦景是也自智
伯決此水以灌晉陽而宋太祖太宗卒用其法定北漢蓋汾水
勢與太原平而晉水高出汾水之上決汾之水不足以拔城惟
合二水而後城可灌也歲在丙午二月予遊天龍之山衘經祠
下息焉逍遙石橋之上艸香泉冽灌木森沉儵魚羣游鳴鳥不
已故鄉山水之勝若或睹之蓋予之為客久矣自雲中歷太原
七百里而遙黃沙從風眼眯不辨川谷桑乾滹沱亂水如沸湯
無浮橋舟楫可渡馬行深淖左右不相顧雁門勾注坡陀阨隘
向之所謂山水之勝者適足以增其憂愁怫鬱悲憤無聊之思
已焉既至祠下乃始欣然樂其樂也由唐叔迄今三千年而臺
駘者金天氏之裔歷歲更遠蓋山川清淑之境匪直遊人過而
樂之雖神靈窟宅亦憑依焉而不去豈非理有固然者歟爲之
記不獨誌來遊之歲月且以爲後之遊者告也

《朱彝尊游晋祠记石刻》及跋

清康熙二十七年（1688）

释文

游晋祠记

晋祠者，唐叔虞之祠也，在太原县西南八里。其曰汾东王、曰兴安王者，历代之封号也。祠南向，其西崇山蔽亏；山下有圣母庙，东向。水从堂下出，经祠前。又西南有泉曰难老，合流分注于沟浍之下，溉田千顷，《山海经》所云“悬瓮之山，晋水出焉”是也。水下流，会于汾，地卑于祠数丈，《诗》言“彼汾沮洳”是也。圣母庙不知所自始，土人遇岁旱，有祷辄

应，故庙特巍奕，而唐叔祠反若居其偏者。隋将王威、高君雅因祷雨晋祠，以图高祖是也。庙南有台骀祠，子产所云汾神是也。祠之东有唐太宗晋祠之铭。又东五十步，有宋太平兴国碑。环祠古木数本，皆千年物，郦道元谓“水侧有凉堂，结飞梁于水上，左右杂树交荫，希见曦景”是也。自智伯决此水以灌晋阳，而宋太祖、太宗卒用其法定北汉，盖汾水势与太原平，而晋水高出汾水之上，决汾之水不足以拔城，惟合二水而后城可灌也。岁在丙午二月，予游天龙之山，道经祠下息焉。逍遥石桥之上，草香泉冽，灌木森沉，鯈鱼群游，鸣鸟不已，故乡山水之胜，若或睹之。盖予之为客久矣！自云中历太原七百里而遥，黄沙从风，眼眯不辨川谷。桑干、滹沱，乱水如沸汤，无浮桥舟楫可渡，马行深淖，左右不相顾。雁门勾注，坡陀厄狭。向之所谓山水之胜者，适足以增其忧愁怫郁、悲愤无聊之思已焉，既至祠下，乃始欣然乐其乐也。由唐叔迄今三千年，而台骀者，金天氏之裔，历岁更远。

盖山川清淑之境，匪直游人过而乐之，虽神灵窟宅亦凭依焉而不去，岂非理有固然者欤！为之记，不独志来游之岁月，且以为后之游者告也。

岁次丙午二月秀水朱彝尊竹垞记。

右予友竹垞检讨晋祠游记。竹垞来游晋祠，岁在丙午二月，予以先一年乙巳二月至。相去二十二年，予复以藩佐代篆来晋阳，重拜叔虞祠下，再酌难老。回忆昔游，恍如梦中。记昨冬别竹垞于都亭，赋诗赠别，有“琮琤难老泉，分流注蒲稗。中有长生苹，葱青俨图画”。竹垞之流连于此地者，可谓久而不忘矣。予昔年匆匆一过，不暇为记。今又以簿书所苦，肠胃俱俗，又不能记。箧中携竹垞此记，觉再为之，亦无能出其右。因为勒之古柏下，记予两人来游岁月，并附予旧吟于后，以志之。他日竹垞或重过此，当抚之一笑之也。

叔虞祠畔柏萧森，难老泉头坐夕阴。石镜流辉浮碧藻，松罗曳影起清音。山名悬瓮崩崖险，堂忆青华接翠深。漫向残碑倾浊酒，望中落日下疏林。

丙寅二月望祥符周在浚梨庄识。

游晋祠者多矣，惟竹垞先生为此记独胜。余辛酉八月因公暇过访山川，酌泉枕石，觉凡斯祠所有者，无不一一从记中指点而出，洵非此记，不能名状是祠也。周君梨庄与余同历官晋阳，再游祠下，亦忆此记不忘，欲余书之，以永其事，因留稿太原段子处。适余友包子夔言，咏为鸳水，士属竹垞先生所引，重蹑瓮山之屐。遂于段子处携其稿来，且促成之，爰不辞而书焉。特恐笔研俗纰，不副周君所请。然余心慕此记之隽永绝尘，窃乐附名其后，卧游楮墨之间，故不复计工拙云。

康熙二十七年岁次戊辰八月中秋，上谷刘星东轩氏跋并书。

说明

朱彝尊，清代诗人、词人，清康熙十八年（1679）举博学鸿词科，博通经史，精于金石，为著名藏书家之一。周在浚，河南祥符人，周亮工之子，通经史、擅文词，且爱收藏，与朱彝尊相互赏识。刘星的生卒年不详。

聖祖仁皇帝御製木棉賦并序

木棉之為利於人溥矣衣被禦寒實有賴焉夫既紡以為布復摶以為絖卒歲之謀出之隴畝功不在五穀下嘗稽之載籍島夷卉服注以為吉貝即其種也然止以充遠方之貢而未嘗徧植於中土故周禮婦功惟治蠶枲唐徵庸調但及絲麻至木棉之種後世由外蕃始入於關陝閩粵今則遠邇貴賤咸資其利而昔人篇什罕有及之者故為之賦曰

攷吉貝之佳種披互索以窮源道伽毗而遠來由秦粵而衍蕃儌崖州之紡織製七襄而無痕儌宋人之洴澼比八綿而同温先麥秋而播種齊壺棗而登原宿黃雲於萬蕊蹈白雪於千村落秋實於露晞軋機柚於星昏暝佐耆年之帛陽回寒女之門幸卒歲之可娛乃民力之普存若應鍾之司律正薄寒之中人月照牛衣之夜霜侵葛屨之辰家挾千箱之纊路絶百結之鶉曝茅簷而歌愛日賽田祖而洽比鄰謝履絲之靡麗免于貉之艱辛故夫八口之家九土之氓無沍寒之膚裂罕疾風之條鳴時和年豐火耨水耕歲落三鍾之棉場登百畝之秔同彼婦子樂此太平奚羨纂組之巧與夫縞紵之輕慨風詩之未録省方問俗將補遺什而續授衣之經

《御题棉花图》

清乾隆三十年（1765）

释文

圣祖仁皇帝御制木棉赋并序

木棉之为利于人溥矣，衣被御寒实有赖焉。夫既纺以为布，复擘以为纩，卒岁之谋出之陇亩，功不在五谷下。尝稽之载籍，“岛夷卉服”，注以为“吉贝”，即其种也。然止以充远方之贡，而未尝遍植于中土。故《周礼》“妇功”惟治蚕枲，唐征庸调但及丝麻。至木棉之种，后世由外蕃始入于关陕闽粤，今则远迩贵贱咸资其利，而昔人篇什罕有及之者，故为之赋，曰：

考吉贝之佳种，披丘索以穷源；道伽毗而远来，由秦粤而衍蕃。仿崖州之纺织，制七襄而无痕；效宋人之洴澼，比八绵而同温。先麦秋而播种，齐壶枣而登原。宿黄云于万蕊，堕白雪于千村。落秋实于露晞，轧机柚（轴）于星昏。暖佐耆年之帛，阳回寒女之门。幸卒岁之可娱，乃民力之普存。若应钟之司律，正薄寒之中人。月照牛衣之夜，霜侵葛屦之辰，家挟千箱之纩，路绝百结之鹑。曝茅檐而歌爱日，赛田祖而洽比邻。谢履丝之靡丽，免于貉之艰辛。故夫八口之家，九土之氓，无冱寒之肤裂，罕疾风之条鸣。时和年丰，火耨水耕，岁落三钟之棉，场登百亩之秔。同彼妇子，乐此太平。奚羡纂组之巧与夫缟纻之轻。慨风诗之未录，省方问俗，将以补豳什而续授衣之经。

太子太保直隸總督臣方觀承謹
奏為恭
進棉花圖冊仰祈
聖鑒事竊惟五十非帛不煖王政首重夫蠶桑一女不織
則寒婦功莫亟於絲枲然民用未能以徧給斯地利
因之而日闢惟棉種別營麻功同菽粟根陽和而得
氣苞大素以含章有質有文即花即實先之以耰鉏
襏襫春種夏耘繼之以紡績組紝晨機夜杼蓋一物
而兼耕織之務亦終歲而集婦子之劬日用尤切於
生民衣被獨周乎天下仰惟我
皇上
深仁煦育
久道化成
巡芳甸以勸農

播薰風而阜物攬此嘉生之蕃殖同於寶稼之滋昌臣
不揣鄙陋條舉棉事十六則繪圖列說裒輯成冊恭
呈
御覽夙在
深宮之洛度授衣時詠豳風冀邀
睿藻以品題博物增編爾雅為此恭摺具
奏伏祈
聖鑒
乾隆三十年四月十一日
奏奉
旨冊留覽欽此
臣方觀承謹
奏為恭繳
御題棉花圖冊奏謝

天恩事竊臣前於
行營繪列棉花圖說恭呈
御座仰蒙
睿鑒品題特賁
天章炳煥伏承
宣示欣幸難名欽惟我
皇上
德備文明
思參造化
屢經播煦慶解慍以歌風
豳管迎寒屢授衣而奏雅千載補農桑之政洵稱比穀
比絲
九重宏耕織之謨詎曰問奴問婢
率成十六義蘊萬千綱類旁通秋實春華之並採仰觀俯

察經天緯地以爲文增神農耒耜之經古今未有纖
聖祖木棉之賦先後同揆臣以弇鄙竊忝賡颺茲奉
諭旨准臣將所作詩句書於每幅之末同冊繳進摹本付
刻念奇温之植功並著於
表章顧已細之鳴
恩並承夫
覩聽臣不勝感激榮幸之至謹
奏
乾隆三十年七月十六日
奏奉
旨知道了欽此

太子太保、直隶总督、臣方观承谨奏为恭进棉花图册仰祈圣鉴事：

窃惟五十非帛不暖，王政首重夫蚕桑；一女不织则寒，妇功莫亟于丝枲。然民用未能以遍给，斯地利因之而日开。惟棉，种别菅麻，功同菽粟；根阳和而得气，苞大素以含章；有质有文，即花即实；先之以耰鉏袯襫，春种夏耘，继之以纺绩组纴，晨机夜杼。盖一物而兼耕织之务，亦终岁而集妇子之劬；日用尤切于生民，衣被独周乎天下。

仰惟我皇上深仁煦育，久道化成；巡芳甸以勤农，播熏风而阜物；揽此嘉生之蕃殖，同于宝稼之滋昌。臣不揣鄙陋，条举棉事十六则，绘图列说，装潢成册，恭呈御览。夙在深宫之咨度授衣，时咏《豳风》；冀邀睿藻以品题博物，增编《尔雅》。为此恭折具奏，伏祈圣鉴。乾隆三十年四月十一日奏奉。

旨：册留览。钦此。

臣方观承谨奏为恭缴御题棉花图册奏谢天恩事：

窃臣前于行营绘列棉花图说，恭呈黼座。仰蒙睿鉴品题，特贲天章炳焕。伏承宣示，欣幸难名。钦惟我皇上德备文明，思参造化。虞弦播煦，庆解愠以歌风；豳管迎寒，廑授衣而奏雅。千载补农桑之政，洵称比谷比丝。九重悉耕织之谋，讵曰问奴问婢？章成十六，义蕴万千。触类旁通，秋实春华之并采；仰观俯察，经天纬地以为文。增神农耒耜之经，古今未有；继圣祖木棉之赋，先后同揆。臣以弇鄙，窃忝赓扬。兹奉谕旨，准臣将所作诗句书于每幅之末，图册缴进，摹本付刻。念奇温之植功，益著于表章；顾已细之鸣恩，并承夫观听。臣不胜感激荣幸之至。谨奏。乾隆三十年七月十六日奏奉。

旨：知道了！钦此。

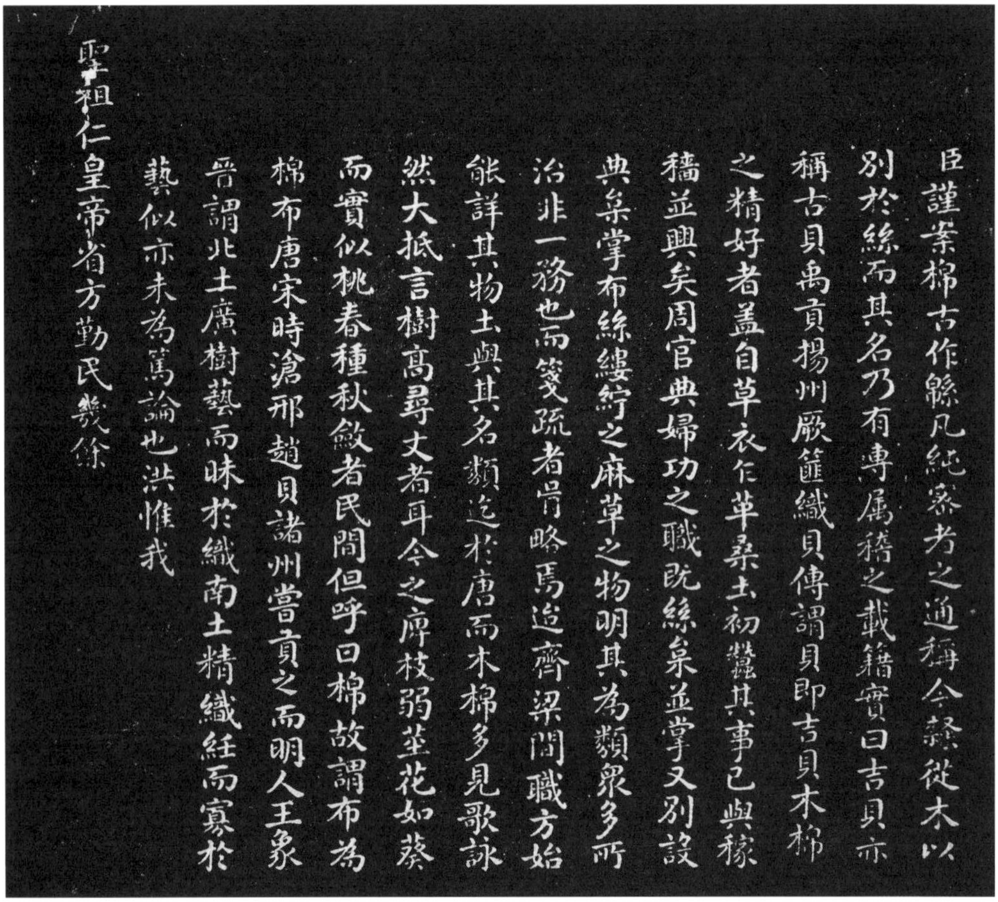
臣謹案棉古作緜凡純密者之通稱今隸從木以
別於絲而其名乃有專屬稽之載籍實曰吉貝亦
稱古貝禹貢揚州厥篚織貝傳謂貝即吉貝木棉
之精好者蓋自草衣乍革桑土初蠶其事已與稼
穡並興矣周官典婦功之職既絲枲並掌又別設
典枲掌布絲縷紵之麻草之物明其為類衆多所
治非一務也而箋疏者胥略焉迨齊梁間職方始
能詳其物土與其名類迄於唐而木棉多見歌詠
然大抵言樹高尋丈者耳今之庳枝弱莖花如葵
而實似桃春種秋斂者民間但呼曰棉故謂布為
棉布唐宋時滄邢趙貝諸州嘗貢之而明人王象
晉謂北土廣樹藝而昧於織南土精織紝而寡於
藝似亦未為篤論也洪惟我
聖祖仁皇帝省方勤民幾餘

臣谨案：棉，古作绵，凡纯密者之通称。今隶从木，以别于丝，而其名乃有专属。稽之载籍，实曰“吉贝”，亦称“古贝”。《禹贡·扬州》：“厥篚织贝。”传谓：贝即吉贝，木棉之精好者。盖自草衣乍革，桑土初蚕，其事已与稼穑并兴矣。《周官》“典妇功”之职，既丝枲并掌，又别设“典枲”，掌布、丝、缕、纻之麻草之物，明其为类众多，所治非一务也，而笺疏者胥略焉。迨齐梁间，职方始能详其物土与其名类。迄于唐而木棉多见歌咏，然大抵言树高寻丈者耳。今之庳枝弱茎，花如葵而实似桃，春种秋敛者，民间但呼曰“棉”，故谓布为“棉布”。唐宋时，沧、邢、赵、贝诸州尝贡之，而明人王象晋谓“北土广树艺而昧于织，南土精织纴而寡于艺”，似亦未为笃论也。

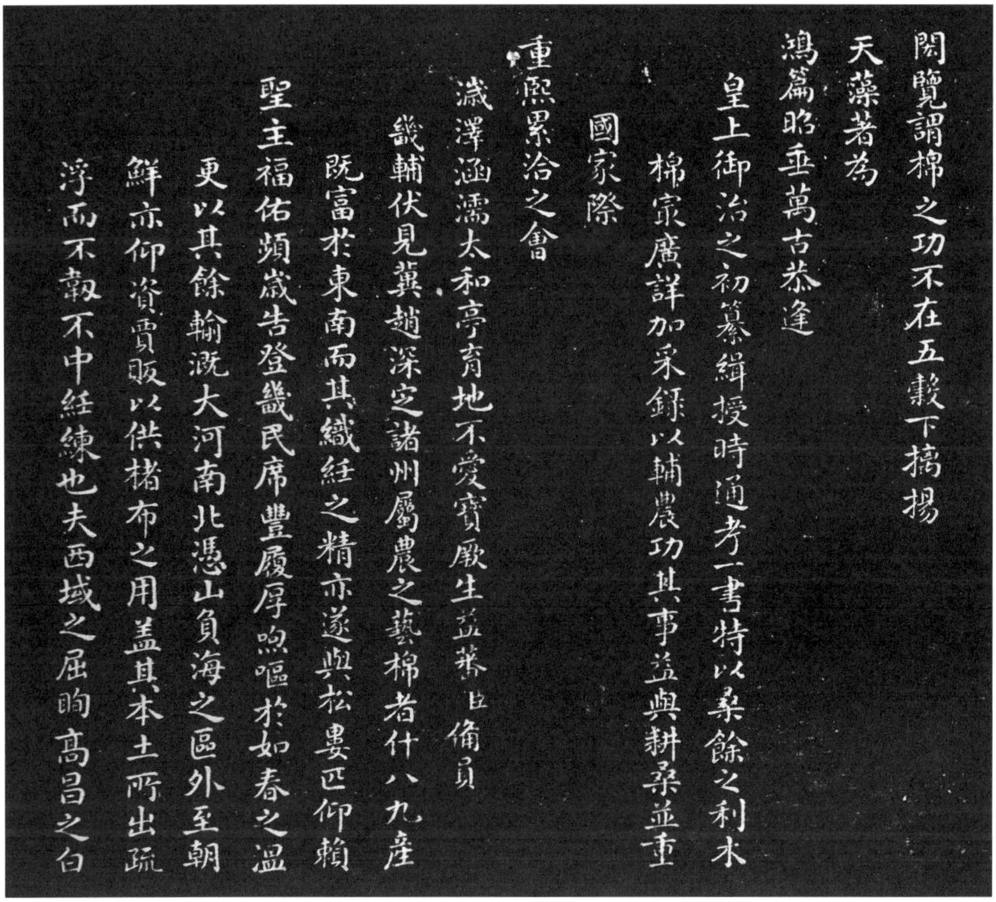
閲覽謂棉之功不在五穀下摛揚
天藻著為
鴻篇昭垂萬古恭逢
皇上御治之初纂緝授時通考一書特以桑餘之利木
棉最廣詳加采錄以輔農功其事益與耕桑並重
國家際
重熙累洽之會
涉澤涵濡太和亭育地不愛寶厥生益蕃臣備員
畿輔伏見冀趙深定諸州屬農之藝棉者什八九產
既富於東南而其織紝之精亦遂與松婁匹仰賴
聖主福佑頻歲告登畿民席豐履厚煦嘔於如春之溫
更以其餘輸溉大河南北憑山負海之區外至朝
鮮亦仰資貫販以供褚布之用蓋其本土所出疏
浮而不韌不中紝練也夫西域之屈眴高昌之白

洪惟我圣祖仁皇帝，省方勤民，几余闳览，谓棉之功不在五谷下，摛扬天藻，著为鸿篇，昭垂万古。恭逢皇上御治之初，纂缉《授时通考》一书，特以桑余之利，木棉最广，详加采录，以辅农功，其事益与耕桑并重。国家际重熙累洽之会，涉泽涵濡，太和亭育，地不爱宝，厥生益蕃。臣备员畿辅，伏见冀、赵、深、定诸州属农之艺棉者什八九，产既富于东南，而其织纴之精亦遂与松娄匹。仰赖圣主福佑，频岁告登，畿民席丰履厚，煦呕于如春之温，更以其余输溉大河南北凭山负海之区。外至朝鲜，亦仰资贾贩，以供楮布之用。盖其本土所出，疏浮而不韧，不中纴练也。夫西域之屈眴，高昌之白叠，海南之乌驎、文缛，皆木棉类耳，而前史艳称之，非以产自遐陬，梯航难致哉？今者，声教四讫，天方、大食自古不宾之人，重译献琛；

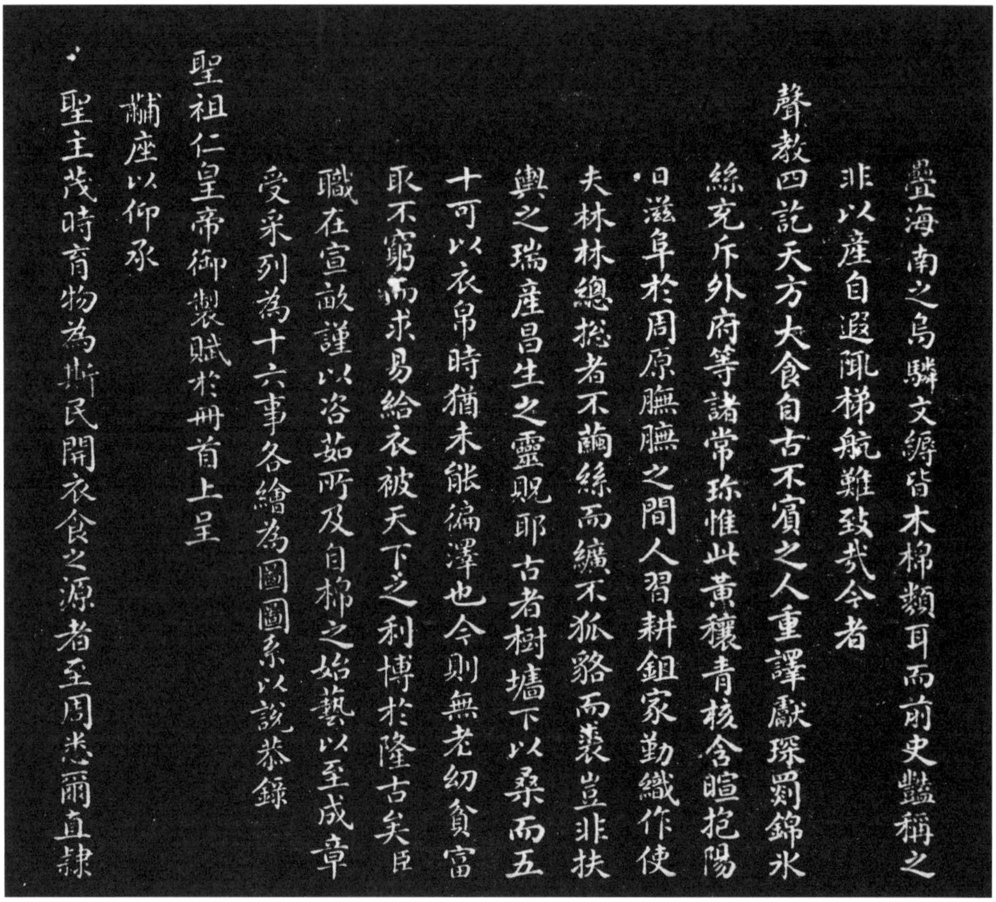

疊海南之烏驎文䌹皆木棉類耳而前史豔稱之
非以產自遐陬梯航難致哉今者
聲教四訖天方大食自古不賓之人重譯獻琛蜀錦氷
絲充斥外府等諸常珍惟此黃穰青核含暄抱陽
日滋阜於周原膴膴之間人習耕鉏家勤織作使
夫林林總總者不繭絲而纊不狐貉而裘豈非扶
輿之瑞產昌生之靈貺耶古者樹墻下以桑而五
十可以衣帛時猶未能徧澤也今則無老幼貧富
取不窮而求易給衣被天下之利博於隆古矣臣
職在宣畝謹以咨茹所及自棉之始藝以至成章
受采列為十六事各繪為圖圖系以說恭錄
聖祖仁皇帝御製賦於冊首上呈
黼座以仰承
聖主茂時育物為斯民開衣食之源者至周悉爾直隸

蜀锦、冰丝，充斥外府，等诸常珍。惟此黄穰青核，含暄抱阳，日滋阜于周原膴膴之间，人习耕锄，家勤织作，使夫林林总总者，不茧丝而纩，不狐貉而裘，岂非扶舆之瑞产、昌生之灵贶耶？古者，树墙下以桑，而五十可以衣帛，时犹未能遍泽也；今则无老幼贫富，取不穷而求易给，衣被天下之利博于隆古矣。

臣职在宣亩，谨以咨茹所及，自棉之始艺以至成章受采，列为十六事，各绘为图，图系以说，恭录圣祖仁皇帝御制赋于册首。上呈黼座，以仰承圣主茂时育物，为斯民开衣食之源者至周悉尔。直隶总督臣观承恭跋。

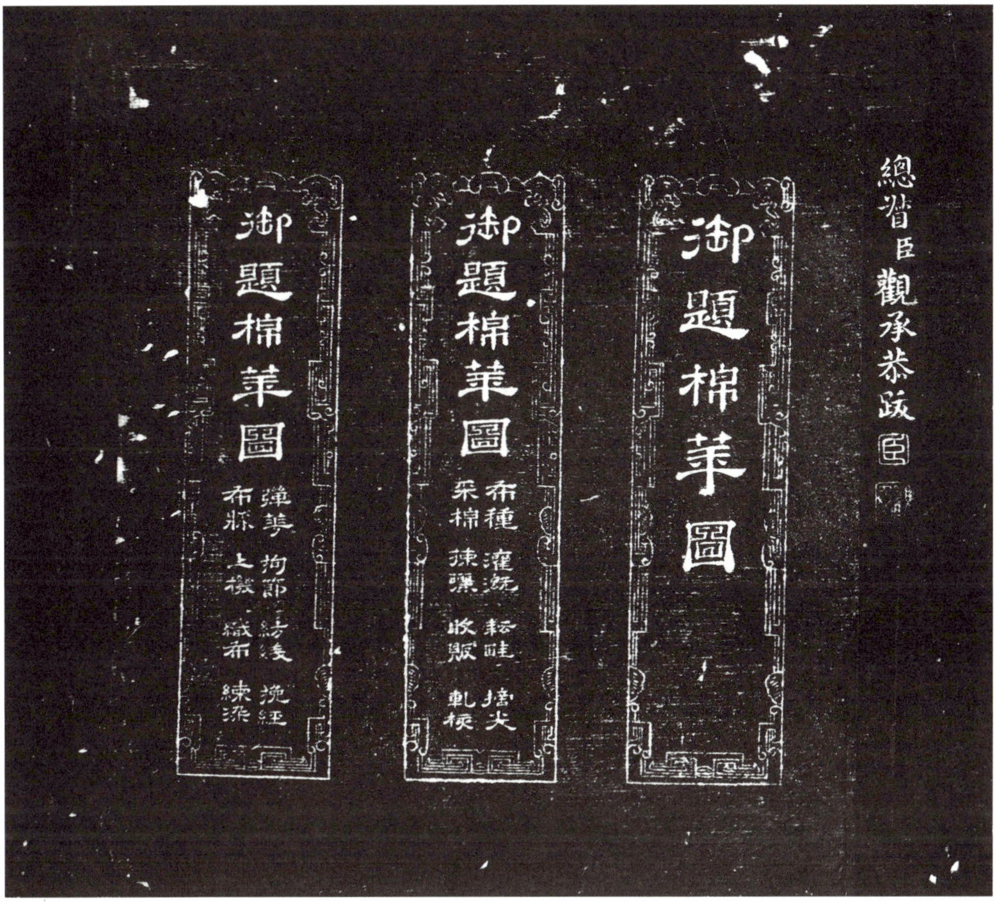

○ **御题棉花图**

布种、灌溉、耘畦、摘尖、采棉、拣晒、收贩、轧核、弹花、拘节、纺线、挽经、布浆、上机、织布、练染。

○ **布种：**

种选青、黑核，冬月收而曝之。清明后，淘取坚实者沃以沸汤，俟其冷，和以柴灰种之。宜夹沙之土，秋后春中，频犁取细，列作沟塍。种欲深，复土欲实；虚浅则苗出易萎。种在谷雨前者为植棉，过谷雨为晚棉。

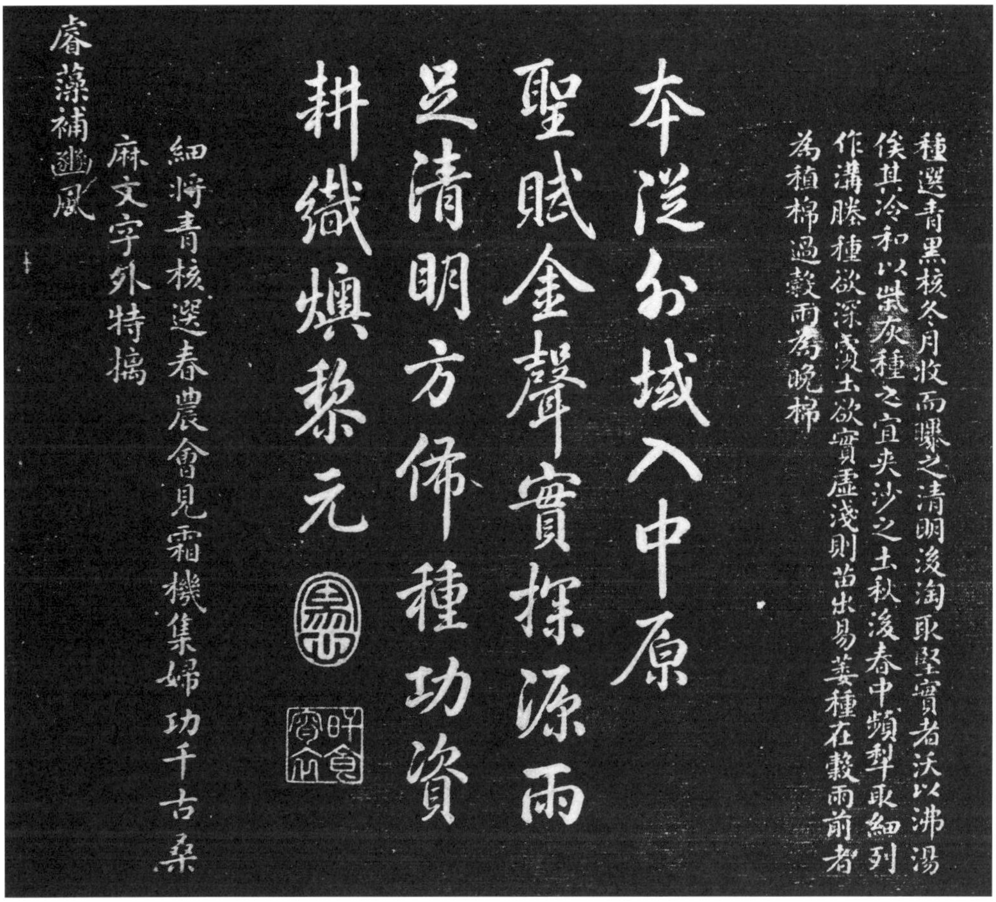

本从外域入中原，圣赋金声实探源。

雨足清明方布种，功资耕织燠黎元。

细将青核选春农，会见霜机集妇功。

千古桑麻文字外，特摛睿藻补豳风。

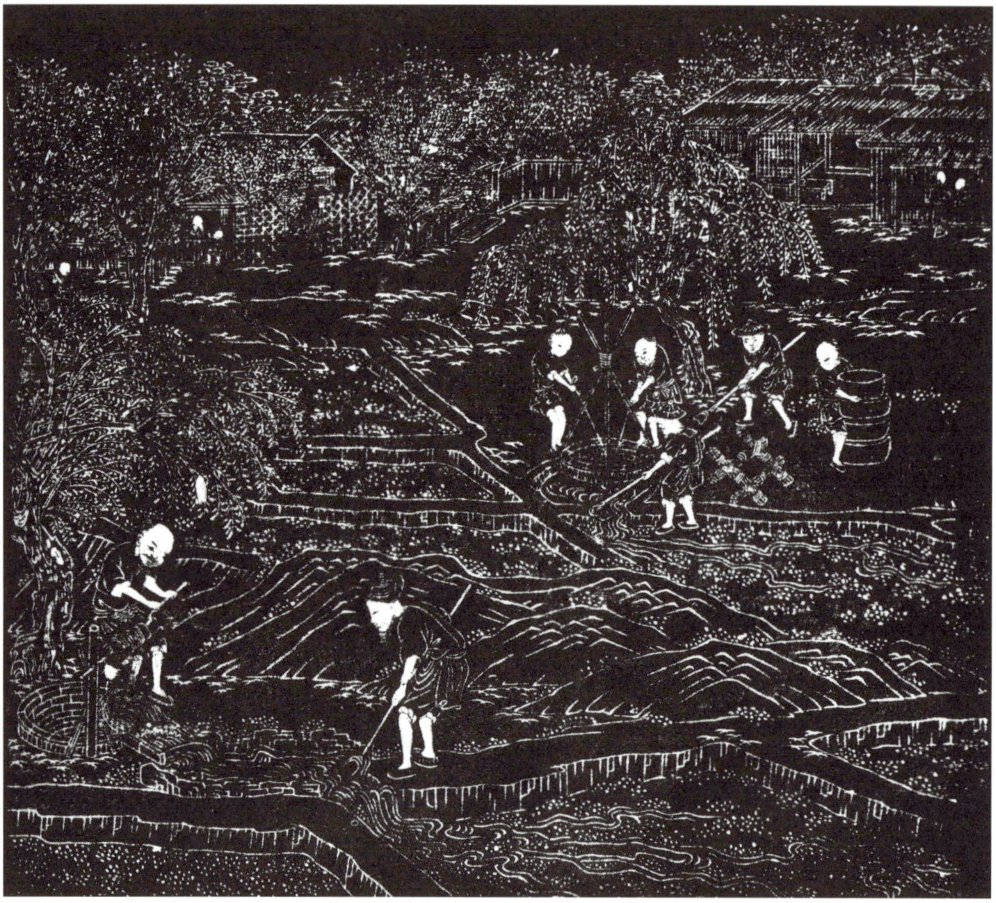

○ **灌溉：**

种棉必先凿井，一井可溉四十亩。种越旬日，萌乃毕达。农民仰占阴晴，俯瞰燥湿，引水分流，自近彻远。杜甫诗云“农务村村急，春流岸岸深”，情景略似。北地植棉，多在高原，鲜溪池自然之利，故人力之滋培尤亟耳。

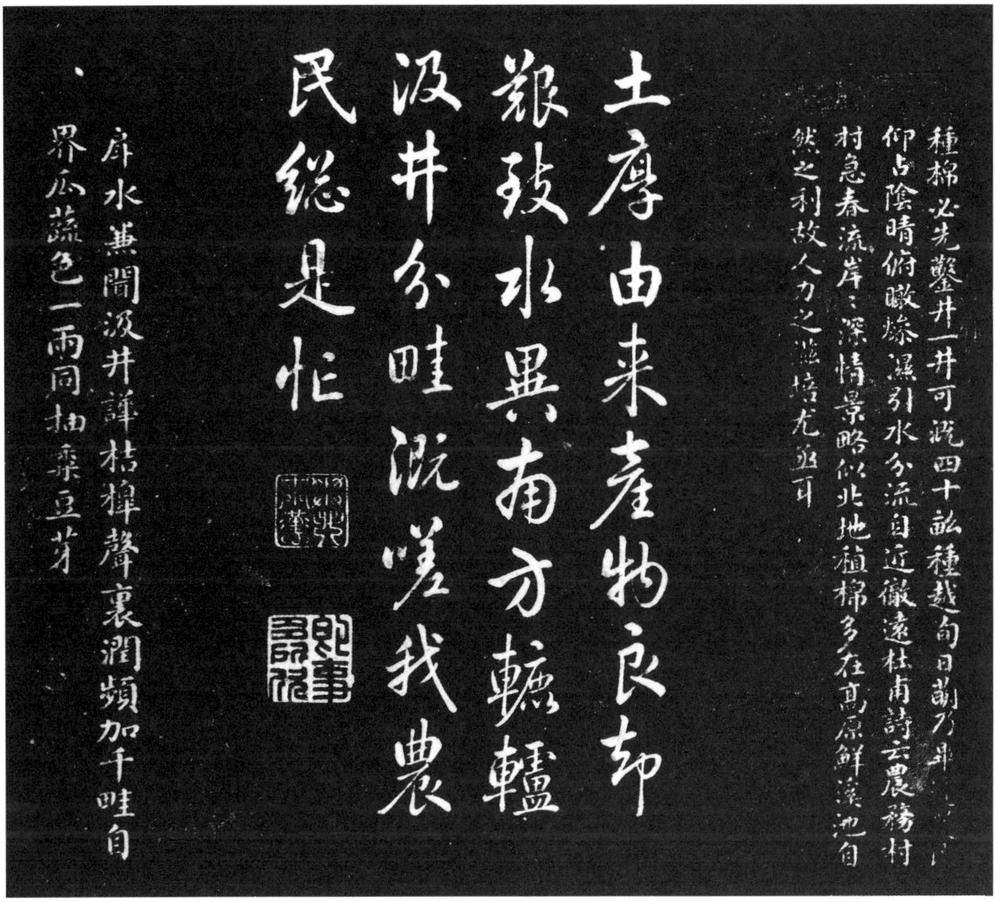

土厚由来产物良，却艰致水异南方。

辘轳汲井分畦溉，嗟我农民总是忙。

戽水兼闻汲井哗，桔槔声里润频加。

千畦自界瓜蔬色，一雨同抽黍豆芽。

○ **耘畦：**

苗密宜芟，苗长宜耘。古法一步留两苗，虽不可尽拘，大要欲使根科疏朗耳。时维夏至，千锄毕兴。一月三耘，七耘而花繁茸细，犹之谷五耘而糠秕悉除也。苗有壮硕异于常茎者为雄本，不结实，然不可尽去，备其种，斯有助于结实者。又或杂植脂麻，云能利棉。

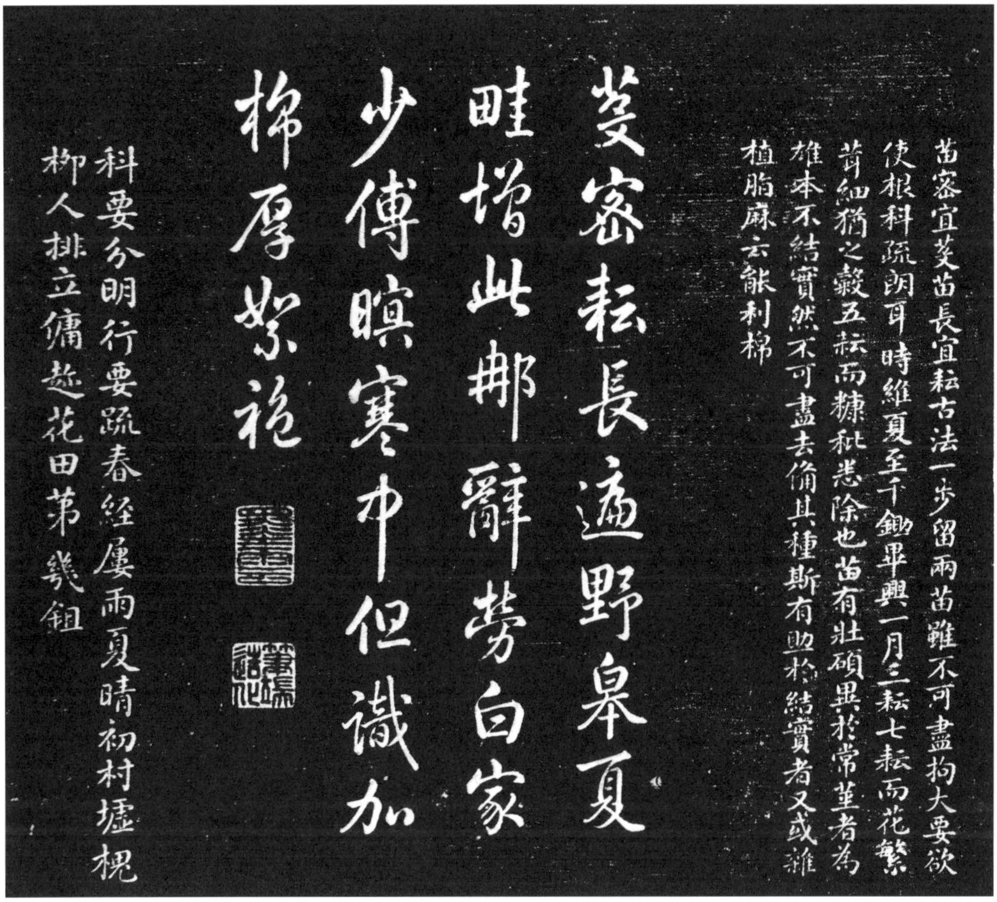
苗密宜芟苗長宜耘古法一步留兩苗雖不可盡拘大要欲
使根科疏朗耳時維夏至千鋤畢興一月三耘七耘而花繁
茸細猶之穀五耘而糠秕悉除也苗有壯碩異於常莖者為
雄本不結實然不可盡去備其種斯有助於結實者又或雜
植脂麻云能利棉
芟密耘長遍野皋夏
畦增此那辭勞白家
少傅暝寒中但識加
棉厚絮袍
科要分明行要疏春經屢雨夏晴初村墟槐
柳人排立傭趁花田第幾鉏

芟密耘长遍野皋，夏畦增此那辞劳？

白家少傅暝寒中，但识加棉厚絮袍。

科要分明行要疏，春经屡雨夏晴初。

村墟槐柳人排立，佣趁花田第几锄。

○ **摘尖：**

苗高一二尺，视中茎之翘出者，摘去其尖，又曰“打心”，俾枝皆旁达；旁枝尺半以上亦去尖，勿令交揉，则花繁而实厚。实多者一本三十许，甚少者十五六。摘时宜晴忌雨，趋事多在三伏。时则炎风畏景，青裙缟袂相率作劳，视南中之修桑摘茗，勤殆过之。如或失时，入秋候晚，虽摘不复生枝矣。

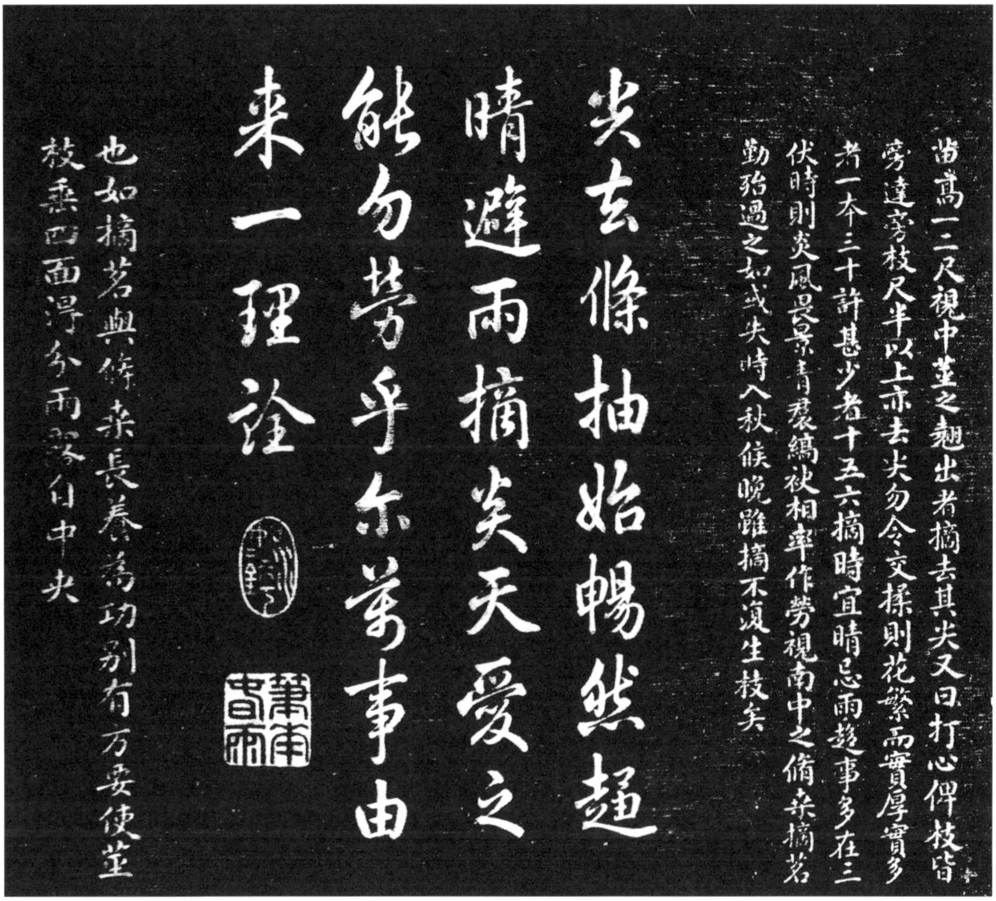
苗高一二尺視中莖之翹出者摘去其尖又曰打心俾枝皆旁達旁枝尺半以上亦去尖勿令交揉則花繁而實厚實多者一本三十許甚少者十五六摘時宜晴忌雨趁事多在三伏時則炎風旱景青裘縞袂相率作勞視南中之脩桑摘茗勤殆過之如或失時入秋候晚雖摘不復生枝矣

尖去條抽始暢然趨晴避雨摘炎天愛之能勿勞乎尔萬事由來一理詮

也如摘茗與條桑長養爲功別有方要使莖枝垂四面得分雨露自中央

尖去条抽始畅然，趋晴避雨摘炎天。

爱之能勿劳乎尔？万事由来一理诠。

也如摘茗与条桑，长养为功别有方。

要使茎枝垂四面，得分雨露自中央。

○ **采棉：**

花落实生。实亦称花，惟棉为然，花似葵而小，有三色。黄白为上；红则结棉有色，为紫花，不贵也。实攒三瓣，间有四瓣者，函絮其中，呼为“花桃”。桃裂絮见为棉熟，随时采之。此枝已絮，彼枝犹花，相错如锦。自八月后，妇子日有采摘，盈筐襭袵，与南亩之馌相望。霜后叶干，采摘所不及者，黏枝坠陇，是为剩棉。至十月朔，则任人拾取无禁，犹然遗秉滞穗之风，益征畿俗之厚焉。

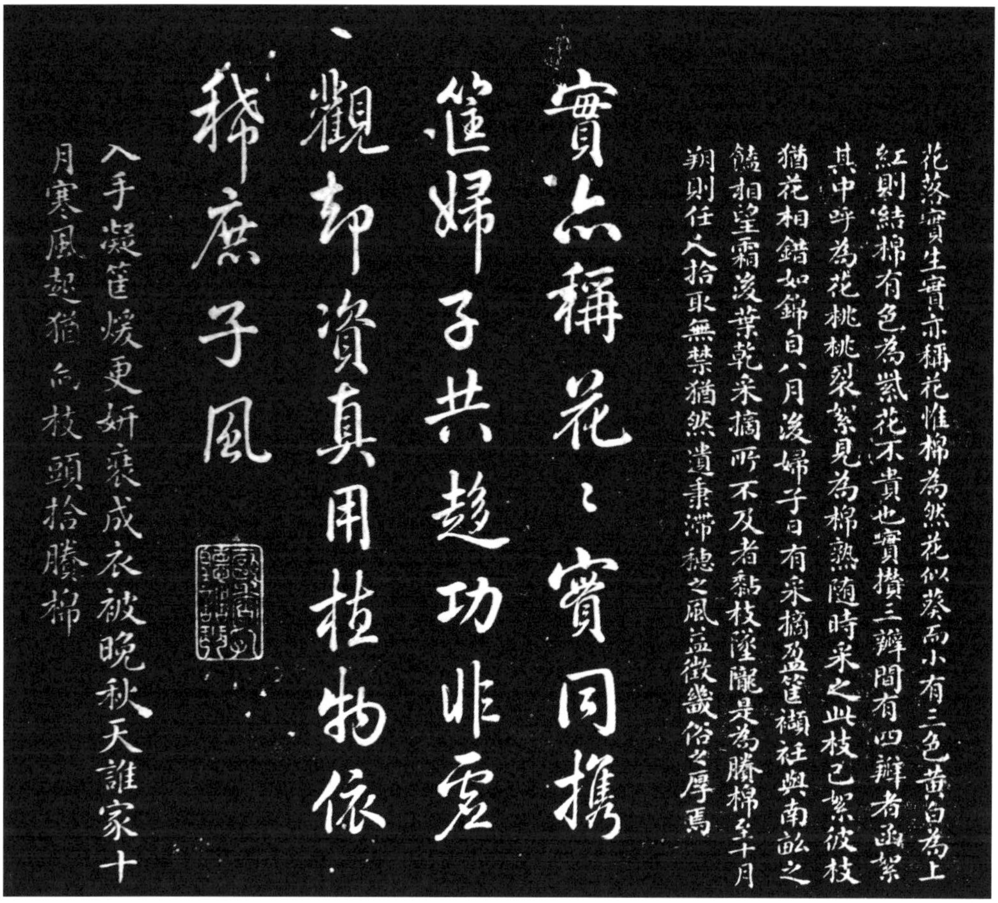
花落實生實亦稱花惟棉為然花似葵而小有三色黃白為上紅則結棉有色為紫花不貴也實攢三瓣間有四瓣者函絮其中呼為花桃桃裂絮見為棉熟隨時采之此枝已絮彼枝猶花相錯如錦自八月後婦子日有采摘盈筐襭衽與南畝之饁相望霜後葉乾采摘所不及者黏枝墜隴是為賸棉至十月朔則任人拾取無禁猶然遺秉滯穗之風益徵織俗之厚焉

實亦稱花〃實同攜筐婦子共趨功非虛觀却資真用植物依稀庶子風

入手凝筐煖更妍裝成衣被晚秋天誰家十月寒風起猶向枝頭拾賸棉

实亦称花花实同，携筐妇子共趋功。

非虚观却资真用，植物依稀庶子风。

入手凝筐暖更妍，装成衣被晚秋天。

谁家十月寒风起，犹向枝头拾剩棉。

○ **拣晒：**

自种迄收，田功毕而人事起矣。棉贵纯白；土黄色者亦可织，而直贱；水浥者惟供杂用。爰类择之以分差等，曝布之以资久贮。时当秋获，场圃毕登，野则京坻盈望，户则苇箔纷罗，擘絮如云，堆光若雪。盖至是而御寒之计无虞卒岁已。农占以十月朔晴主棉贱，故俗有“卖絮婆子看冬朝”之谣。验之良信。

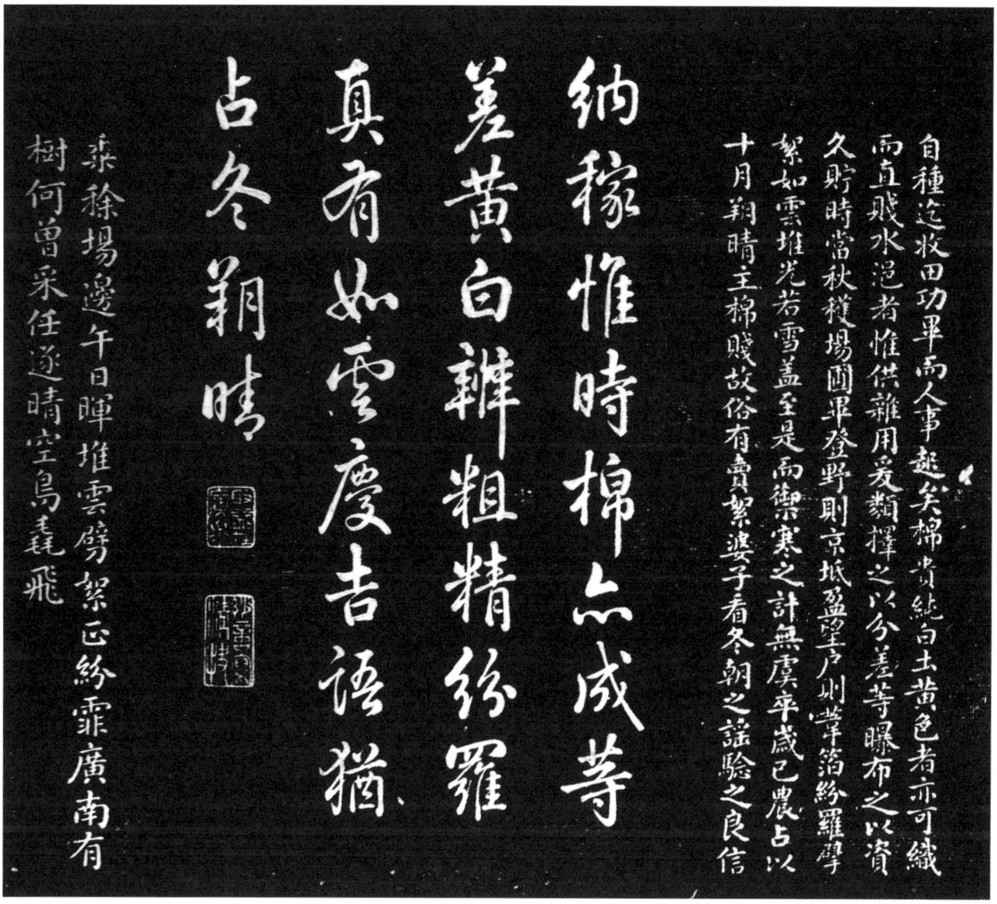
自種迄收田功畢而人事起矣棉貴純白土黃色者亦可織
而直賤水浥者惟供雜用爰類擇之以分差等暴布之以資
久貯時當秋穫場圃畢登野則京坻盈望戶則笋箔紛羅擘
絮如雲堆光若雪蓋至是而禦寒之計無虞卒歲已農占以
十月朔晴主棉賤故俗有賣絮婆子看冬朝之諺驗之良信
納稼惟時棉亦成等
差黃白辨粗精紛羅
真有如雲慶吉語猶
占冬朔晴
黍稌場邊午日暉堆雲劈絮正紛霏廣南有
樹何曾采任遂晴空鳥毳飛

纳稼惟时棉亦成，等差黄白辨粗精。

纷罗真有如云庆，吉语犹占冬朔晴。

黍稌场边午日晖，堆云劈絮正纷霏。

广南有树何曾采，任遂晴空鸟毳飞。

○ **收贩：**

三辅神皋沃衍，粱、稷、黍、菽、麦、麻之属，靡不蕃殖。种棉之地，约居什之二三。岁恒充羡，输溉四方。每当新棉入市，远商翕集，肩摩踵错，居积者列肆以敛之，懋迁者牵车以赴之；村落趁虚之人，莫不负挈纷如，售钱缗，易盐米：乐利匪独在三农也。棉有定价，不视丰歉为增减，惟于斤衡论轻重。凡物十六两为一斤，棉则以二十两为斤，丰收加重至二十四两，仍二十两之直也。转鬻之小贩则斤循十六两而取赢焉。

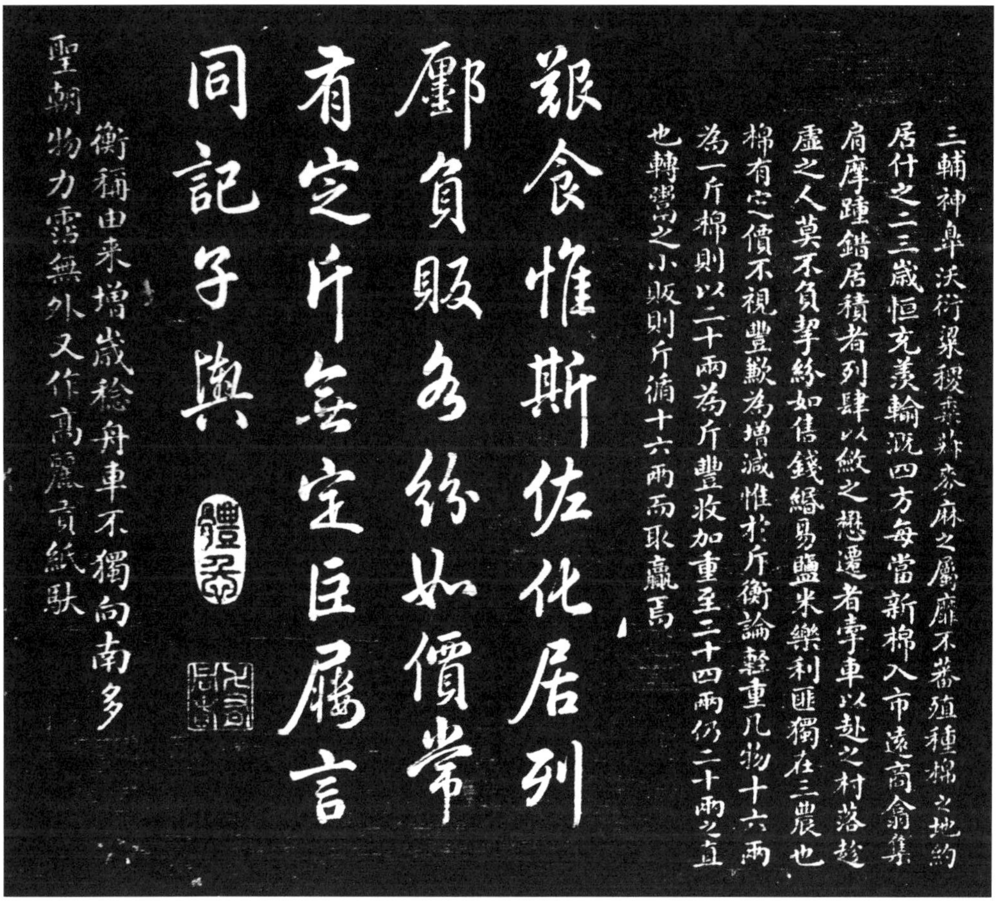

艰食惟斯佐化居，列廛负贩各纷如。

价常有定斤无定，巨屦言同记子舆。

衡称由来增岁稔，舟车不独向南多。

圣朝物力需无外，又作高丽贡纸驮。

○ **轧核：**

轧车之制，为铁木二轴，上下叠置之，中留少罅；上以毂引铁，下以钩持木，左右旋转，喂棉于罅中，则核左落而棉右出。有核曰“子花”，核去曰“瓤花”，瓤之精者曰“净花”。核多而细者棉重。上棉一瓣七八核，故有“七子八棉”之谚。稔岁亩收子百二十斤，次亦八九十斤。子花三，得瓤花一。其名大、小白铃者最为佳植。

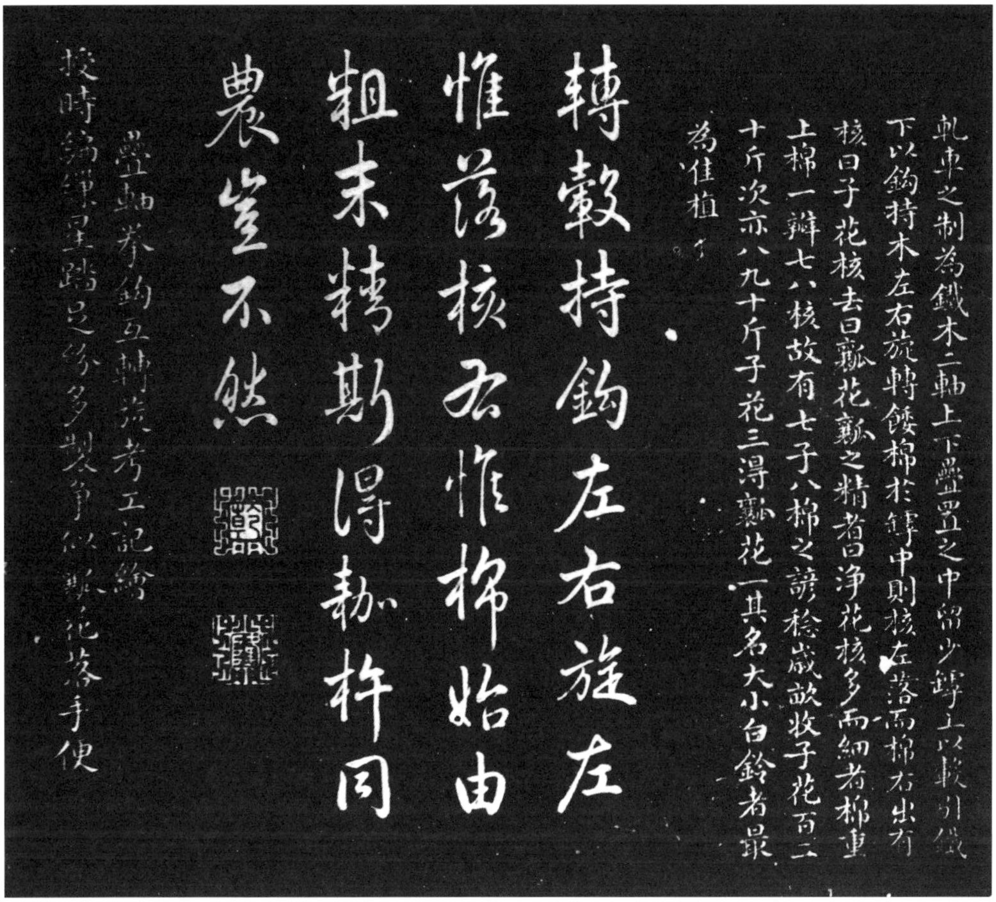

转毂持钩左右旋，左惟落核右惟棉。

始由粗末精斯得，耞杵同农岂不然？

叠轴拳钩互转旋，考工记绘授时编。

缫星踏足纷多制，争似瓤花落手便？

○ **弹花：**

净花曝令极干，曲木为弓弹之。弓长四尺许，上弯环而下短劲，蜡丝为弦。椎弦以合棉，声铮铮然，与邻舂相应，移时，结者开，实者扬，丰茸蒙熟，着手生温。叠而卷之，谓之“花衣”。束以取燠，则轻匀而熨贴也。纺织者资其柔韧，经之纶之，无不如志矣。

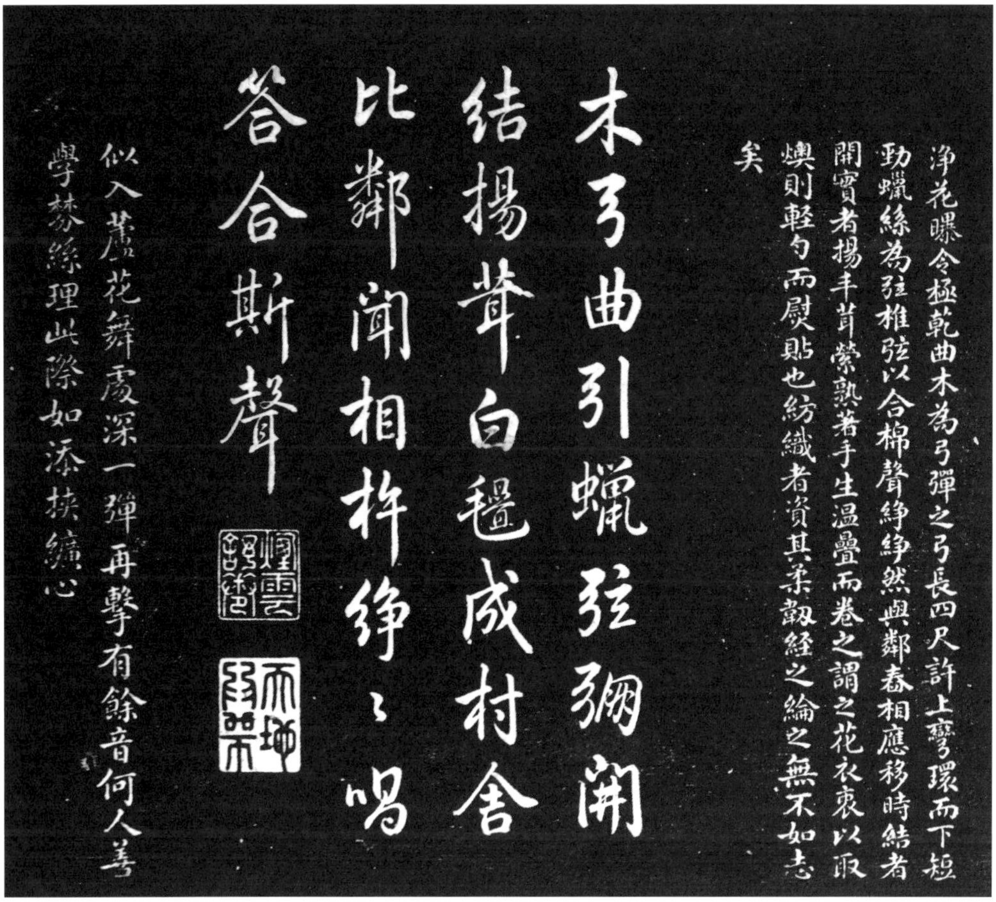

木弓曲引蜡弦绷，开结扬茸白氎成。

村舍比邻闻相杵，铮铮唱答合斯声。

似入芦花舞处深，一弹再击有余音。

何人善学棼丝理，此际如添挟纩心。

○ **拘节:**

涣者必合而后可以引其绪，南中曰“擦条”。其法：条棉于几，以筵卷而扦之，出其筵成筒，缕缕如束，取以牵纺。《易》曰“束帛戋戋”，或谓“帛”即古“棉”字，犹“酉”为“酒”之类。薄物浅小而有白贲之义，意象似之，用备一说。

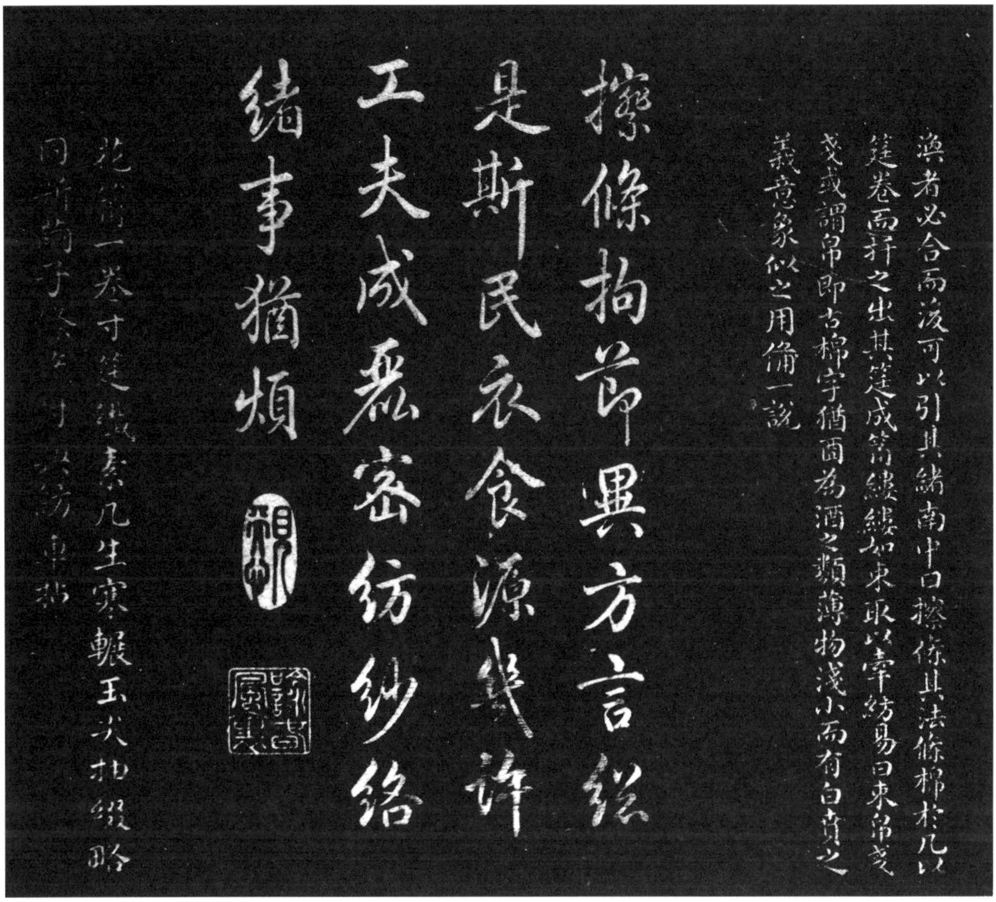

擦条拘节异方言，总是斯民衣食源。

几许工夫成严密，纺纱络绪事犹烦。

花筒一卷寸筳纤，素几生寒辗玉尖。

抽缀略同新茧子，条条付与纺车拈。

○ **纺线：**

纺车之制：植木以驾轮，衡木以衔铤。纺者当轩，左握棉条，右转轮弦，铤随弦动，自然抽绪如缫丝然，曰“纺线”。单绪独引，四日而得一斤，以供织络；合两绪、三绪，以供缝紩。线之直，加所纺棉十之三，匀不毛起者加十之五。吴淞间曰“纺纱”，以足运轮，一手尝引三纱、五纱，用力较省。

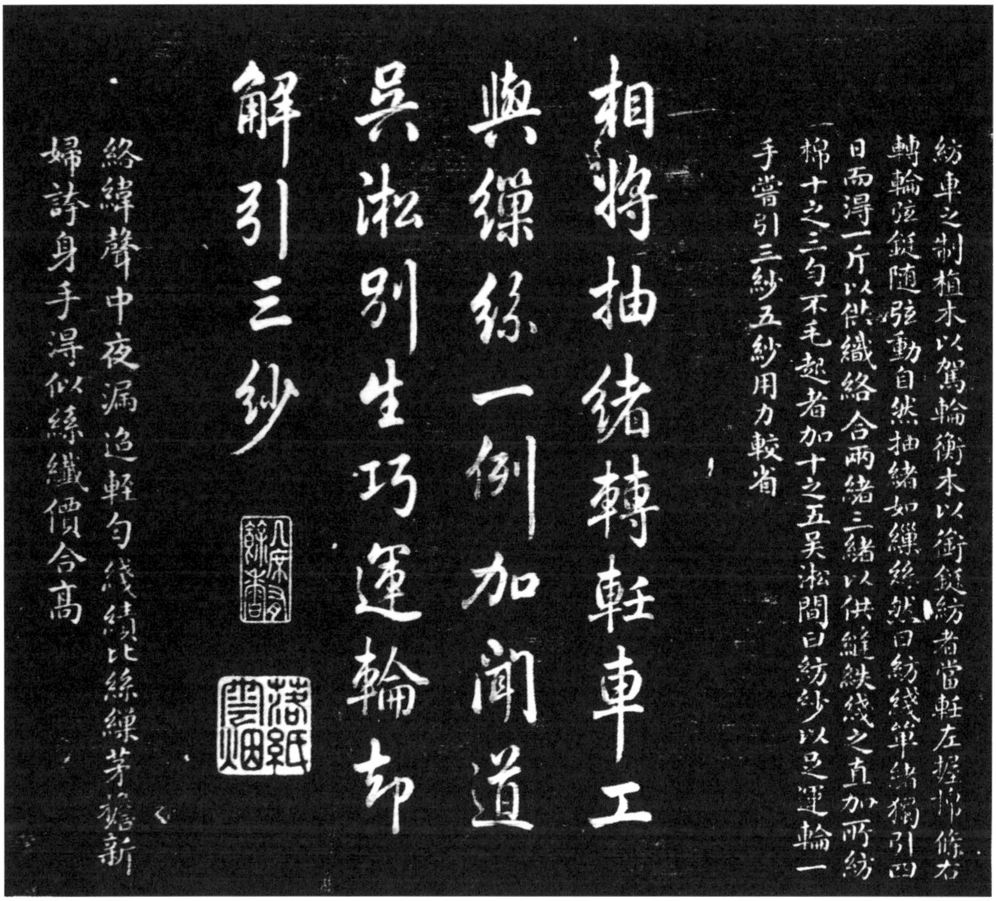

相将抽绪转轩车，工与缫丝一例加。
闻道吴淞别生巧，运轮却解引三纱。

络纬声中夜漏迢，轻匀线绩比丝缫。
茅檐新妇夸身手，得似丝纤价合高。

○ **挽经：**

理其绪而络之以为经，南方用经床，枝竖八缏，下控一轩，四股次第旋转；北则持木架引缏而卸络之，势若相婴薄者。一架容数缏，重约四两许。当其心闲手敏，茅檐笑语间，坐立皆可从事，比经床为便捷也。

引繀卸络理棉丝，枝拄经床较便其。

踝路迎銮多妇女，木榤每见手中持。

南床北架制随宜，过络回环一手持。

素腕当窗怜惯捷，阿谁长袖倦垂时！

○ **布浆：**

布浆有二法：先用糊而后作纴者为浆纱，先成纴而后用糊者为刷纱。北地则将已合之经，束如索绹，鬻以沸汤，入糊盆或米汁度过，稍干，用拨车（一名支棱）络之成摠，乃上轴轳引两端，以帚刷之，案衍陆离，有条而不紊；或浆气未匀，纷纶缱绻，复加爬梳，俾缌绪胥直，无或不伸。自拘节后，功莫密于此。

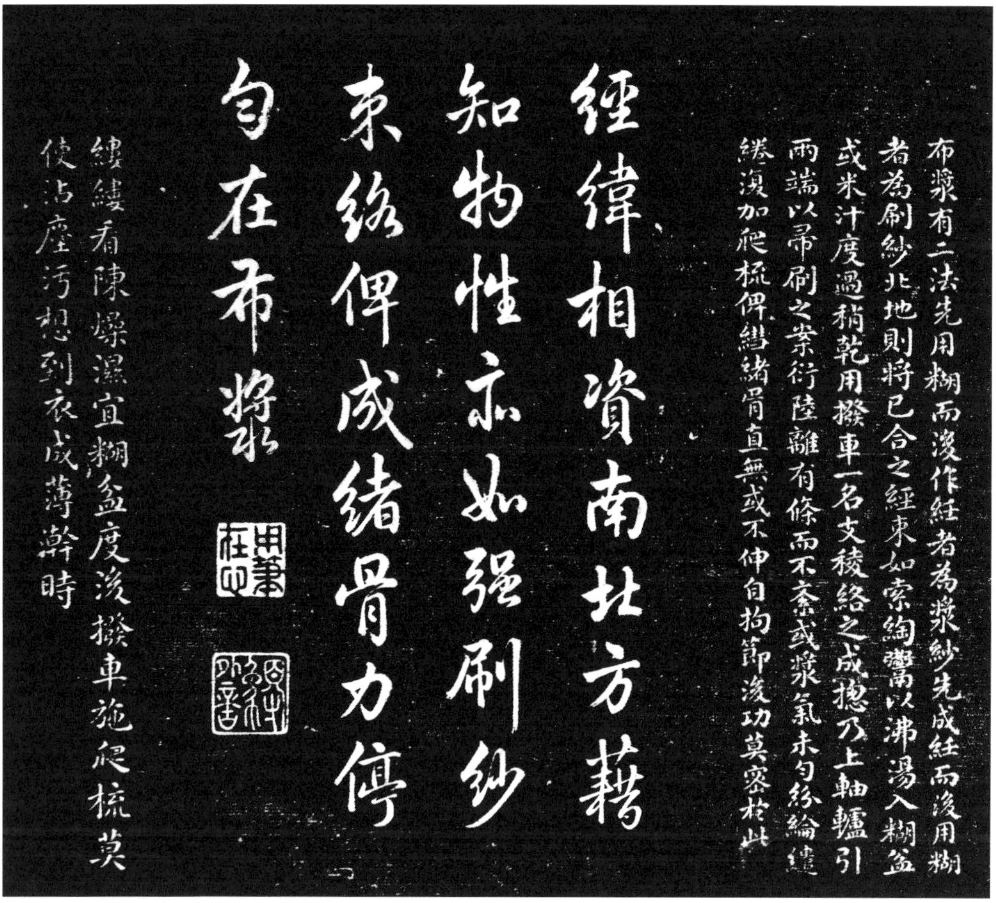

经纬相资南北方，借知物性亦如强。

刷纱束络俾成绪，骨力停匀在布浆。

缕缕看陈燥湿宜，糊盆度后拨车施。

爬梳莫使沾尘污，想到衣成薄浣时。

○ **上机:**

机之制与丝织同，柚受经，二人理之；杼受纬，一人行之。经必鬻必浆，而纬则否。引绳高下，手足并用，尽一日之力成一布，长二十尺，粗者倍之，拙工得半而已。昔传，元时有黄道婆者，自崖州至松江，为织具，教人多巧异，所制遂甲他处。今松娄间祀之于花神庙，祈棉之庙也。称“花”即知是棉，产棉之地皆然，犹之洛阳人称“花”即知是牡丹。是可以观所尚矣。

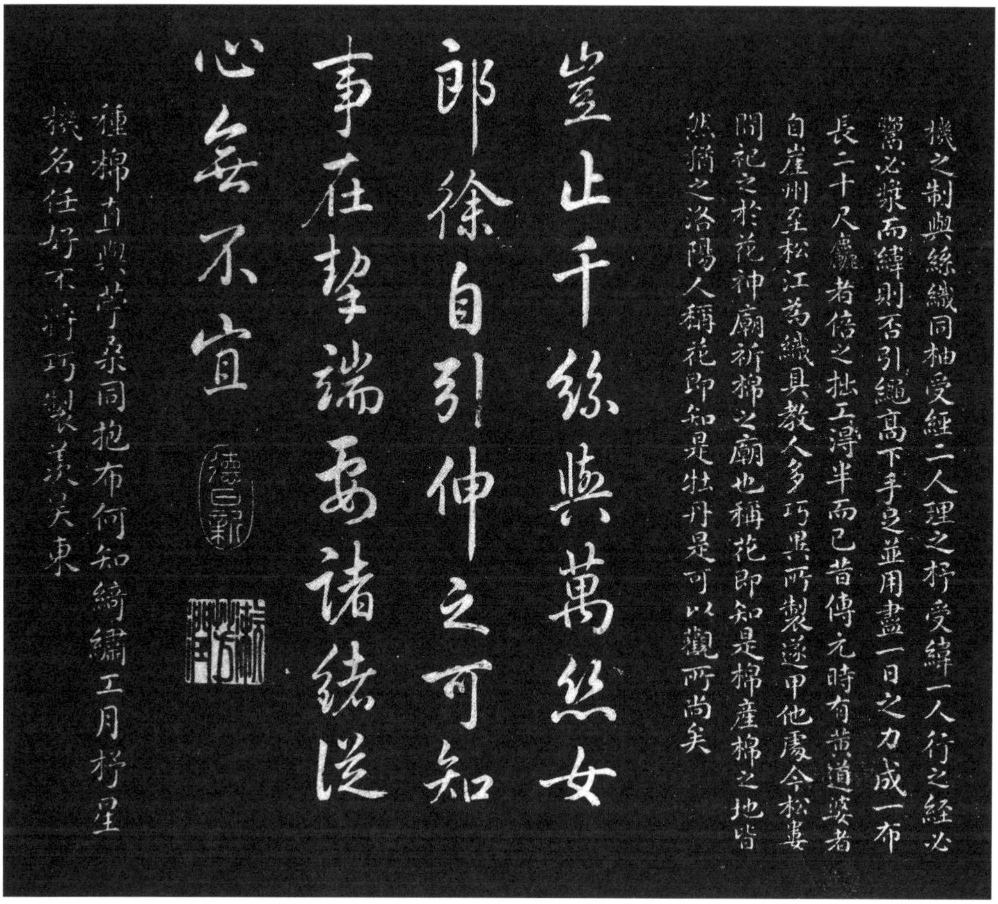

豈止千丝与万丝，女郎徐自引伸之。

可知事在挈端要，诸绪从心无不宜。

种棉直与苎桑同，抱布何知绮绣工。

月杼星机名任好，不将巧制羡吴东。

○ **织布：**

南织有纳文、绉积之巧，畿人弗重也，惟以缜密匀细为贵。志称：肃宁人家穿地窖就长檐为窗以织布，埒松之中品。今如保定、正定、冀、赵、深、定诸郡邑，所出布多精好，何止中品，亦不皆作自窖中也。棉之核压油，可以照夜，其滓可以肥田，而秸稿亦中爨，有火力，无遗利云。

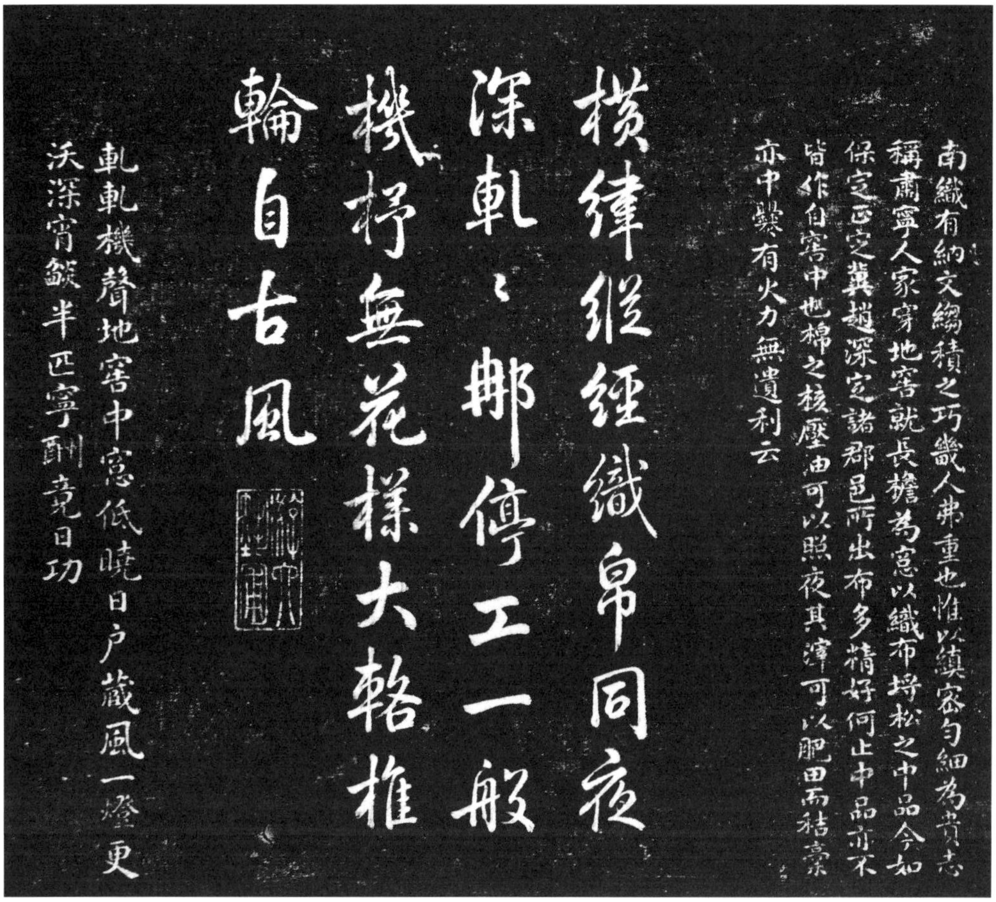

横纬纵经织帛同，夜深轧轧那停工！

一般机杼无花样，大辂椎轮自古风。

轧轧机声地窖中，窗低晓日户藏风。

一灯更沃深宵焰，半匹宁酬竟日功？

○ **练染：**

织既成端，精粗中度，广狭中量，乃授染人，聿施五色。水以漂之，日以晅之，则鲜明而不浥败。于是加刀尺为襦裳，质有其文，服之无斁。盖积终岁之勤苦而得之，农家珍惜之情不殊纨绮也。夫麻枲之织，不可以御冬寒，帛纩之温，不能以逮贫贱；惟棉之用，功宏利溥，既以补蚕桑之不及，而锄耘溉获，其事直与稼穑相终始，盖合耕与织，并致其勤焉。

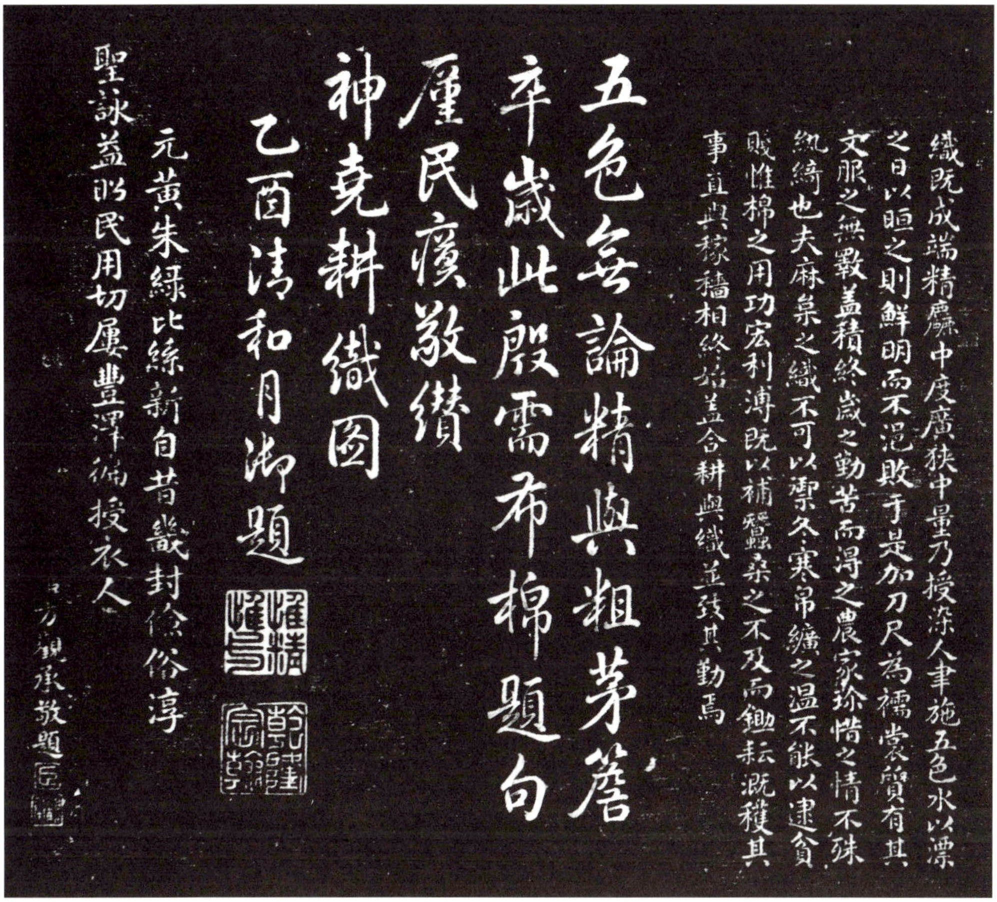

五色无论精与粗，茅檐卒岁此殷需。

布棉题句厪民瘼，敬缵神尧耕织图。

乙酉清和月御题

元黄朱绿比丝新，自昔畿封俭俗淳。

圣咏益昭民用切，屡丰泽遍授衣人。

臣方观承敬题

说明

方观承（1698—1768），字遐谷，号问亭，一号宜田，安徽桐城人。清雍正九年（1731），被定边大将军平郡王福彭选为谋士，后经举荐，任内阁中书。乾隆二年（1737），担任军机章京，转吏部郎中。历任直隶清河道台、直隶按察使、直隶布政使、直隶总督。著有《述本堂诗集》《御题棉花图》《问亭集》。

《御题棉花图》石刻现存河北博物院。

《宋眉山苏文忠公象(像)》

释文

宋眉山苏文忠公象（像）

摹惠州石刻本

吴大澂题

说明

吴大澂（1835—1902），初名大淳，字止敬，又字清卿，号恒轩，晚号愙斋，江苏吴县（今江苏苏州）人。清代官员、学者、金石学家、书画家。清同治七年（1868）进士。擅画山水、花卉，精于篆书。

世傳蘇文忠公畫像各不同大
都以意為之豈公所謂化為百
東坡者與余所藏宋本公手書
陶靖節集卷首有東坡小像衣
冠古雅精神如生雖未著畫者
姓名當為北宋人筆視後之意
造者迥不侔也因屬門人李生
數白鈎摹勒石文游臺上以志
仰止道光二十三年歲在癸卯
秋九月庚午朔權高郵州刺史
湘鄉左輝春書記時江甯何詠
同拜觀

《宋苏轼画像刻石》

清道光二十三年（1843）

释文

世传苏文忠公画像各不同，大都以意为之，岂公所谓化为百东坡者与。余所藏宋本公手书《陶靖节集》，卷首有东坡小像，衣冠古雅，精神如生，虽未著画者姓名，当为北宋人笔，视后之意造者迥不侔也。因属门人李生学白钩摹勒石文游台上以志仰止。道光二十三年岁在癸卯秋九月庚午朔权高邮州刺史湘乡左辉春书记，时江宁何詠同拜观。

说明

左辉春，生卒年不详。

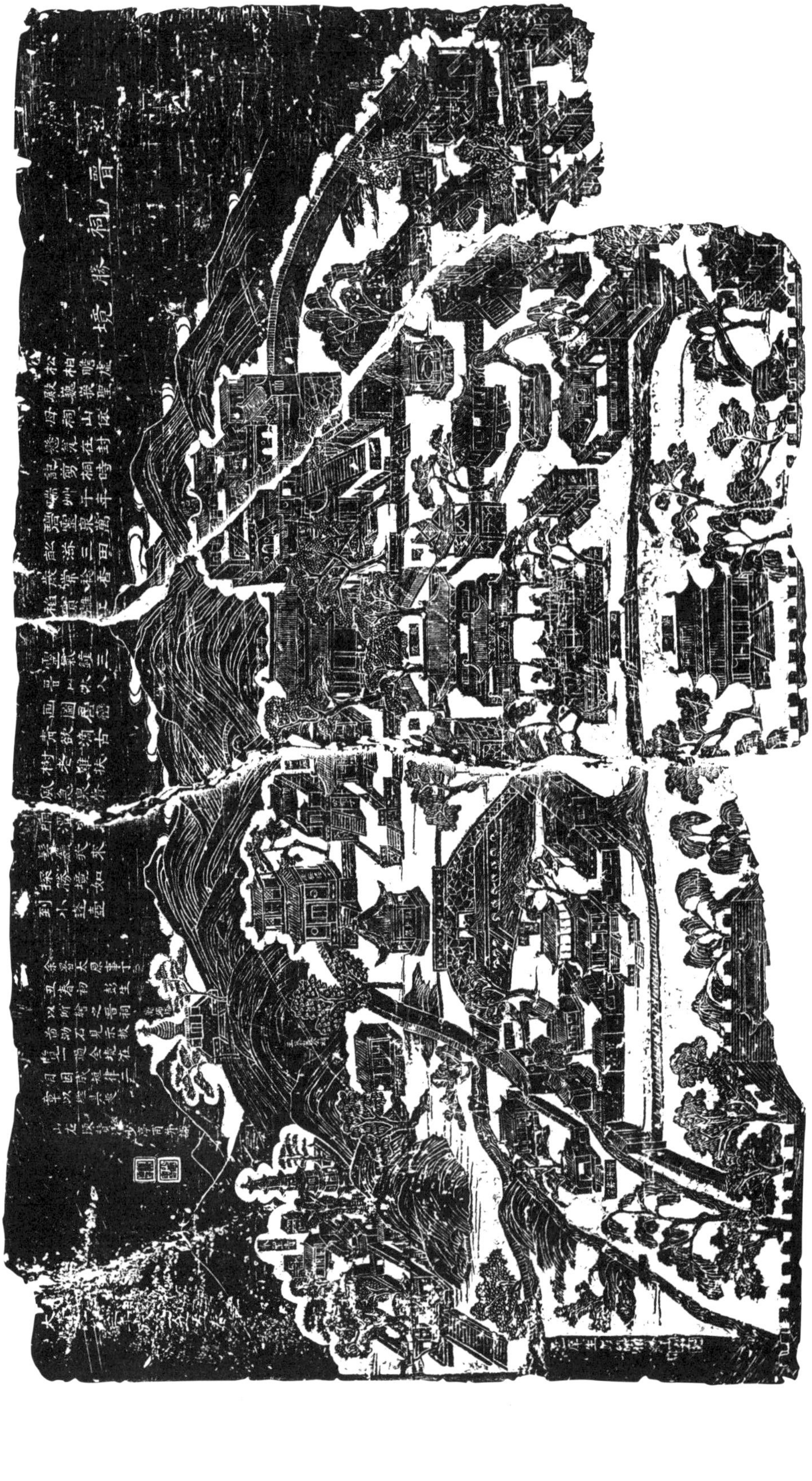

《彭镇邦晋祠图石刻》

清光绪三年（1877）

释文

晋祠胜境

松柏瞻虚殿，巍峨圣母祠。山依悬瓮在，封记剪桐时。瑞草千年碧，灵泉万亩滋。三田岁常稔，香稻实离之。

灵气钟三晋，山林入画图。层峦青欲滴，古树老难扶。风急泉声响，潭空危发粗。我来探胜境，如到小蓬壶。

余署太原事，丁丑春初，彭生以所绘之晋祠图泐石见示，披览一过，全境在目，因成短律二章以继其趣。

山右陈赞清少亭甫并识。

说明

彭镇邦，生卒年不详。

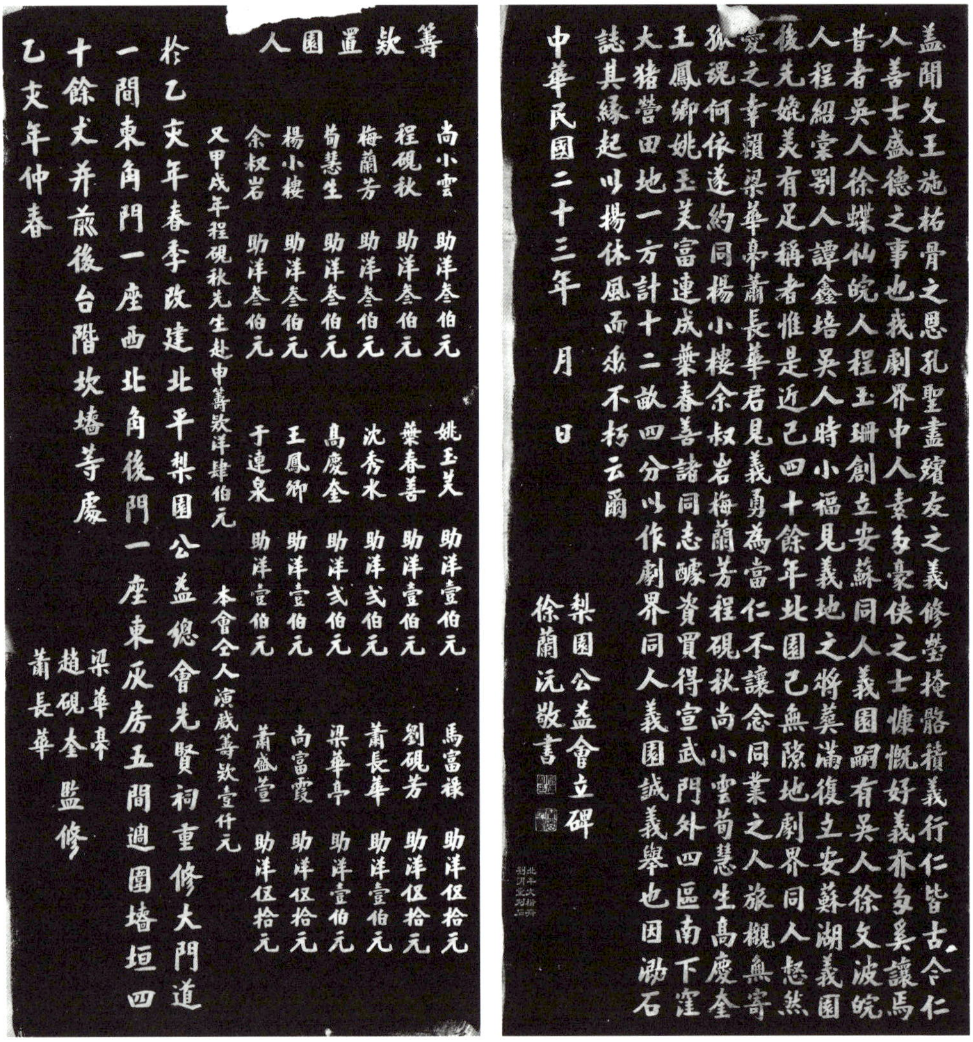

《梨园公益会立碑》

（1934）

释文

盖闻文王施枯骨之恩，孔圣尽殡友之义，修茔掩骼，积义行仁，皆古今仁人善士盛德之事也。我剧界中人素多豪侠之士，慷慨好义，亦多奚让焉。

昔者吴人徐蝶仙、皖人程玉珊创立安苏同人义园，嗣有吴人徐文波、皖人程绍棠、鄂人谭鑫培、吴人时小福，见义地之将葬满，复立安苏湖义园。后先媲美，有足称者。惟是近已四十余年，此园已无隙地，剧界同人恝然忧之。幸赖梁华亭、萧长华君见义勇为，当仁不让，念同业之人旅榇无寄，孤魂何依，遂约同杨小楼、余叔岩、梅兰芳、程砚秋、尚小云、荀慧生、高庆奎、王凤卿、姚玉芙、富连成、叶春善诸同志，醵资买得宣武门外四区南下洼大猪营田地一方，计十二亩四分，以作剧界同人义园，诚义举也。因泐石志其缘起，以扬休风而垂不朽云尔。

中华民国二十三年　月　日

梨园公益会立碑。

徐兰沅敬书。

北平文楷斋刘明堂刻石。

筹款置园人

尚小云　助洋叁伯（佰）元　姚玉芙　助洋壹伯元　马富禄　助洋伍拾元

程砚秋　助洋叁伯元　叶春善　助洋壹伯元　刘砚芳　助洋伍拾元

梅兰芳　助洋叁伯元　沈秀水　助洋贰伯元　萧长华　助洋壹伯元

荀慧生　助洋叁伯元　高庆奎　助洋贰伯元　梁华亭　助洋壹伯元

杨小楼　助洋叁伯元　王凤卿　助洋壹伯元　尚富霞　助洋伍拾元

余叔岩　助洋叁伯元　于连泉　助洋壹伯元　萧盛萱　助洋伍拾元

又甲戌年程砚秋先生赴申筹款洋肆伯元　本会同人演戏筹款壹仟元。

于乙亥年春季改建北平梨园公益总会先贤祠，重修大门道一间、东角门一座、西北角后门一座、东灰房五间、周围墙垣四十余丈并前后台阶坎墙等处。

乙亥年仲春，梁华亭、赵砚奎、萧长华监修。

造像题记

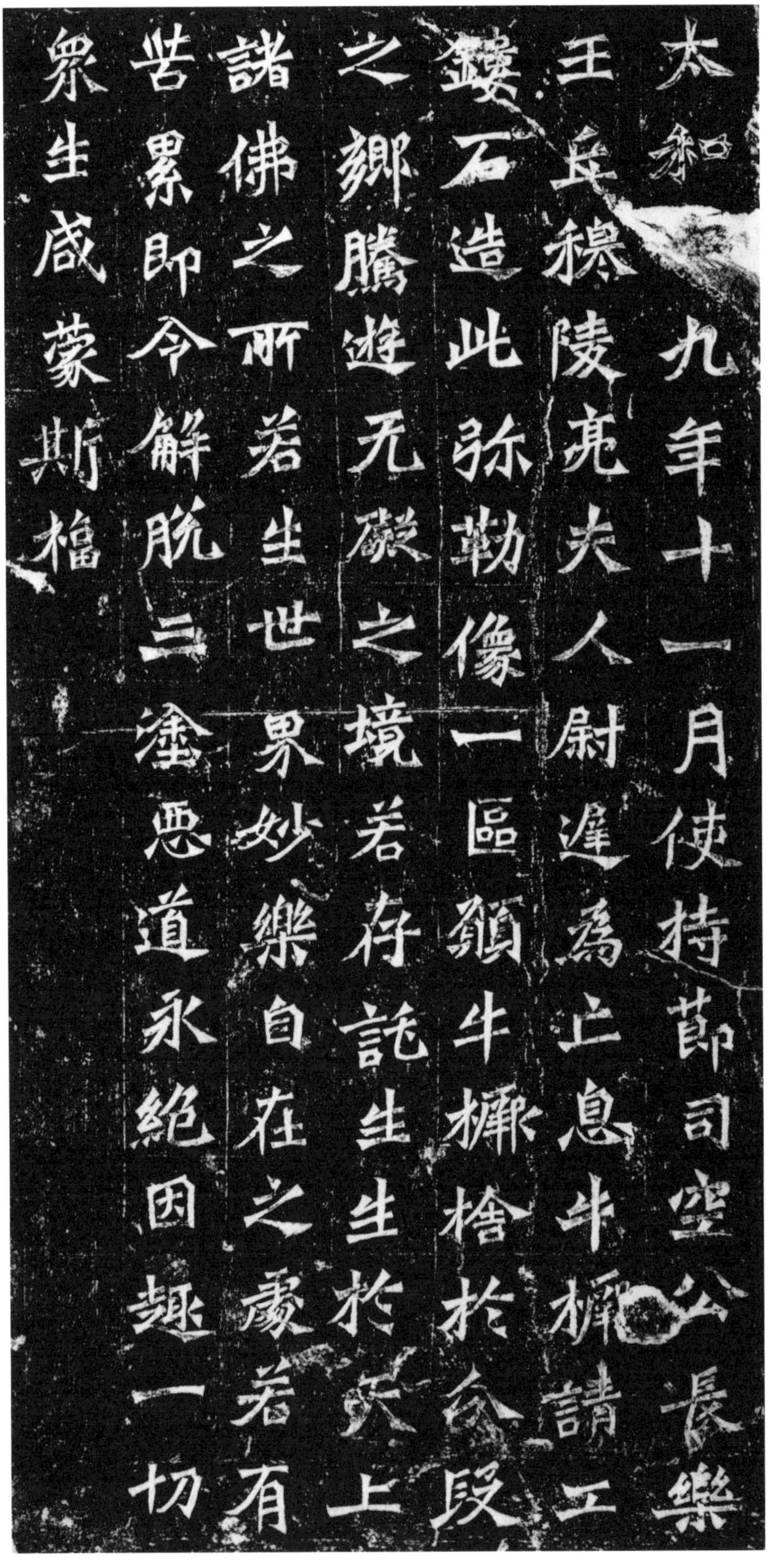

太和九年十一月使持節司空公長樂
王丘穆陵亮夫人尉遲為亡息牛橛請工
鏤石造此弥勒像一區願牛橛捨於分段
之鄉騰遊无礙之境若存託生生於天上
諸佛之所若生世界妙樂自在之處若有
苦累即令解脫三塗惡道永絕因趣一切
衆生咸蒙斯福

《牛橛造像题记》

北魏太和十九年（495）

释文

太和□（十）九年十一月，使持节司空公长乐王丘穆陵亮夫人尉迟，为亡息牛橛请工镂石，造此弥勒像一区（躯），愿牛橛舍于分段之乡，腾游无碍之境，若存托生，生于天上诸佛之所，若生世界妙乐自在之处；若有苦累，即令解脱三涂（途）恶道，永绝因趣。一切众生，咸蒙斯福。

说明

此造像全称《长乐王丘穆陵亮夫人尉迟为亡息牛橛造像题记》，也称《尉迟造像记》《长乐王造像》，现在河南洛阳龙门山古阳洞山壁，为龙门造像名品（龙门二十品）之一，亦为龙门造像题记中纪年之较先者。该造像立于北魏太和十九年，高100厘米，宽34厘米，是长乐王丘穆陵亮夫人尉迟氏（后改“尉”姓）为亡去的儿子牛橛所造，过去曾有牛橛龛之称。造像碑座中间雕刻莲花一朵，左右二力士抬手作托举状，形象生动逼真。碑文字体端庄整肃。

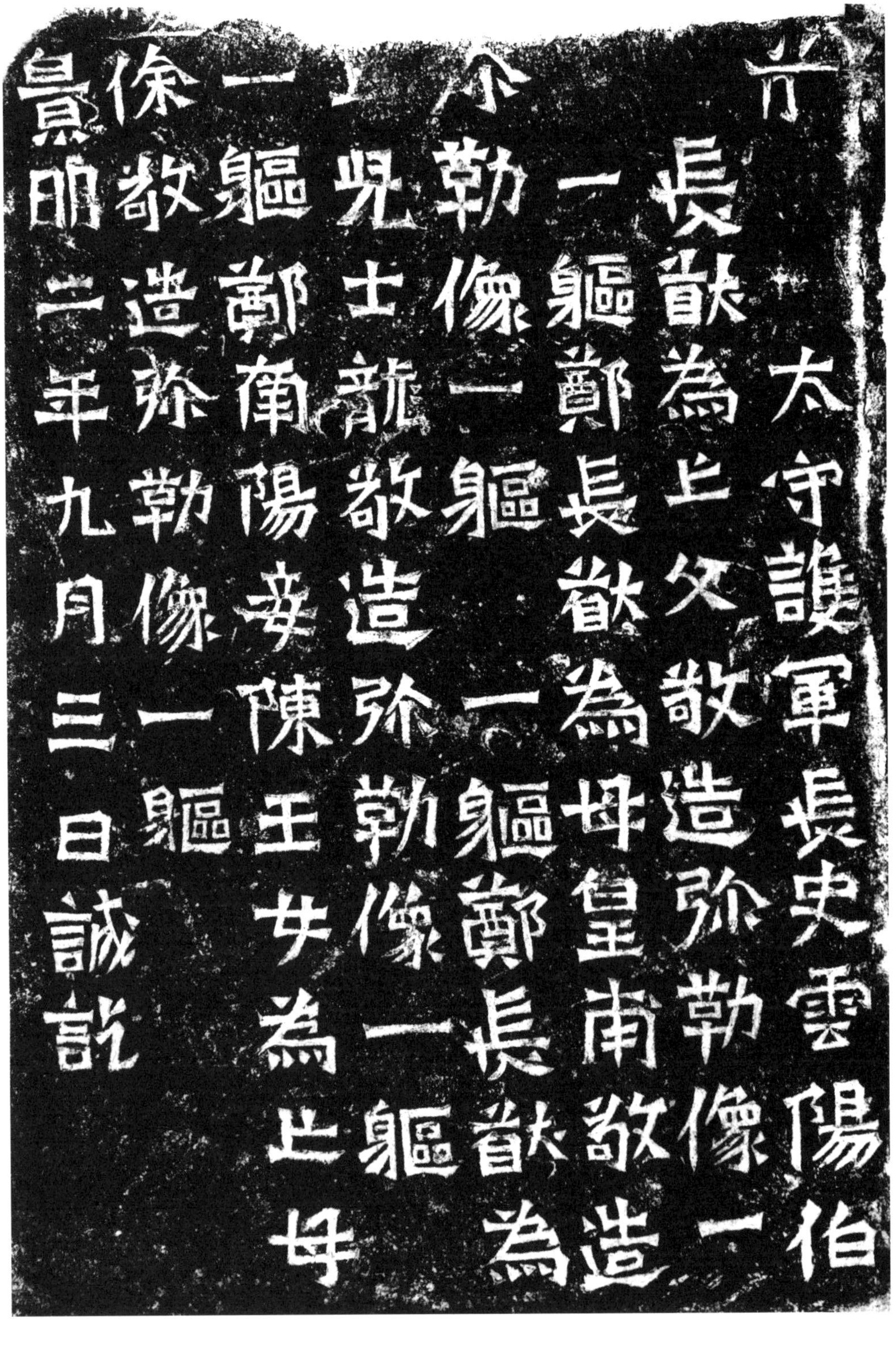
太守護軍長史雲陽伯
長歡為亡父敬造彌勒像一
一軀鄭長歡為母皇甫敬造
勒像一軀一軀鄭長歡為
兒士龍敬造彌勒像一軀
一軀鄭衛陽妾陳王母為亡母
像敬造彌勒像一軀
景明二年九月三日誠記

《郑长猷造像题记》

北魏景明二年（501）

释文

前□□太守护军长史云阳伯□（郑）长猷为亡父敬造弥勒像一□（躯）一躯，郑长猷为母皇甫敬造弥勒像一躯□一躯，郑长猷为亡儿士龙敬造弥勒像一躯□一躯，郑南阳妾陈玉女为亡母徐敬造弥勒像一躯。

景明二年九月三日诚讫。

说明

郑长猷曾拜东平太守，北魏孝文帝南伐，拜南阳太守，北魏永平五年（512）卒。

《郑长猷造像题记》为龙门二十品之一。造像龛位于古阳洞口上方南侧，共六龛，均为圆券形浅龛，分上、中、下三排，每排两龛，其大小不等。圆楣拱内刻卷草葡萄纹，主尊为交脚弥勒（已经残破），左右二胁侍菩萨侍立。造像题记位于佛龛右侧，高50厘米，宽35厘米，记北魏景明二年郑长猷为亡父郑演、亡母皇甫氏、亡儿郑士龙，以及其妾陈玉女为亡母徐氏，各造弥勒像。

景明三年八月十八日廣
川王祖母太妃侯爲亡夫
侍中使持節征北大將軍
廣川王賀蘭汗造彌勒像
願令永絕苦因速成正覺

《贺兰汗造像题记》

北魏景明三年（502）

释文

景明三年八月十八日，广川王祖母太妃侯为亡夫侍中使持节征北大将军广川王贺兰汗造弥勒像，愿令永绝苦因，速成正觉。

说明

该造像全称《广川王祖母太妃侯为亡夫广川王贺兰汗造像记》，属“碑式”题记，有额无字，螭图盘绕。该造像为龙门二十品之一。题记高50厘米，宽35厘米，通篇50字，书法俊俏伟健，笔法奇逸，刀法朴茂方拙。

《广川王祖母太妃侯为幼孙造像题记》

北魏景明四年（503）

释文

景明四年十月七日，广川王祖母太妃侯，自以流历弥劫，于法喻远，嘱遇像教，身乖达士，虽奉联紫晖，早顷片体，孤育幼孙，以绍蕃国，冰薄之心，唯归真寂。今造弥勒像一区（躯），愿此微因，资润神识，现身永康，朗悟旨觉。远除旷世无明惚业，又延未来空宗妙果。又愿孙息延年，神志速就，胤嗣繁昌，庆光万世，帝祚永隆，弘宣妙法，昏愚未悟，咸发菩提。

说明

广川王祖母太妃侯氏在为亡夫广川王贺兰汗造像的第二年，又为其幼孙——第三代广川王灵遵造弥勒像一躯，倾诉她“孤育幼孙，以绍蕃国”的“冰薄之心”。此造像也在古阳洞窟顶，距其为亡夫所作碑记1米左右，碑呈长方形，横卧式。正书，29行，前22行行高6字，字较大；后7行行高4字，字较小，此拓片后7行暂缺。此造像记亦为龙门二十品之一。

《安定王元燮为亡祖亡考亡妣等造像记》

北魏正始四年（507）

释文

魏圣朝太中大夫安定□□□□□王元燮造。仰为亡祖亲太妃，亡考太傅静王，亡妣蒋妃及见存眷属，敬就静窟，造释迦之容并其立侍，众彩圆饰，云仙映然。愿亡存居眷，永离秽趣，升超遐迹，常值诸佛，龙华为会。又愿一切群生，咸同斯福。正始四年二月中讫。

说明

此造像为北魏正始四年（507）二月刻。题记共13行，行高9字，现存95字。碑在河南洛阳市龙门石窟古阳洞南壁，为龙门二十品之一。

《马振拜造像题记》

北魏景明四年（503）

释文

邑子像

景明四年八月五日，邑主马振拜、维那张子成、维那许兴秩卅四人为皇帝造石像一区（躯）。张引兴、刘苟生、陈野虎、孟游天、陈天起、陈兴族、张伏俱、陈显光、陈神欢、袁世檲、路天副、路买、吴永洛、马常兴、张天生、张文安、董定贵、董道欢、路平高、罗始龙、马勾郎、董神扶、梁归憘、阳成遵、敬□□、任买德，陈进达、张欢憘、杨宗胜、孟族□、董□□、陈乐欢……

说明

此造像记全称《马振拜等三十四人为皇帝造像记》，为龙门二十品之一。书法峻丽，别有风味。北魏景明四年（503）八月刻。在古阳洞顶部。正书，9行，行高15字。额正书“邑子像”三字。最初选拓的《龙门二十品》中无此题记，康有为质疑，方岩《校碑随笔》以《优填王》为唐刻而删去，而代以此题记。

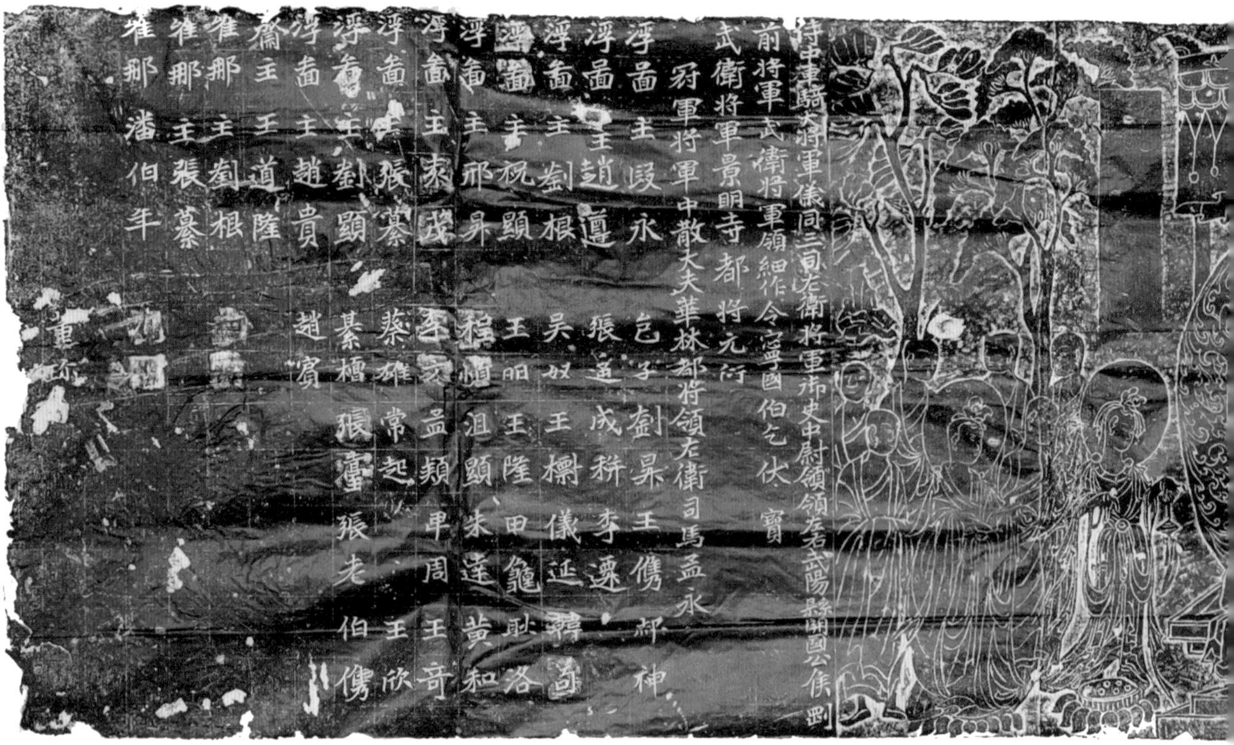

《刘根造像碑》

北魏正光五年（524）

释 文

夫水尽则影亡，谷盈则响灭：娑罗现北首之期，负杖发山颓之叹，物分以然，理趣无爽，故忧填恋道，铸真金以写灵容；目连慕德，剋旃檀而图圣像。违颜倏忽尚或如斯，况刘根等托于冥冥之中，生于千载之下，进不值鹫岭初轩，退未遇龙华宝驾，而不豫殖微因，心存祈向，何以拔此昏疆，远邀三会？树因菩提者，必资缘于善友，入海求珍者，亦凭导于水师。故世王之愆借耆婆而晓，须达之倒假门神而悟。由此而言，自金刚以还，未有不须友而成者也。于此迭相将动异心，影附法义之众，遂至卌一人有余，各竭己家珍，并劝一

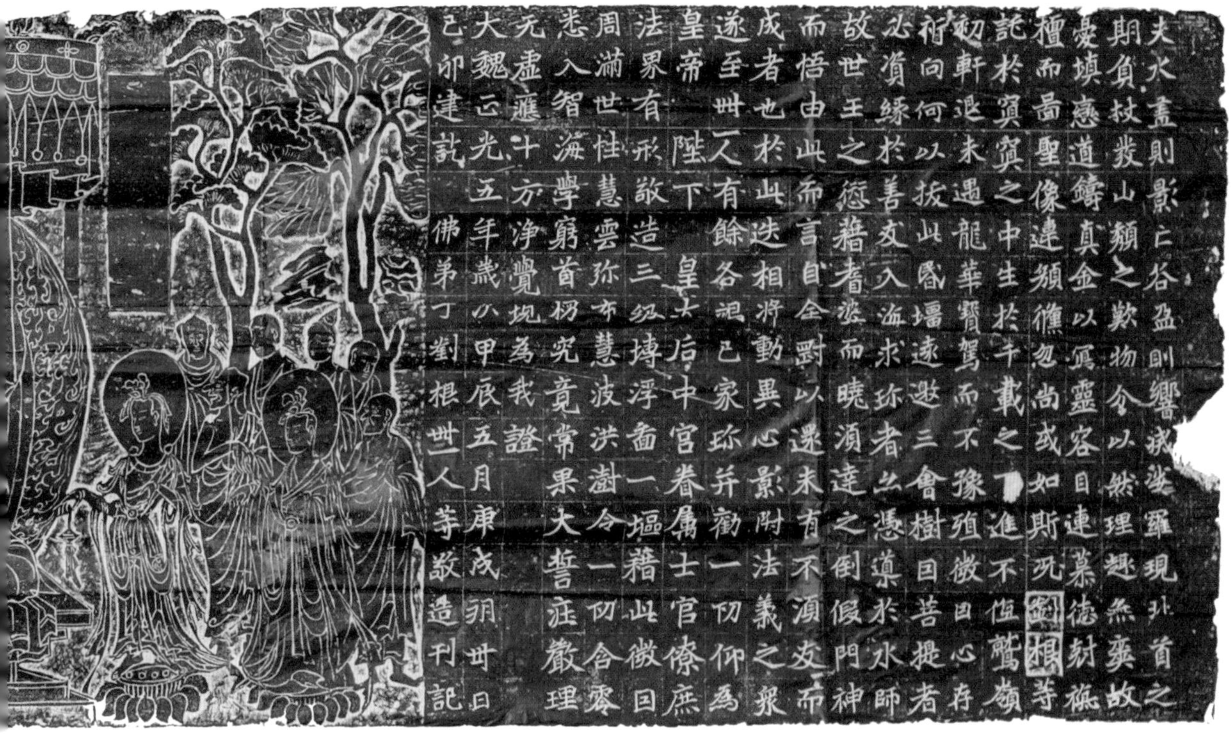

切仰为皇帝陛下、皇太后、中宫眷属、士官僚庶、法界有形，敬造三级玐浮图一坘（躯）。借此微因，周满世性，慧云弥布，慧波洪澍，令一切含零悉入智海。学穷首楞，究竟常果，大誓庄严，理无虚应，十方净觉，均为我证。

大魏正光五年岁次甲辰五月庚戌朔卅日己卯建讫。佛弟子刘根卌一人等敬造刊记。

侍中、车骑大将军、仪同三司、左卫将军、御史中尉、领领左右武阳县开国公侯刚；

前将军、武卫将军、领细作令、宁国伯乞伏宝；

武卫将军、景明寺都将元衍；

冠军将军、中散大夫、华林都将、领左卫司马孟永；

浮图主段永、邑子刘昇、王儁、郝神，浮图主赵遵、张通、成秤、李迁，浮图主刘根、吴奴、王欎、仪延、韩苟，浮图主祝显、王明、王隆、田龟、耿洛，浮图主邢昇、程慎、沮显、朱达、黄和，浮图主袁茂、李文、孟颖、卑周、王奇，浮图主张纂、蔡雄、常起、王欣，浮图主刘显、綦檀、张台、张老、伯儁，浮图主赵贵、赵宾，斋主王道隆，唯那主刘根、□□，唯那主张纂、唯那潘伯年、□□、董珍。

说明

此造像碑清代光绪年间出土于河南洛阳市。碑长144厘米，高37.5厘米，厚14厘米。此碑中部线刻释迦说法图，左右分别刻造像题名和题记。题名中的侯刚、乞伏宝等人于《魏书》有传。

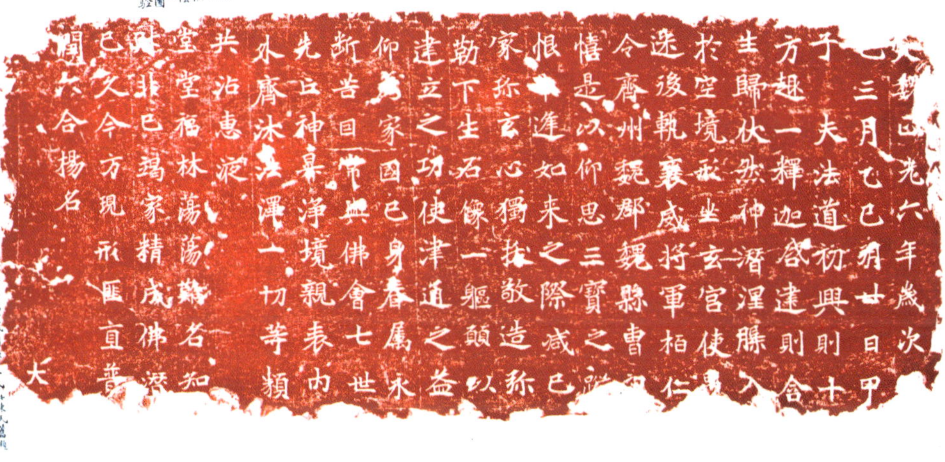
□□光六年歲次甲
三月乙巳朔廿日甲
子夫法道初興則十
方趣一釋迦啓建則合
生歸伏然神潛涅槃入
於空境永坐玄宮使
迷後執褰咸將軍柏仁
令齊州魏郡魏縣曹□
憘是以仰思三寶之□
恨□逢如來之際咸已
家孫玄心獨拔敬造弥
勒下生石像一軀願以
建立之功使津通之益
仰為家國已身眷屬永
斷苦因常與佛會七世
先亡神昇淨境親表內
外齊沐法澤一切等類
共沾惠澤
堂堂福林蕩蕩鎔名知
□非已竭家精成佛潛
已久今方現形匪亘普
□六合揚名大

《北魏曹望憘造像碑》

北魏正光六年（525）

释文

大魏正光六年，岁次□□三月乙巳朔廿日甲子。夫法道初兴，则十方趣一。释迦启建，则舍生归伏。然神潜涅槃，入于空境。形坐玄宫，使□迷后轨。襄威将军柏仁令齐州魏郡魏县曹望憘，是以仰思三宝之踪，恨未逢如来之际，减己家珍，玄心独拔，敬造弥勒下生石像一躯，愿以建立之功，使津通之益，仰为家国、己身、眷属，永断苦因，常与佛会，七世先亡，神升净境，亲表内外，齐沐法泽，一切等类，共沾惠液。

堂堂福林，荡荡难名。知财非已，竭家精成。佛潜已久，今方现形。匪直普润，六合扬名。

跋

雄狮子甚有威。

雌狮子。

古连钱，非毛文。

五花马乃鬣饰。

缨如如朝是乃可五就七就。

武梁诸祠，阎立本《职贡图》外无古于此者矣。

节。

障日。

盖。

曹望憘像。

曹望憘妻像。

侍从之髻，皆与吾邑魏映房寺造像同。

御车亦女也。

《小戎》传：轨在轼前而以板横侧，掩之阴映此轨。余尝为图如此，今验之益信。

石见山左金石志，同治辛未十月仿宋毡蜡用银皮纸。此陈氏旧题录记于此。

说明

该造像三面为浮雕画像，一面为造像记，共四面，正书，共22行，行高9字。末刻一“大”字。清光绪初年在山东临淄西桐林庄发现，曾归潍县陈介祺，1921年由上海来运公司卖与法国巴黎博物馆。

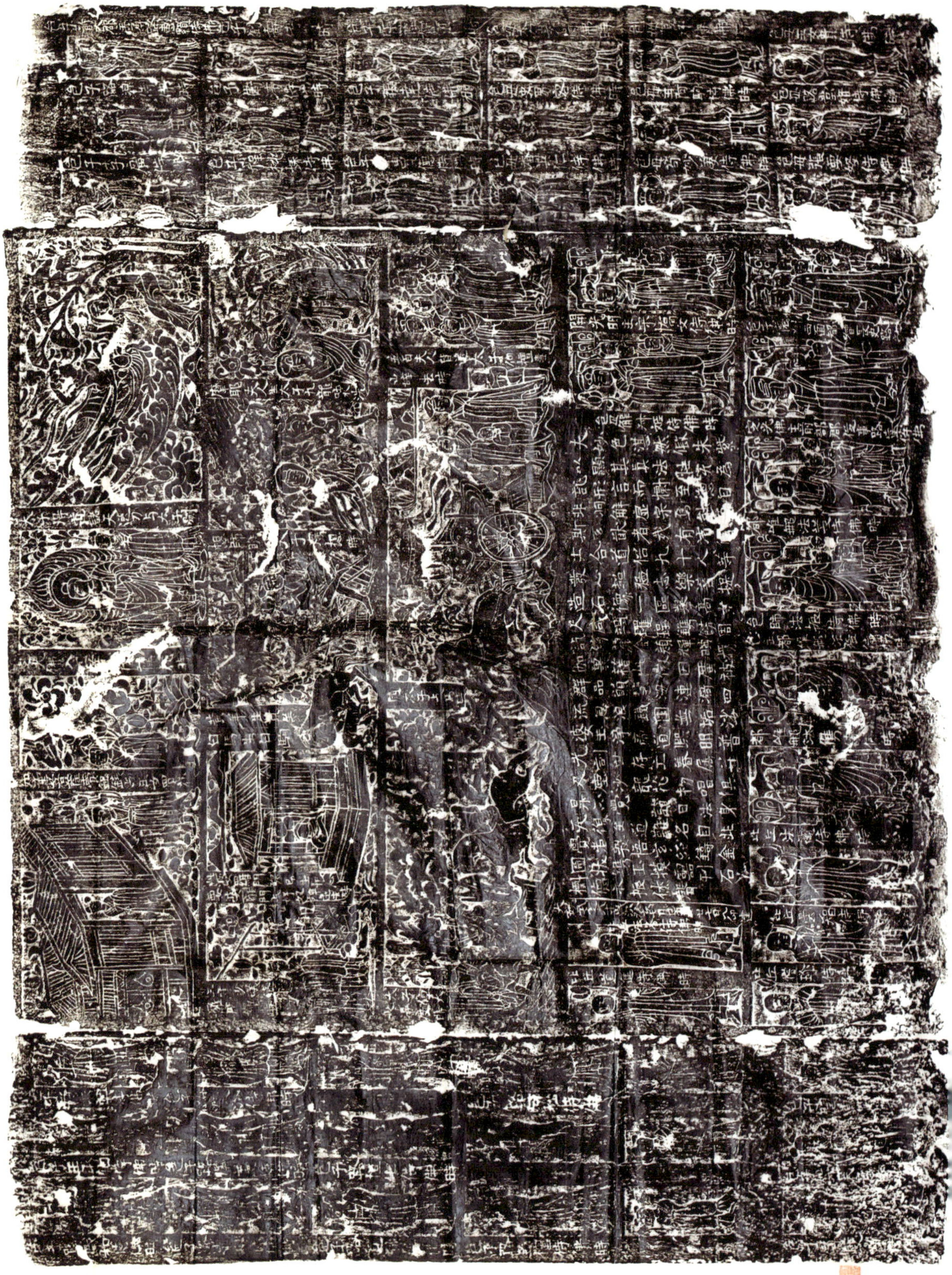

《道俗九十人造像碑》

东魏武定元年（543）

释文

夫妙色湛然，假朱紫以显其真；法性无为，托形言而标至德。自非洞解虚宗，焉能悟斯玄猷者哉！有清信士合道俗九十人等发心超猛，志乐菩提，造石像一区，举高七尺，咸竭琼琝，镌饰周讫，琦丽金颜，辉映楞伽。冀借此微因，广被群品，愿慧海涟漪，四流息浪。铁围无垢，娑婆玉净，帝道熙明，普光训世。存亡眷属并及尘沙，龙华初唱，俱升正觉。赞曰：法身无像，至道难名。自非觉者，孰悟玄经。铸金图状，镌玉摸灵。刊石标德，永振烋声。

大魏武定元年岁次癸亥七月己丑朔廿七日乙卯建。

说明

该碑石通高200厘米，宽80厘米，厚22厘米。碑身分三层刻，上部减地线刻佛传故事画三列十二幅，每幅皆有榜题。中层刻造像记22行，行高8字，正书。书法方正，沉雄浑厚，极俱魏碑笔意。最下层刻供养人像幅。碑两侧面减地线刻供养人像，上下6列，每列3人，均有榜题。此碑石现藏于河南博物院。

《法仪兄弟八十人等造塔记》等

北齐天保八年（557）

释文

天保八年郭猛造像一抠（躯）。

天保八年岁次丁丑三月庚子廿二日亲（辛）酉，法仪兄弟八十人等，故仰嘱慈云，希心洪泽，府练财命知有浮死之速。借今现在各减家珍，详建妙塔一躯。上为皇永隆，边方宁太，又愿居眷三有之徒，咸同此福。法□宝高树、淳于思、孙道慈、郭良生、牟仙、陈宝、赵罗刹、侯众、牟光、淳于国、孔神、□洛生、牟见祖、淳于兴、刘宾、阴始、□（维）那阴思达、孔详、夏侯珇、淳于猛、□（维）那牟遵、牟木、孙方年、王芾、□（维）那孔王子、王祖兴、刘莿、孔景、维那阴由、虞元伯、丁族、阴小、维那牟照明、牟袁、王秋、孙昙庆、刘迁、刑道元、张景达、孔惠□、淳于周、淳于躭、矫念、牟槙兴、逢怼、牟视犊、牟仙。供养阴□、牟寄兴、阴□、牟苗、孔平、崇伯阴永、阴树、阴路、牟六、阴叉、阴景洪、孔王子。供养时邓慈矢、岑陵王、张照堂、刘胜王、王银珠、张妍、阴神、洛仙、姜生、闰妃逢妙、孔女伍、阴子洪、牟信、阴愁、羊蒲堂。

塔主牟光。

英英妙塔，内置圣容。流光缀彩，影眺三空。

颙颙哲士，敬法诜诜。悁财非宝，崇福为珍。

施石人刘永固。

大齐皇建二年岁次辛巳五月丙午朔十五日庚申，故巨鹿部郡王良伯弟，陈留郭丞，王良山、弟王臣山，姝比丘尼儒达慧，忝劘切骨之宝，拾经心之物，仰为二亲敬造观世音像一区（躯），莹饬已周，心力俱尽，愿□斯功德，津润考妣，神飞净乡，坐佛道树，七世眷属，万福无疆，帝永民丰，法界成佛。

说明

此拓片分为两部分，第一部分为《法仪兄弟八十人等造塔记》，造像上方书“天保八年郭□猛造像”，“郭□猛”或说为淳于猛；第二部分为西夏皇建二年（561）巨鹿部郡王良伯兄弟等人为双亲造像所记。此原石曾为端方所有，据端方《匋斋藏石记》得知此石“石高九寸，广三尺五寸。前七行有界格，行十二字。余题名二十五行，参差不等。正书”。端方于1911年死于非命，其藏石四处流散，1917年此石归于姚茫父。

从此拓片可以见北齐碑刻书法之特色。

《北魏造像记》

说明

文字无法辨认。

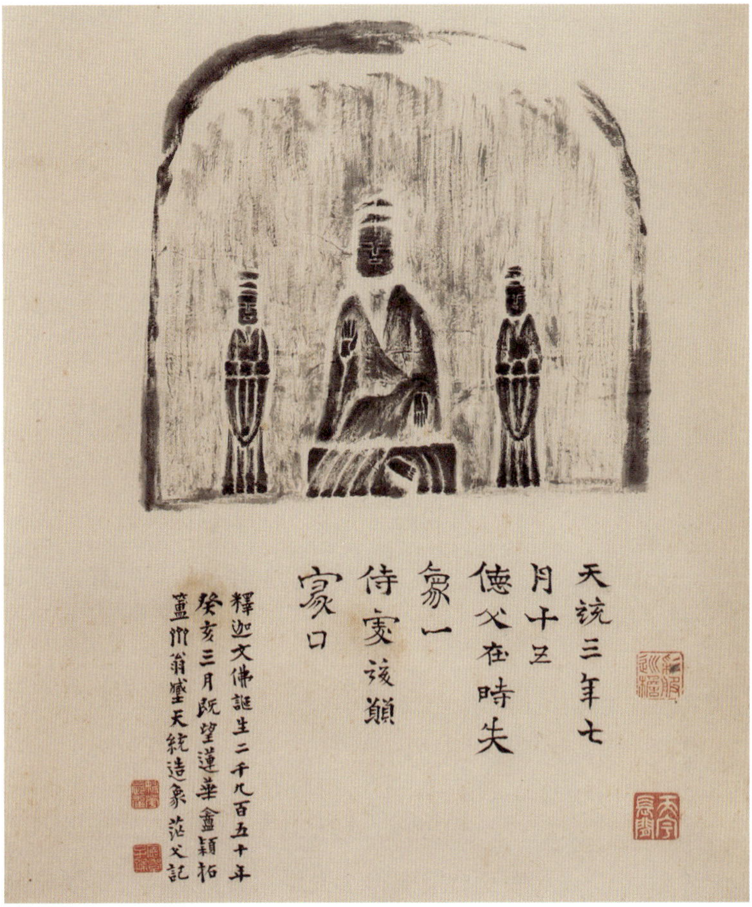

《释迦文佛》

北齐天统三年（567）

释文

天统三年七月十五，德父在时失象（像）一，侍处该愿家口

跋

释迦文佛诞生二千九百五十年癸亥三月既望，莲华庵颖拓簠斋翁臧（藏）天统造象，茫父记。

《北齐武平七年造像》

北齐武平七年（576）

释文

上堪主傅霆洛

中堪主习嵩剽

下堪主荆侠生

贾景超、张安和、主也□

□□□郭嵩慕、王仲和、罗仕胥、司马法仪。

跋

北齐武平七年造像，民国十一年出土，西充白坚充得诸太原。癸亥三月书画展览会陈列此石，完好精丽。畹华亲摄全影，翌日白君以拓本贻之，为志其上。瘿公。

《合邑五十人造像记》

北齐武平七年（576）

释文

大齐武平七年岁次丙申二月□辰朔十五日甲午，合邑五十人等发菩提心敬造石铭像一区（躯），上为皇帝陛下国祚永隆，又愿师僧父母、七世父母、生身父母、因缘眷属、边地众生俱登正觉。比丘法远、比丘道纂、比丘法因、比丘法贤。

大襄主：比丘法显　比丘法询　比丘法先。

都铭像主：比丘显庆、比丘法威。

当阳观音主：比丘法要、比丘智达。

上堪龙像主：比丘法善、比丘法叉。

左相飞天主：比丘零辨、比丘尼明广。

右相飞天主：比丘多宝、比丘尼明练。

跋

北齐武平七年造像，西充白氏藏石，以墨拓贻缀玉轩主人。瘿公记。

《大隋皇帝舍利宝塔下铭》

隋仁寿元年（601）

释文

大隋皇帝舍利宝塔下铭

大觉湛然，昭极空有，慈愍庶类，救护群生。虽灵真仪，示同灭度，而遗形散体，尚兴教迹。皇帝归依正法，绍隆三宝，恩与率土，共崇善业，敬以舍利分布诸州。精诚恳切，大圣垂佑，爰在宫殿兴居之所，舍利应现，前后非一，顶戴欢喜，敬仰弥深。以仁寿二年岁次壬戌四月戊申朔八日乙卯谨于邓州大兴国寺奉安舍利，崇建神塔。以此功德，愿四方上下，虚空法界，一切含识，幽显生灵，俱免盖缠，咸登妙果。

说明

此塔下铭出土于清光绪二十六年（1900）。正书14行，行高13字。

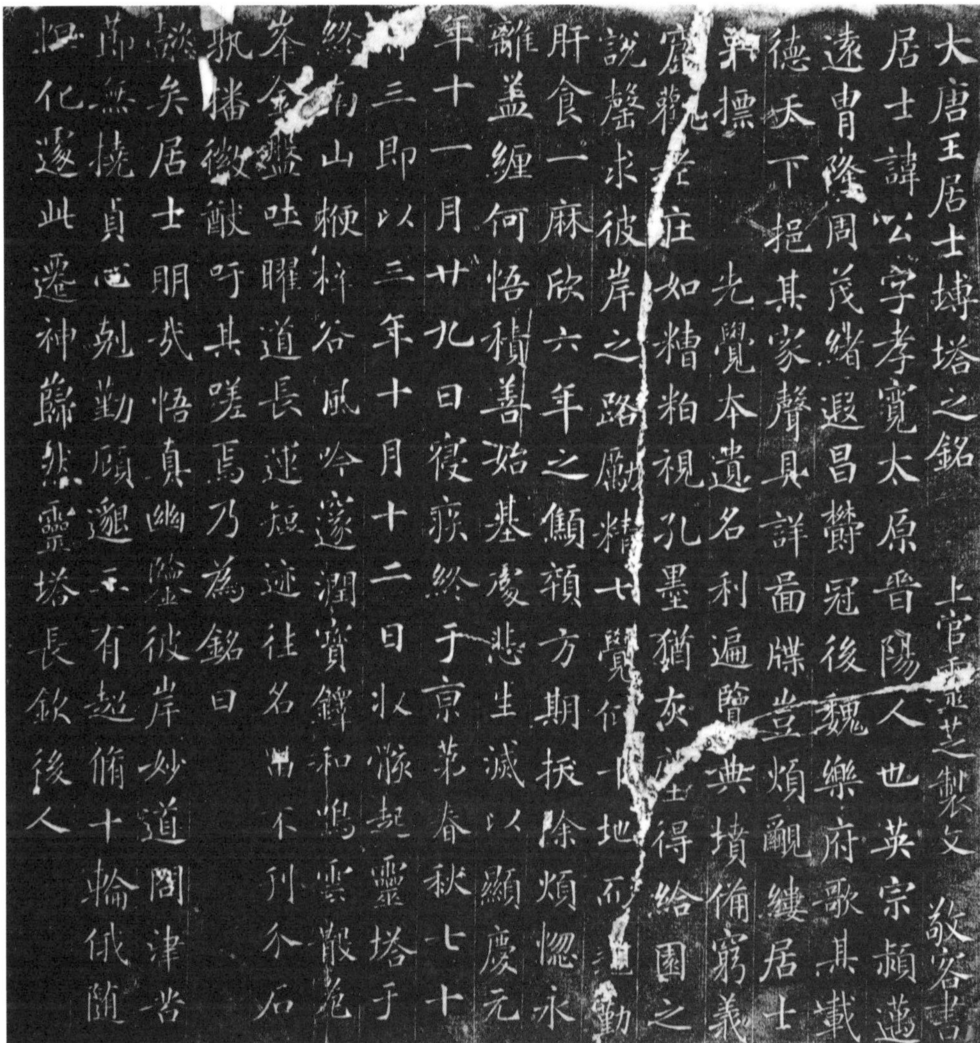

《大唐王居士砖塔之铭》

唐显庆三年（658）

释文

大唐王居士砖塔之铭

上官灵芝制文，敬客书。

居士讳公，字孝宽，太原晋阳人也。英宗颖迈，远胄隆周，茂绪遐昌，郁冠后魏。乐府歌其载德，天下挹其家声。具详图牒，岂烦觇缕？居士早标先觉，本遗名利，遍览典坟，备穷义窟，观老庄如糟粕，视孔墨犹灰尘。得给园之说，罄求彼岸之路。励精七觉，仰十地而克勤；肝食一麻，欣六年之憔悴。方期拔除烦惚，永离盖缠，何悟积善始基，处悲生灭？以显庆元年十一月廿九日，寝疾终于京第，春秋七十有三。即以三年十月十二日，收骸起灵塔于终南山楩梓谷。风吟邃涧，宝铎和鸣。云散危峰，金盘吐曜。道长运短，迹往名留。不刊介石，孰播徽猷？吁其嗟焉！乃为铭曰：

懿矣居士，明哉悟真。幽鉴彼岸，妙道问津。苦节无挠，贞心克勤。顾邈三有，超修十轮。俄随怛化，遽此迁神。岿然灵塔，长钦后人。

说明

塔铭17行，行高17字，由上官灵芝撰文，书家敬客所书。明万历间出土，砖已裂成三截，后裂五截、七截，故全拓本极难得，此为初拓全文。

大方廣佛花嚴經十地品第廿六之一　卷第卅四　卅四之上　尒時世尊在他化自在天王宮摩尼寶藏殿與大菩薩眾俱其諸菩薩
皆於阿耨多羅三藐三菩提不退轉悉從他方世界來集住一切菩薩智所住境入一切如來智所入處勤行不息善能示現種種
神通諸所作事教化調伏一切眾生而不失時為成菩薩一切大願於一切世一切劫一切剎勤修諸行無暫懈息具足菩薩福智助道普益眾
生而恒不匱到一切菩薩智慧方便究竟彼岸示入生死及以涅槃而不廢捨修菩薩行善入一切菩薩禪定解脫三昧三摩鉢底神通明智
諸所施為皆得自在獲一切菩薩自在神力於一念頃無所動作悉能往詣一切如來道場眾會為眾上首請佛說法護持諸佛正法之輪以廣
大心供養承事一切諸佛常勤修習一切菩薩所行事業其身普現一切世間其音普及十方法界心智無礙普見三世一切菩薩所有功德
悉已修行而得圓滿於不可說劫說不能盡其名曰金剛藏菩薩寶藏菩薩蓮花藏菩薩德藏菩薩蓮花德藏菩薩日藏菩薩蘇利耶
藏菩薩無垢月藏菩薩於一切國土普現莊嚴藏菩薩毗盧遮那智藏菩薩妙德藏菩薩栴檀德藏菩薩花德藏菩薩俱蘇摩德藏菩薩優鉢
羅德藏菩薩天德藏菩薩福德藏菩薩無礙清淨智德藏菩薩功德藏菩薩那羅延德藏菩薩無垢藏菩薩離垢藏菩薩種種辯
才莊嚴藏菩薩大光明網藏菩薩淨威德光明王藏菩薩金莊嚴大功德光明王藏菩薩一切相莊嚴淨德藏菩薩金剛焰德相莊嚴藏菩薩光
明焰藏菩薩星宿王光照藏菩薩虛空無礙智藏菩薩妙音無礙藏菩薩陀羅尼功德持一切眾生願藏菩薩海莊嚴藏菩薩須彌德藏菩薩
淨一切功德藏菩薩如來藏菩薩佛德藏菩薩解脫月菩薩如是等無數無量無邊不可數不可稱不可思不可量不可說諸菩薩摩訶薩眾金剛藏
菩薩而為上首、尒時金剛藏菩薩承佛神力入菩薩大智慧光明三昧入是三昧已即時十方各過十億佛剎微塵數世界外各有十億佛剎微塵數
諸佛同名金剛藏而現其前作如是言善哉善哉金剛藏乃能入是菩薩大智慧光明三昧善男子此是十方各十億佛剎微塵數諸佛共加於汝以毗
盧遮那如來應正等覺本願力故欲令汝為一切菩薩說不思議諸佛法光明故所謂令入智地故攝一切善根故善簡擇一切佛法故廣知諸法故善能說法故
無分別智清淨故一切世法不染故出世善根清淨故得不思議智境界故又令得菩薩十地始終故如實說菩薩十地差別相故緣念一切佛法故修習分別
無漏法故善選擇觀察大智光明巧莊嚴故善入決定智門故隨所住處次第顯說無所畏故得無礙辯才光明故住大辯才地善決定故憶念菩薩心不忘失
故成熟一切眾生界故能遍至一切處決定開悟故善男子汝當辯說此法門差別善巧法所謂承佛神力如來智明所加故淨自善根故普淨法界故普攝
故深入法身智身故受一切佛灌頂故得一切世間最高大身故超一切世間道故清淨出世善根故滿足一切智智故尒時十方諸佛與金剛
薩無能映奪身與無礙樂說辯與善分別清淨智與善憶念不忘力與善決定明了慧與至一切處開悟智與成道自在力與如來無所畏
入觀察分別諸法門辯才智與一切如來上妙身語意具足莊嚴何以故得此三昧法如是故本願所起故善淨深心故善淨智輪故善
故善修治所作故念其無量法器故知其清淨信解故得無錯謬總持故法界智印善印故尒時十方諸佛各申右手摩金剛藏

《大方广佛花严经石幢》

唐圣历二年（699）

释文

大方广佛花（华）严经十地品第廿六之一　卷第卅四　卅四之上

尔时，世尊在他化自在天王宫摩尼宝藏殿，与大菩萨众俱。其诸菩萨皆于阿耨多罗三藐三菩提不退转，悉从他方世界来集；住一切菩萨智所住境，入一切如来智所入处；勤行不息，善能示现种种神通；诸所作事，教化调伏一切众生而不失时；为成菩萨一切大愿，于一切世、一切劫、一切刹，勤修诸行，无暂懈息；具足菩萨福智助道，普益众生而恒不匮；到一切菩萨智慧方便究竟彼岸，示入生死及以涅槃而不废舍；修菩萨行，善入一切菩萨禅定、解脱三昧、三摩钵底、神通明智，诸所施为皆得自在；获一切菩萨自在神力，于一念顷无所动作，悉能往诣一切如来道场众会，为众上首，请佛说法，护持诸佛正法之轮；以广大心供养承事一切诸佛，常勤修习一切菩萨所行事业；其身普现一切世间，其音普及十方法界，心智无碍，普见三世；一切菩萨所有功德悉已修行而得圆满，于不可说劫说不能尽。其名曰：金刚藏菩萨、宝藏菩萨、莲华藏菩萨、德藏菩萨、莲华德藏菩萨、日藏菩萨、苏利耶藏菩萨、无垢月藏菩萨、于一切国土普现庄严藏菩萨、毗卢遮那智藏菩萨、妙德藏菩萨、栴檀德藏菩萨、花德藏菩萨、俱苏摩德藏菩萨、优钵罗德藏菩萨、天德藏菩萨、福德藏菩萨、无碍清净智德藏菩萨、功德藏菩萨、那罗延德藏菩萨、无垢藏菩萨、离垢藏菩萨、种种辩才庄严藏菩萨、大光明网藏菩萨、净威德光明王藏菩萨、金庄严大功德光明王藏菩萨、一切相庄严净德藏菩萨、金刚焰德相庄严藏菩萨、光明焰藏菩萨、星宿王光照藏菩萨、虚空无碍智藏菩萨、妙音无碍藏菩萨、陀罗尼功德持一切众生愿藏菩萨、海庄严藏菩萨、须弥德藏菩萨、净一切功德藏菩萨、如来藏菩萨、佛德藏菩萨、解脱月菩萨……如是等无数、无量、无边、不可数、不可称、不可思、不可量、不可说诸菩萨摩诃萨众，金刚藏菩萨而为上首。

尔时，金刚藏菩萨承佛神力，入菩萨大智慧光明三昧。入是三昧已，即时十方各过十亿佛刹微尘数世界外，各有十亿佛刹微尘数诸佛，同名金刚藏，而现其前，作如是言：

“善哉善哉！金刚藏！乃能入是菩萨大智慧光明三昧。善男子！此是十方各十亿佛刹微尘数诸佛共加于汝，毗卢遮那如来应正等觉本愿力故，欲令汝为一切菩萨说不思议诸佛法光明故。所谓令入智地故，摄一切善根故，善简择一切佛法故，广知诸法故，善能说法故，无分别智清净故，一切世法不染故，出世善根清净故，得不思议智境界故；又令得菩萨十地始终故，如实说菩萨十地差别相故，缘念一切佛法修习分别无漏法故，善选择观察大智光明巧庄严故，善入决定智门故，随所住处次第显说无所畏故，得无碍辩才光明故，住大辩才地善决定故，忆念菩萨心不忘失故，成熟一切众生界故，能遍至一切处决定开悟故。善男子！汝当辩说此法门差别善巧法。所谓承佛神力如来智明所加故，净自善根故，普净法界故，普摄众生故，深入法身、智身故，受一切佛灌顶故，得一切世间最高大身故，超一切世间道故，清净出世善根故，满足一切智智故。”

尔时，十方诸佛与金刚藏菩萨无能映夺身，与无碍乐说辩，与善分别清净智，与善忆念不忘力，与善决定明了慧，与至一切处开悟智，与成道自在力，与如来无所畏，（与一切智）人观察分别诸法门辩才智，与一切如来上妙身、语、意具足庄严。何以故？得此三昧法如是故，本愿所起故，善净深心故，善净智轮故，（善积集助道故，）善修治所作故，念其无量法器故，知其清净信解故，得无错谬总持故，法界智印（善印）故。

尔时，十方诸佛各申（伸）右手磨金刚藏。

说明

此为武则天命于阗国沙门实叉难陀所译《大方广佛花（华）严经》第三十四卷的一部分。此经石现藏于晋祠。部分残缺经文据今通行本补全。

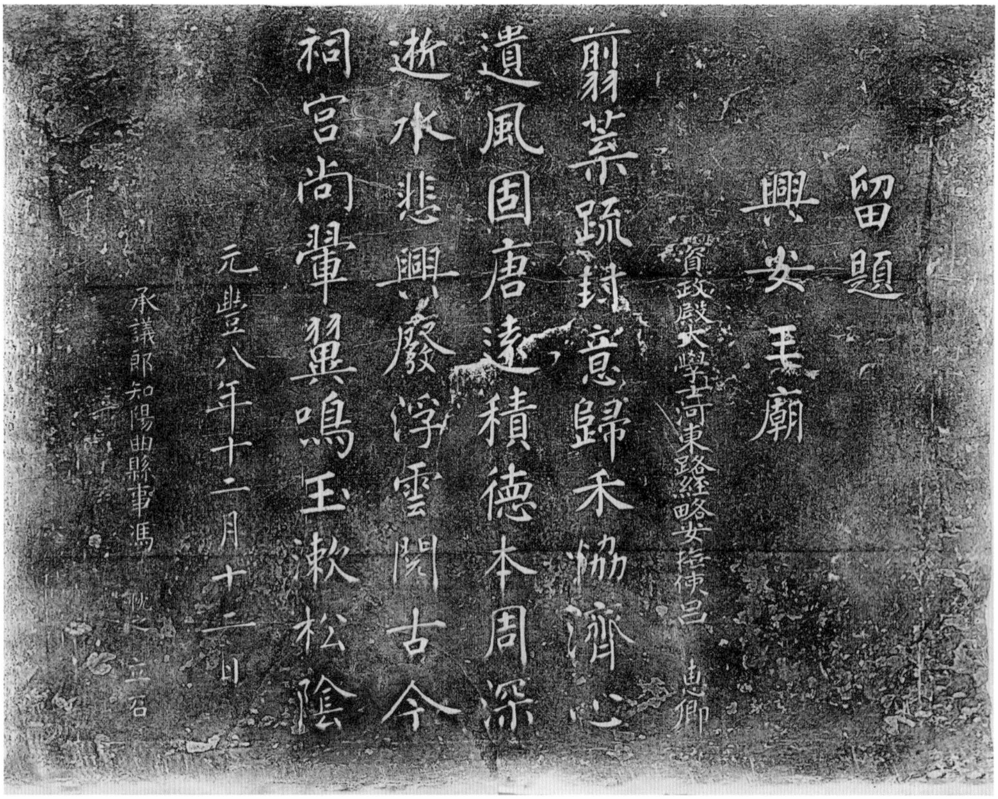

《吕惠卿留题兴安王庙碑》

宋元丰八年（1085）

释文

留题

兴安王庙

资政殿大学士河东路经略安抚使吕惠卿。

剪叶疏封意，归禾协济心。遗风固唐远，积德本周深。逝水悲兴废，浮云阅古今。祠宫尚翚翼，鸣玉漱松阴。

元丰八年十二月十二日。

承议郎知阳曲县事冯忱之立石。

说明

吕惠卿（1032—1112），宋朝宰相，今福建泉州晋江人。先与王安石论经义，意见相合，两人同修《三经新义》，后两人交恶，出知陈州、延州、太原府。

兴安王庙，即唐叔虞祠，后晋天福六年（941）石敬瑭封唐叔虞为兴安王。

明定海備倭梁文台州庠生劉聚福仝勒
唐閻立本書
武林孫良鐫

《重刻普陀大士图像》

明万历三十六年（1608）

释文

普陀圣像，摹自阎公。一时妙墨，百代钦崇。迄因寺毁，石付祖龙。庙貌鼎建，瞻对无从。旁搜遗迹，镌以新工。嗟嗟！无色无相，佛性本空。色色相相，佛教斯弘。用期世世，奉兹靡穷。

明万历戊申宁绍参将天台刘炳文立石于普陀山之杨枝庵。

唐阎立本画。

明定海备倭梁文、台州庠生刘聚福同勒。

武林孙良镌。

说明

杨枝庵内的杨枝观音碑，为普陀山的三宝之一。明万历十六年（1588）明代抗倭名将侯继高将阎立本、吴道子所绘的观音像勒石，10年后毁于兵燹。明万历三十六年（1608），宁绍参将刘炳文将所得阎立本画观音像拓本据之刻石，为之立庵，因观音右手持杨柳、左手托净瓶而名为杨枝庵。

张问陶绘《西方接引佛》

清嘉庆十年（1805）

释文

西方接引佛

灵海张问陶谨绘

跋

张生画佛法源寺，瘿公取之心皓然。室中有酒还召客，诗人垂老例参禅（借句）。莫辞法侣一朝散（响谷玉父），自种秋花方丈前。敦煌石室经味古，静里日长如小年。宣统二年中秋，瘿广命题。赵熙。

船山画佛庄且美，胡生得之法源寺。秋来赠我数十本，分似罗侯法不二。观想持名倘得髓，谭经称有敦煌字。全家供佛仅见君，生天种福何足云。庚戌十月瘿公命题。杨增荦。

说明

该绘像高32厘米，前刻佛像，后刻颂赞。像前隶书题“西方接引佛”五字，下方写“灵海张问陶谨绘”，并刻“船山”二字印，左上角刻“真”字印，下角刻“如无文字”印。

张问陶（1764—1814），清代杰出诗人、诗论家，著名书画家，字仲冶，一字柳门。因故乡四川遂宁城郊有一座孤绝秀美的小山，形如船，名船山，便自号船山，也称“老船”；因擅画猿，亦自号“蜀山老猿”。清乾隆五十五年（1790）进士，曾任翰林院检讨、江南道监察御史、吏部郎中，后出任山东莱州知府，辞官寓居苏州虎丘山塘。

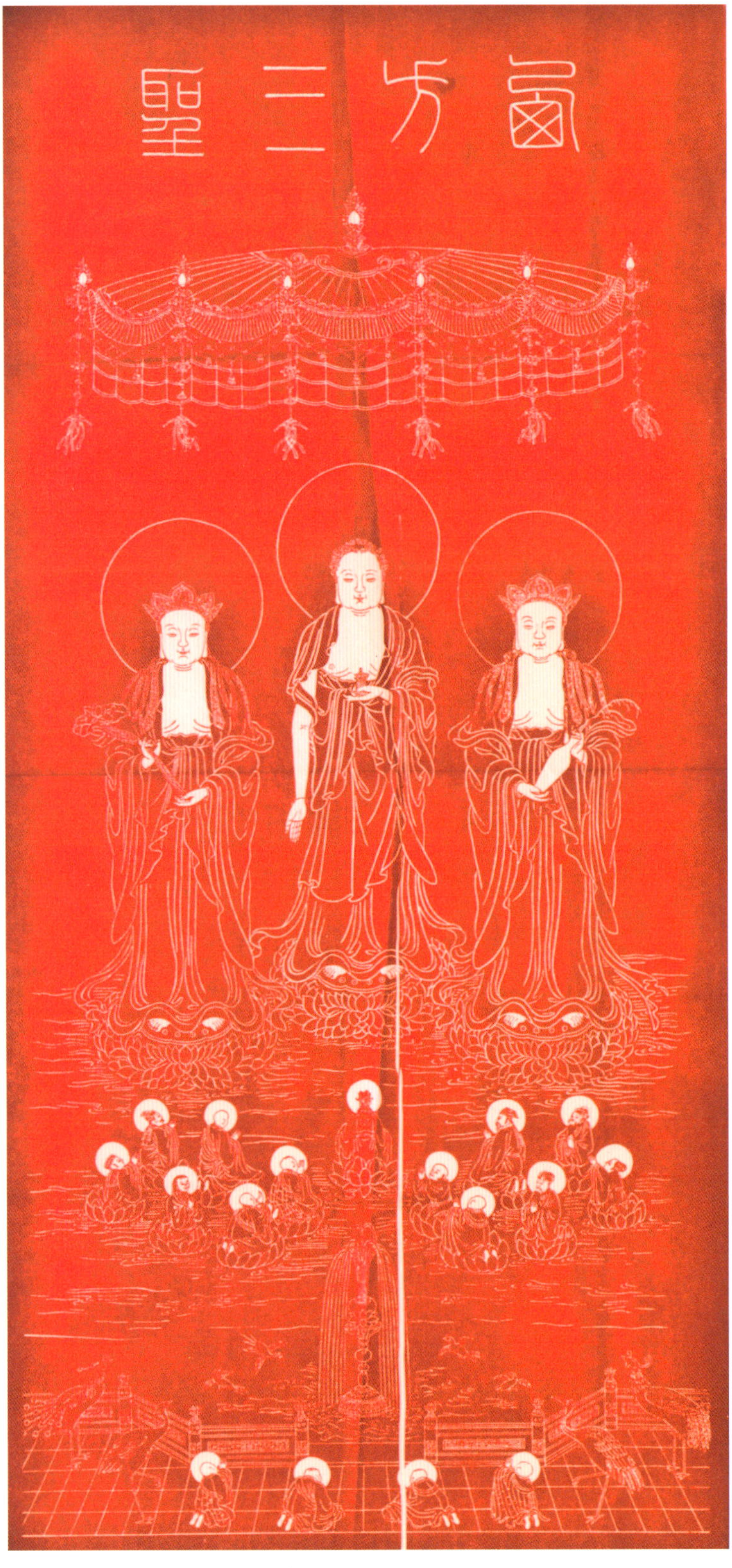
西方三聖

《西方三圣像》

说明

无文字。

西方三圣，又称阿弥陀三尊，中间是阿弥陀佛，左边是观世音菩萨，右边是大势至菩萨。西方三圣是净土宗专修对象。

器物

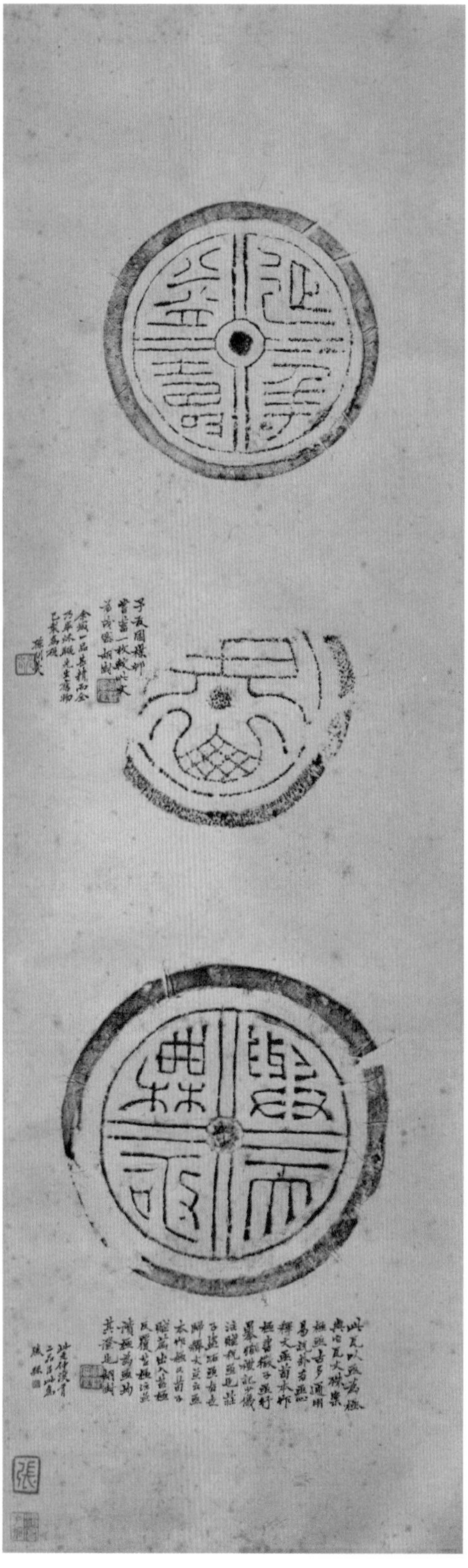

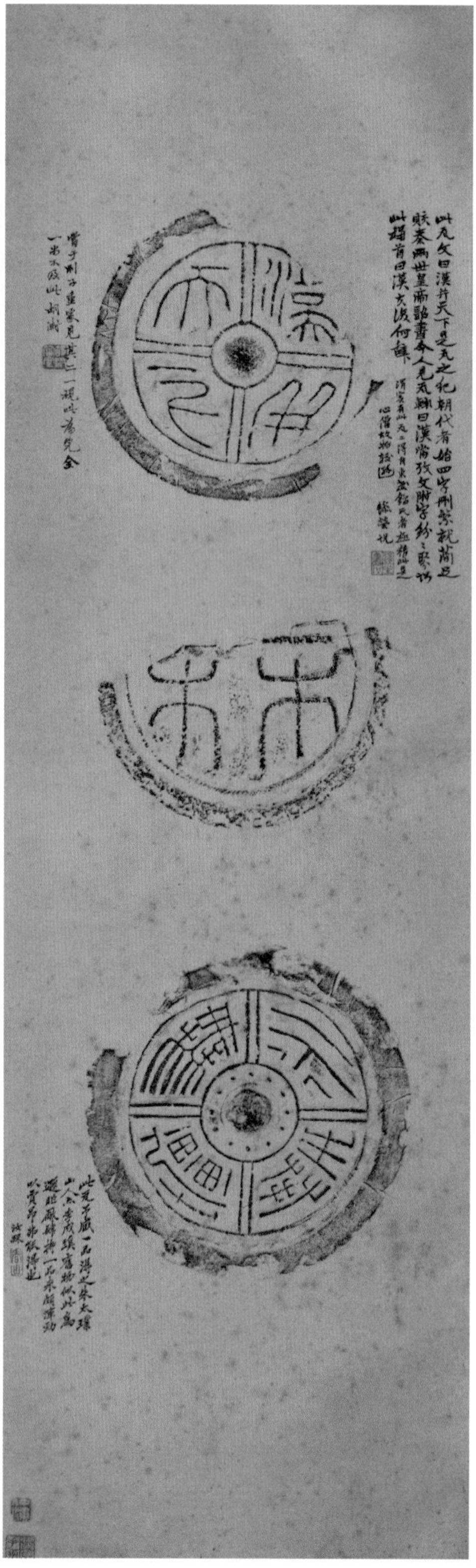

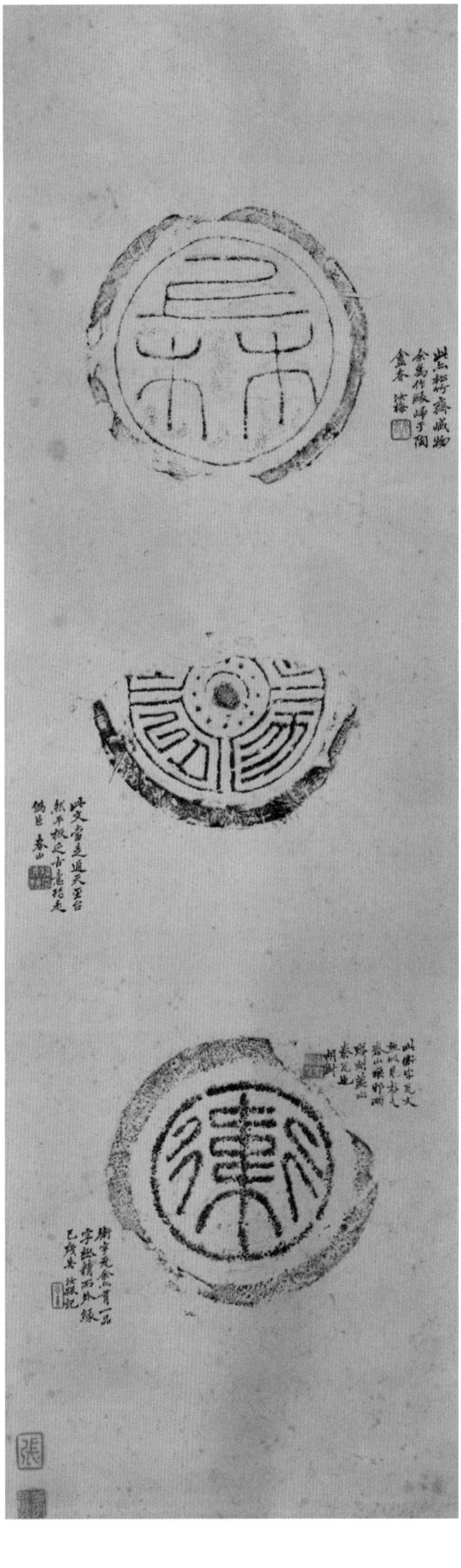

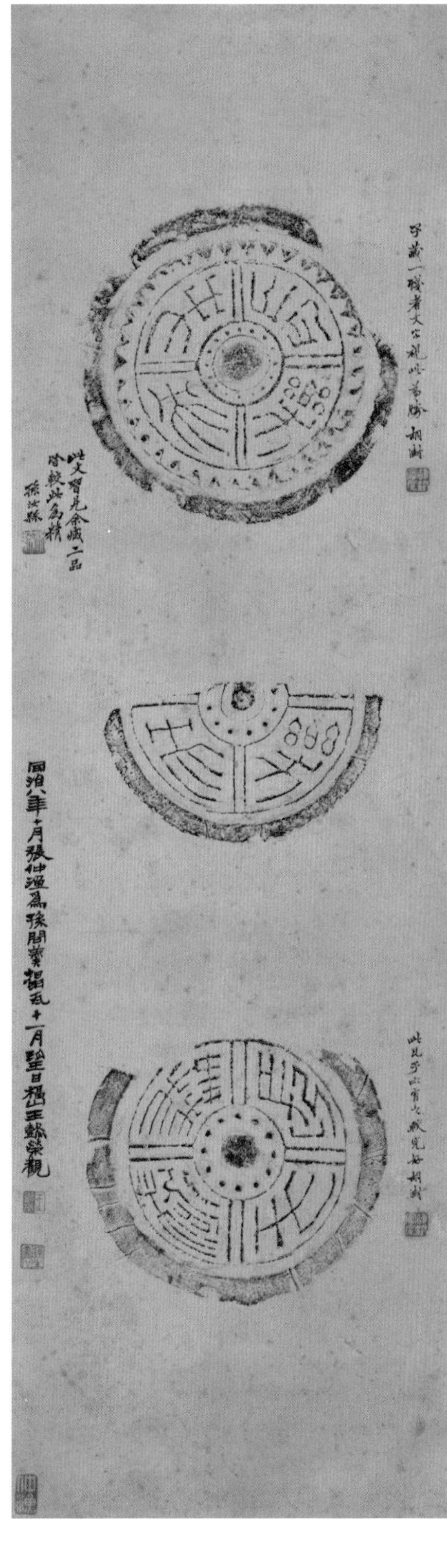

汉瓦当四条屏

清同治八年（1869）

释文

第一条

延年益寿、□山、与天无亟。

第二条

汉并天下、□林、永奉无疆。

第三条

上林、□天□台、卫。

第四条

长乐未央、乐未、长生无极。

跋

第一条跋

予友周梅郚尝蓄一枚，较此文为茂密。胡澍。

余臧（藏）一品，甚精而全，乃毕秋帆先生旧物，已制为砚。孙问羹。

此瓦以亟为极，与它瓦文殊。案，极、亟古多通用。《易·说卦》为亟心，《释文》：亟，荀本作极。《书·微子》“亟杼暴虐”、《礼记·少仪》注“赋税亟也”、《庄子·盗跖》“及去走归”，《释文》并云亟，本作极。又《荀子·赋篇》“出入甚极”“反覆甚极”，注并读极为亟。均其证也。胡澍。

此瓦仲渔有二品，以此为胜。梅。

第二条跋

此瓦文曰，汉并天下。是瓦之纪朝代者始。四字，删繁就简，足赅秦两世皇帝诏书。今人见瓦辄曰汉当考文附字，纷纷聚讼。此拓首曰汉，夫复何辞？渭宾有此瓦二，得自东武刘氏者极精，此是心僧故物，较逊。懿荣说。

尝于刑子重处见其二，一视此为完全，一尚不及此。胡澍。

此瓦予臧（藏）一品，得之朱太璞山人，亦李成蹊旧物，似此为逊。昨厂肆持一品来，颇浑劲，以贾（价）昂弗能得也。汝梅。

第三条跋

此亦松竹斋臧（藏）物，余为作缘，归于陶庵春。汝梅。

此文当是通天圣台，然平板乏古意，恐是伪作。春山。

此卫字瓦文极似见存之泰山琅邪两残刻，盖亦秦瓦也。胡澍。

卫字瓦余亦有一品，字极精而外缘已残失。汝梅记。

第四条跋

予藏一残者，文字视此为胜。胡澍。

此文习见，余藏二品，皆较此为精。孙汝梅。

此瓦予亦有之，较完好。胡澍。

同治八年十月张仲渔为孙问羹拓瓦，十一月望日福山王懿荣观。

说明

胡澍（1825—1872），清代医家，字荄甫，又字甘伯，号石生。绩溪（今安徽省绩溪县）人。清咸丰九年（1859）举于乡，后捐升郎中，分发户部山西司。

孙汝梅，字问羹，号春山，顺天府大兴县人，光绪六年（1880）登进士甲第十二名，授兵部主事。工书法。

王懿荣（1845—1900），字正儒，一字廉生，山东福山（今烟台福山区）人，中国近代金石学家、鉴藏家和书法家，为中国甲骨文发现和收藏的重要人物。1900年八国联军入侵北京，他投井殉国。主要著作有《汉石存目》《六朝石存目》《福山金石志》《翠墨园语》《文敏公遗集》等。

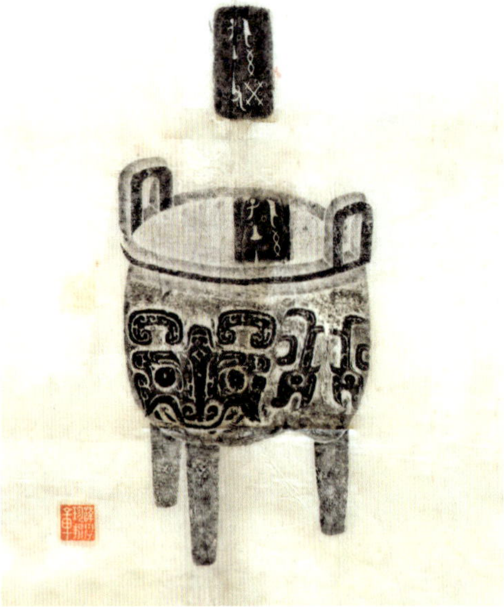

三足鼎拓印

释文

左鼎朱印：薛学珍拓章。

右鼎朱印：信邵锡钧手拓。

说明

此鼎器疑伪作，此器鳞纹生硬，与寻常不同。此拓为全形拓，以墨拓为主要手段，将古器物的立体形状复制表现在纸面上。清代以来，见于文献及拓本印鉴者中擅长全形拓工的有李锦鸿、魏韵林、苏忆年、黄少穆、周康元、薛学珍、陈紫峰、马衡、陈粟园、谭荣九、李虎臣、施耕云、叶子飞、张木三、刘蔚林、刘瑞源、丁绍棠、李月溪、朱春塘、王秀仁、金兰坡、吴隐等，但不少拓工的生平资料，今已难以查考。

薛学珍，据《琉璃厂小志》载，字锡钧，冀县人，于清光绪二十八年（1902）充京师大学堂藏书楼装订科科员，擅长摹拓，如钟鼎彝器方圆诸形。其拓本如原物之照像，丝毫不爽。

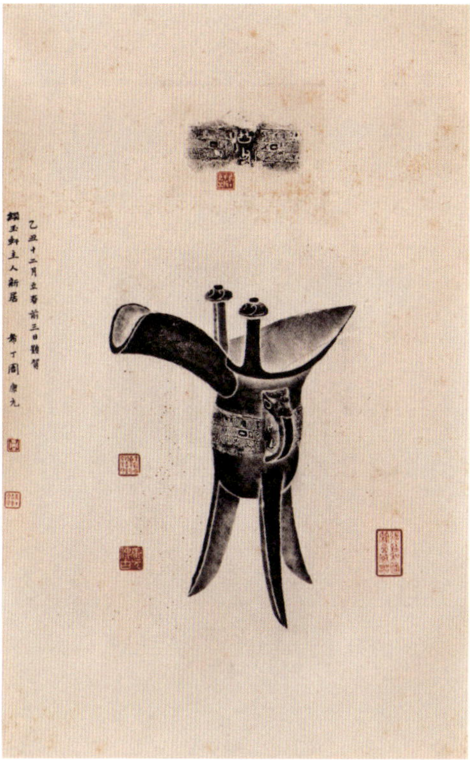
乙丑十二月立春前三日題贈

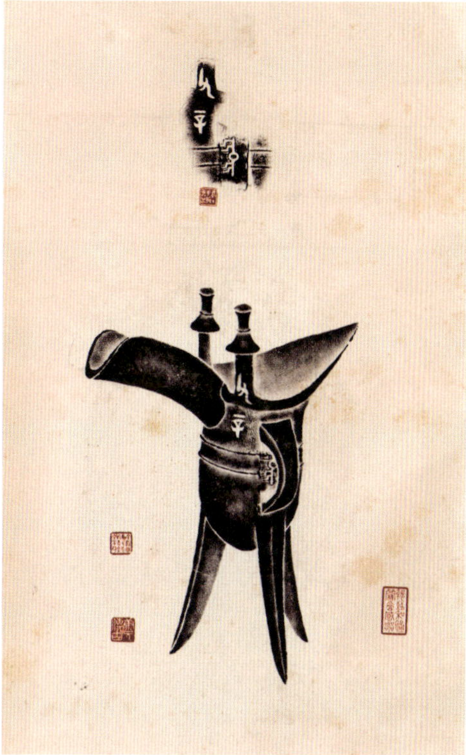

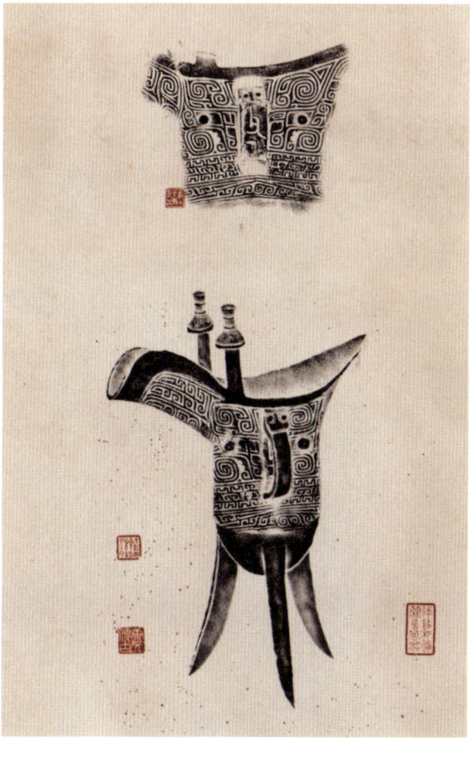

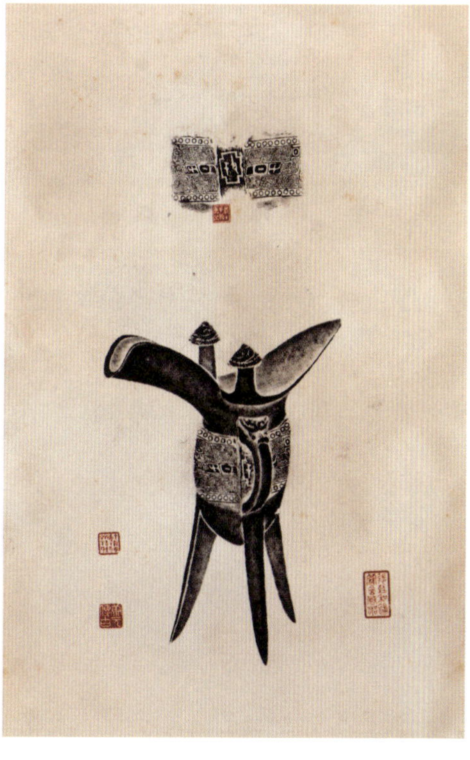

青铜器四条屏

跋

乙丑十二月立春前三日题贺，缀玉轩主人新居，希丁周康元。

钤印：

希丁手拓彝器。

张致和补萝庵臧（藏）器。

金溪周康元所作吉金文字印。

兰元传古。

说明

周康元（1891—1961），江西金溪县乌石村人，自曾祖始即定居北京。原名家瑞，字希丁、西丁，晚年别署墨庵，斋堂为石言馆。周康元早年在琉璃厂开设古光阁古玩铺，新中国成立后在首都博物馆任职，负责摹拓古器物和文物鉴定。他曾学过西洋绘画中的透视技法，将之运用至全形拓法，所以其拓印的立体感强，用墨深浅合理，拓面干净而匀称。

青铜器爵

说明

无款识。两爵器型不同，但器铭铭文及其纹饰完全相同，疑伪。

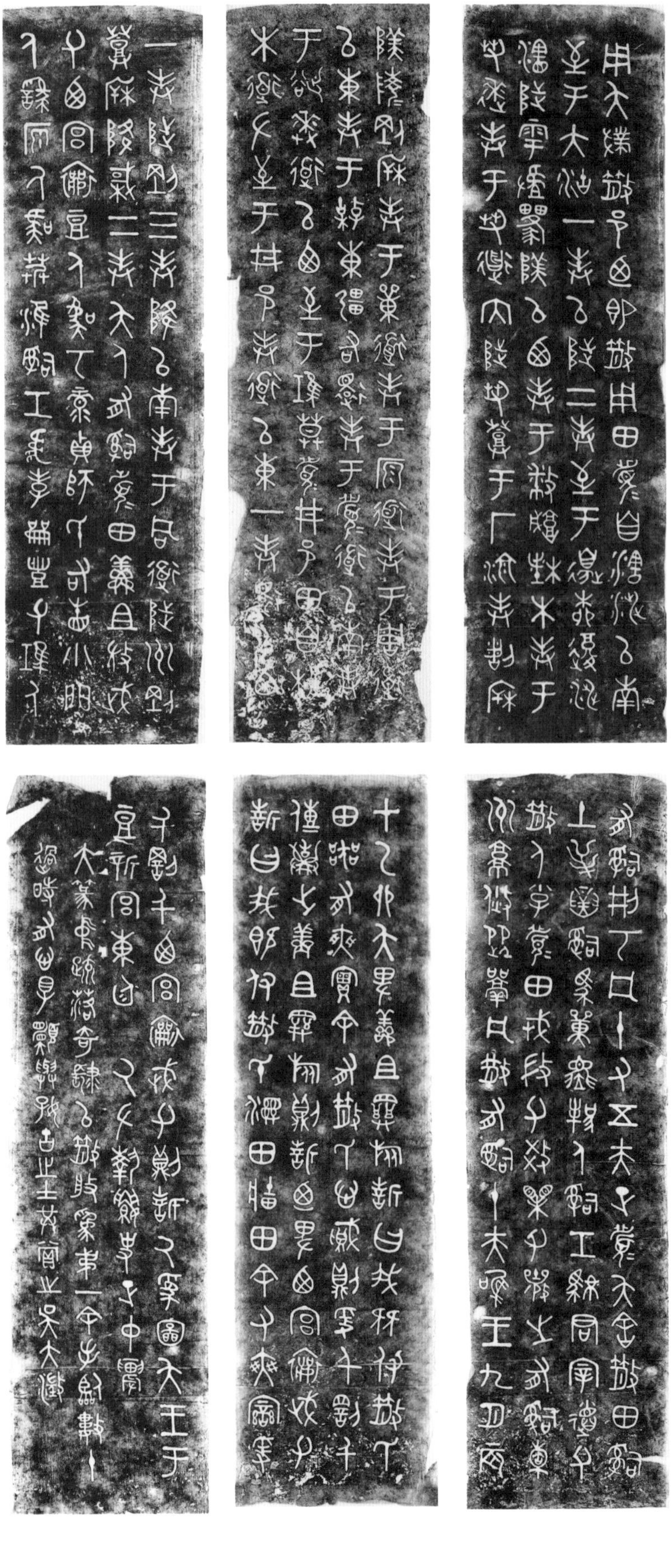

散氏盘铭文

释文

用夨𨚵（薄）散邑，乃即散用田。眉（履）自瀗涉以南，至于大沽，一奉（封）。以陟，二奉，至于边柳、复涉瀗，陟，雩。𢽾（徂）𨘋𨸏以西，奉于𢼸城楮木。奉于刍逨，奉于刍衜（道），内陟刍，登于厂湶，奉𠛬𣏟、𨸏陵、刚𣏟。奉于𨶏道，奉（封）于原道，奉（封）于周道。以东，奉于棹东彊。右还，奉于眉道。以南，奉于𧝝逨道。以西，至于𨾊莫。眉（履）井邑田。自根木道，左至于井邑，奉，道以东，一奉，还以西一奉，陟刚三奉。降以南，奉于同道。陟州刚，登𣏟，降棫，二奉。夨人有𤔲（司）眉（履）田：鲜、且、𢼸（微）、武父、西宫襄、豆人虞丂、录、贞、师氏右眚、小门人𧽙、原人虞艿、淮𤔲（司）工虎、孛、𠕁丰父、𨾊人有𤔲（司）刑丂，凡十又五夫。正眉（履）夨舍散田：𤔲（司）土逆寅、𤔲（司）马𨶏□、𠂤人司工𩣡君、宰德父，散人小子眉（履）田：戎、𢼸（微）父、教𣓁父、襄之有𤔲（司）橐、州就、焂从鬲，凡散有𤔲（司）十夫。唯王九月，辰在乙卯，夨卑（俾）鲜、且、𢐗、旅誓，曰："我既付散氏田器，有爽，实余有散氏心贼，则爰（鞭）千罚千，传弃之。"鲜、且、𢐗、旅则誓。乃卑（俾）西宫襄、武父誓，曰："我既付散氏淫田、墙田，余有爽变，爰（鞭）千罚千。"西宫襄、武父则誓。厥受图，夨王于豆新宫东廷。厥左执缕，史正中（仲）农。

说明

散氏盘，因铭文中有"散氏"字样而得名。有人认为作器者为夨，又称作夨人盘。据清朝张廷济所著《清仪阁题跋》，散氏盘于清康熙年间在陕西宝鸡凤翔出土。高20.6厘米，口径54.6厘米，圆形，浅腹，双附耳，高圈足。

散国约位于今陕西宝鸡凤翔一带，西北方与夨国为邻。此盘大约铸于西周周厉王之时，现存于台北故宫博物院。

书法

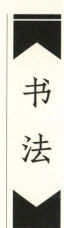

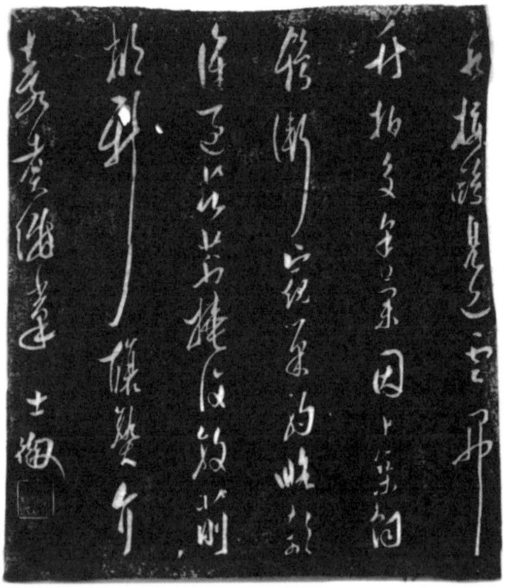

士徽书法

释文

水接鸥凫近，云开竹柏交。

采兰因卜筑，饲鹤渐窥巢。

约略欹谁过，茨菰捶复敲。

蒯故新酿熟，介嘉煮缕蒿。

说明

历史上名为士徽的人物有一位：士徽（？—226），苍梧广信（今广西梧州）人。汉末三国时交州军阀士燮之子。士燮去世后，孙权任命士徽为安远将军，兼任九真太守。后来士徽因不满失去对交趾的统治而自称交趾太守，反叛孙吴，并阻止交州刺史戴良和交趾太守陈时赴任。吴将吕岱前往讨伐士徽，随后派来士匡说服士徽投降孙吴。士徽投降后，吕岱率军进入交趾郡城，并将士徽处死。从书法艺术、诗歌水平来看，此帖并非上述士徽所作。

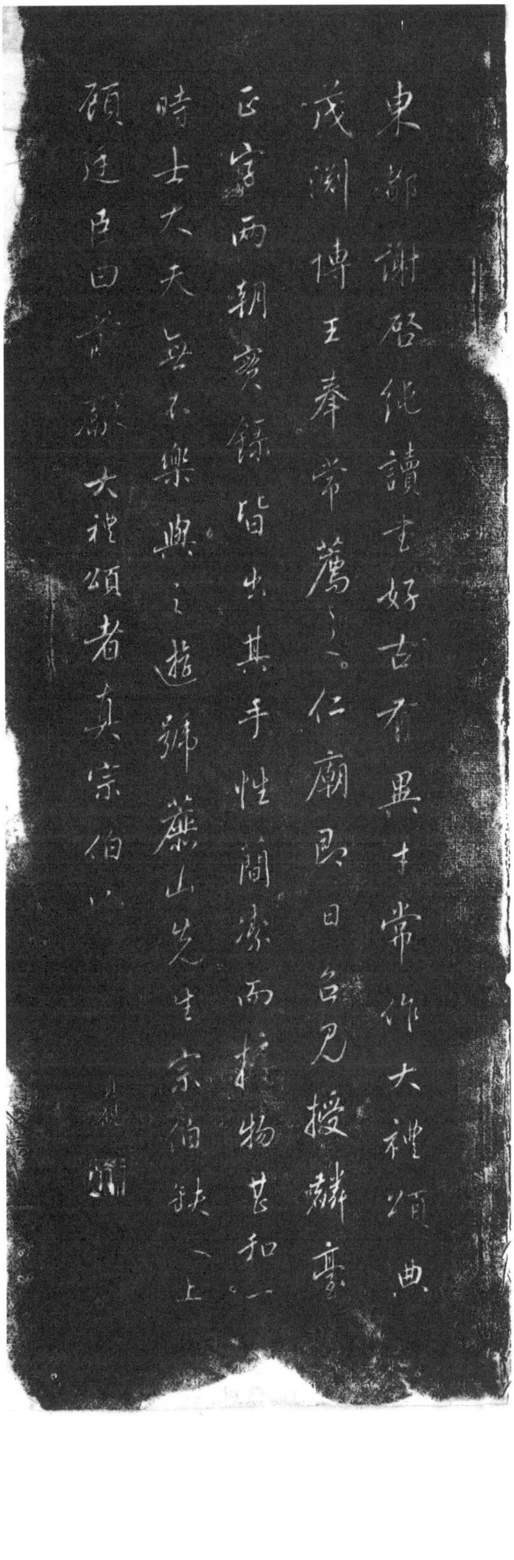

释文

东都谢启纯，读书好古，有异才，常（尝）作《大礼颂》，典茂渊博，王奉常荐之。仁庙即日召见，授麟台正字。两朝实录皆出其手。性简洁而接物甚和，一时士大夫无不乐与之游。号蘼山先生。宗伯缺人，上顾廷臣曰：“前献《大礼颂》者，真宗伯也。”

贞观

说明

洛阳被称为“东都”为唐高宗李治时之事。麟台正字，武则天改秘书省为麟台，正字则为刊正文字，正九品下。谢启纯，人物已不可考。落款“贞观”二字亦不可考。此帖疑点甚多。

陈抟书法

释文

寿

陈抟书，李崧祥刻。

说明

陈抟（871—989），字图南，号扶摇子，赐号“白云先生”“希夷先生”，北宋著名道家学者、养生家，尊奉黄老之学。

薛绍彭书法

释文

□□□□□□□□□□□□□□□□

重阳日寄上都仓舍弟：秋影萧疏无雁行，篱花冷落未开黄。都城遍插茱萸日，鄜县涪江正异乡。翠微居士书。

伏蒙慈盼赐细助上樽，敢不跽受，然颜有靦矣。□□诣

说明

薛绍彭，长安（今陕西西安）人，生卒年月不详。北宋神宗时人。字道祖，号翠微居士。恭敬公薛向之子，以翰墨名世。自谓河东三凤后人。官至秘阁修撰，出为梓潼路漕。家藏晋唐书法、名画甚多。工正、行、草书，笔致清润遒丽，具晋、唐人法度。与米芾齐名，人称“米薛”。赵孟頫评价说：“道祖书如王、谢家子弟，有风流之习。”

黄庭坚书《题襄阳米芾祠》

释文

万里莓苔地，不见驱驰踪。

唯开文字窗，时写日月容。

竹韵漫萧屑，草花徒织茸。

披霜入众木，独自识青松。

庭坚

说明

黄庭坚（1045—1105），字鲁直，号山谷道人，晚号涪翁，洪州分宁（今江西修水县）人，北宋著名文学家、书法家，为盛极一时的江西诗派开山之祖，与杜甫、陈师道和陈与义素有“一祖三宗”（黄庭坚为其中一宗）之称。与张耒、晁补之、秦观游学于苏轼门下，并称为“苏门四学士”。

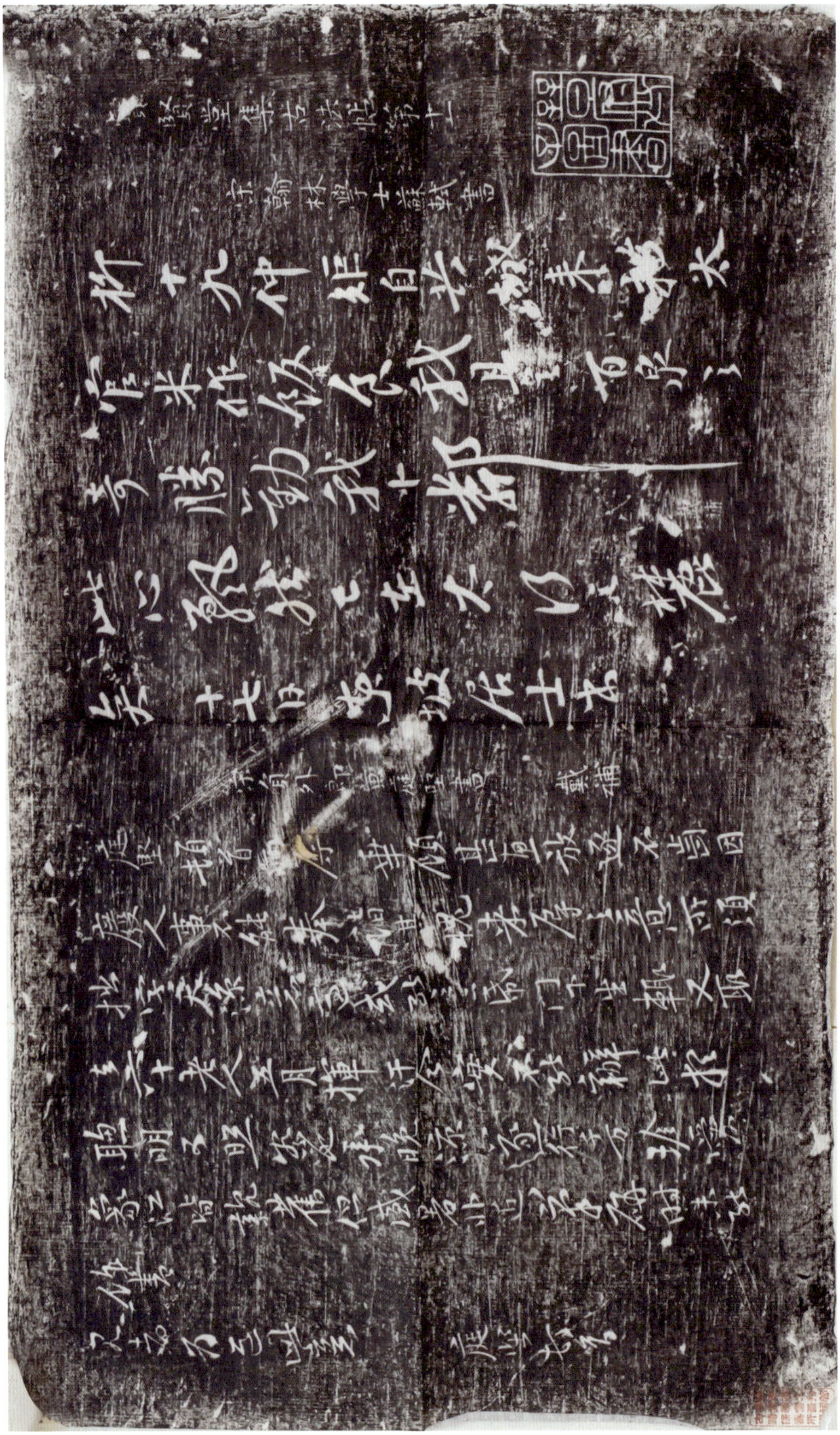

宝贤堂集古法帖第十一

释文

宝贤堂集古法帖第十一

宋翰林学士苏轼书。

柳十九仲矩自共城来，持太官米作饭食我，且言百泉之奇胜，劝我卜邻，此心飘然已在太行之麓矣，十七日东坡居士书。

宋员外郎黄庭坚书，戴补。

庭坚顿首。两辱垂顾，甚惠。放逐不齿，因废人事，不能奉诣，其愧来辱之意。所须拙字，天凉意适，或能三二纸，门下生辄又取去。六十老人，五月挥汗，今实不能办此，想聪明可照察也。承晚凉遂行，千万珍爱。象江皆亲旧，但盛暑非近笔砚时，未能作书。

见者为道此意。庭坚顿首。

说明

此帖分两部分，前为苏东坡书，为《书赠柳仲矩》，写于北宋元祐三年（1088）九月十七日。后为黄庭坚书，为《齐君帖》，末尾“庭坚顿首”后遗“齐君足下”四字，书于崇宁三年（1104）。黄庭坚此帖现藏于台北故宫博物院。

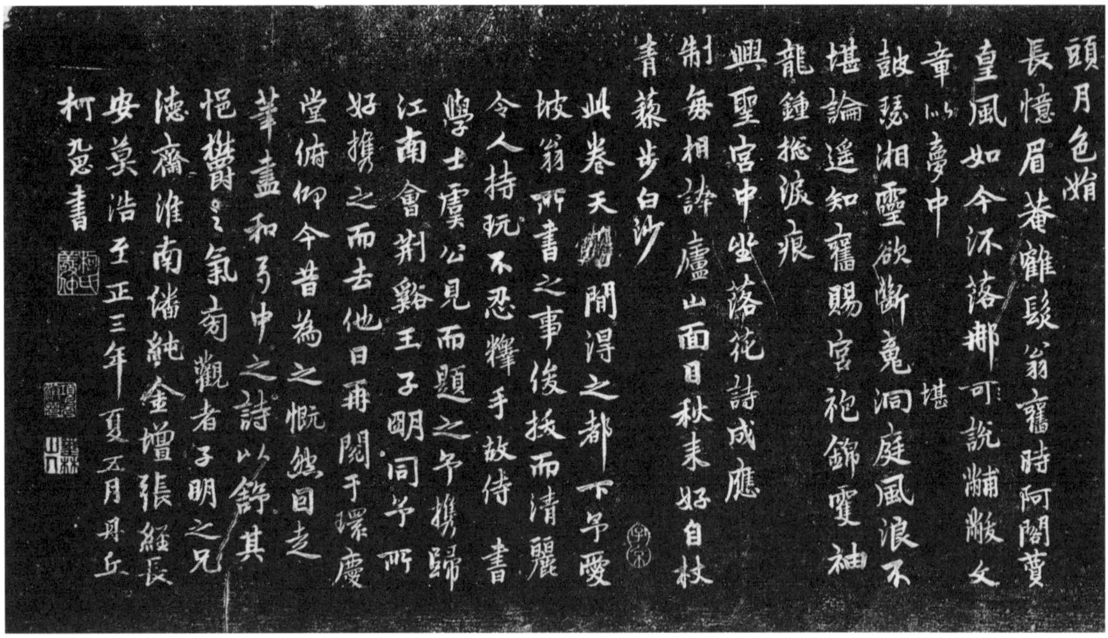

柯九思书苏文忠《天际乌云卷》

元至正三年（1343）

释文

山中覆鹿拾蕉叶，眼底生花二月明。不道人生俱梦里，新诗犹话梦中情。

绿窗度曲初含笑，银甲弹筝不露尖。人生莫待头如雪，华屋春宵酒屡添。

云中初下势如惊，白凤蹁跹雪色翎。多少旧游歌舞地，不堪回首又重经。

桃花扇底露唇红，不复梳妆与众同。一曲山香春去也，荼蘼无语谢东风。

一颗摩尼不染尘，瑶池玄圃度千春。寥阳殿里云深处，谁是当时解佩人。

三月旌旗幸玉泉，牙樯锦缆（幸）御龙船。千官车骑如云涌，杨柳（枝）梢头月色娟。

长忆眉庵鹤发翁，旧时阿阁赞皇风。如今流落那堪（可）说，黼黻文章似梦中。

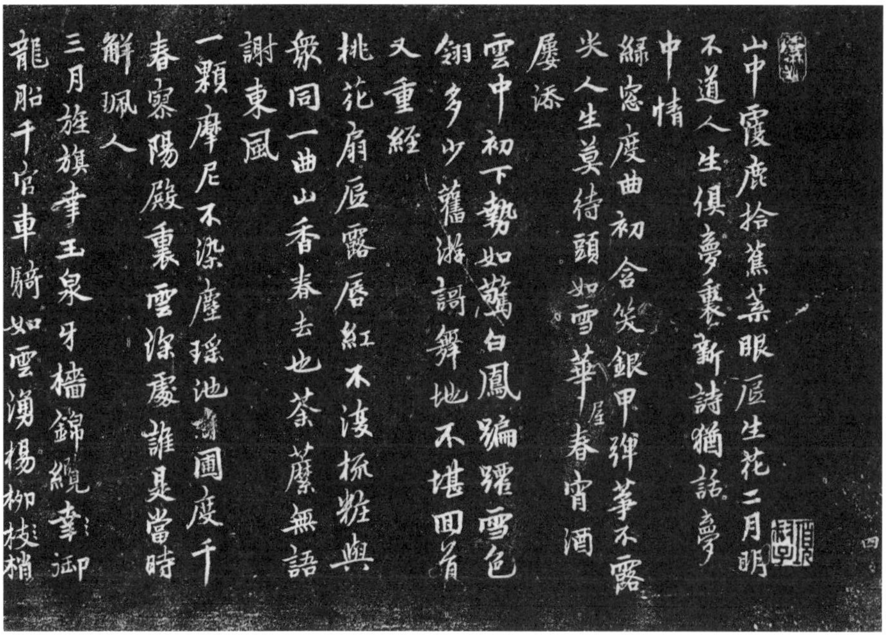

鼓瑟湘灵欲断魂，洞庭风浪不堪论。遥知旧赐宫袍锦，双袖龙钟总泪痕。

兴圣宫中坐落花，诗成应制每相夸。庐山面目秋来好，自杖青藜步白沙。

此卷天历间得之都下，予爱坡翁所书之事，俊拔而清丽，令人持玩不忍释手。故侍书学士虞公见而题之，予携归江南，会荆溪王子明同予所好，携之而去。他日再阅于环庆堂，俯仰今昔，为之慨然，因走笔尽和卷中之诗，以舒其悒郁之气。旁观者子明之兄德斋、淮南潘纯、金坛张经、长安莫浩。至正三年夏五月，丹丘柯九思书。

说明

柯九思（1290—1343），元代书画家、鉴藏家，字敬仲，号丹丘、丹丘生、五云阁吏，台州仙居（今浙江仙居县）人，江浙行省儒学提举柯谦的儿子。

诗中一处少一字“屋”，补于其旁，另多书三字：“幸”“枝”“可”，书者已在旁点出。

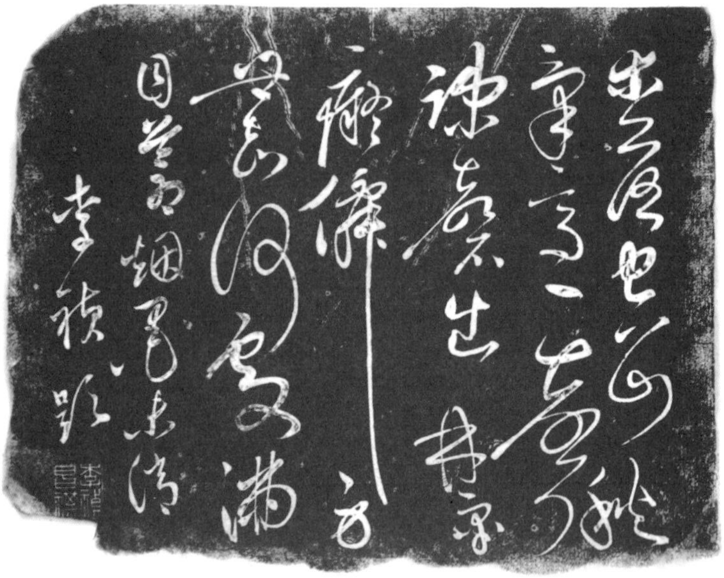

李祯书法

释文

木落空山秋气高，一声疏磬出林皋。

痴仙身无知何处，满目苍烟墨未消。

李祯题

说明

李祯（1376—1452），字昌祺，多称李昌祺，一字维卿，庐陵（今江西吉安）人。明永乐二年（1404，一说元年）进士，选翰林院庶吉士，曾参与修撰《永乐大典》，擢礼部郎中。洪熙元年（1425），以才望卓异迁广西布政使，后又任河南布政使。其书法以行、楷见称。

此题记与元代画家吴镇（1280—1354）所作《子久为徐元度卷》前一句相同，后一句略异，吴作为“归帆点点知何处，满目苍烟尚未消”。

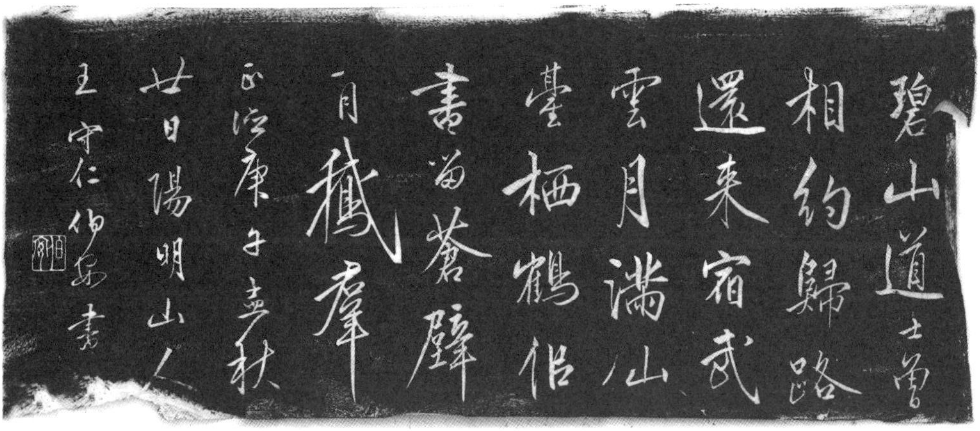

王阳明书《再经武云观书林玉玑道士壁》

释文

碧山道士曾相约，归路还来宿武云。

月满仙台栖鹤侣，书留苍壁看鹅群。

正德庚午孟秋廿日，阳明山人王守仁伯安书。

说明

王阳明（1472—1529），名守仁，幼名云，字伯安，别号阳明，浙江余姚县人。曾筑室于会稽山阳明洞，自号阳明子，学者称之阳明先生。明代著名思想家、军事家，心学之集大成者，精通儒家、道家、佛家。晚年官至南京兵部尚书、都察院左都御史。因平定宸濠之乱而被封为新建伯，明隆庆年间追赠新建侯。正德五年（1510）年初，王守仁谪戍期满，官复庐陵县（今江西吉安）知县，此诗应作于复官后不久。其他集中此诗还有后四句："春岩多雨林芳淡，暗水穿花石溜分。奔走连年家尚远，空余魂梦到柴门。"

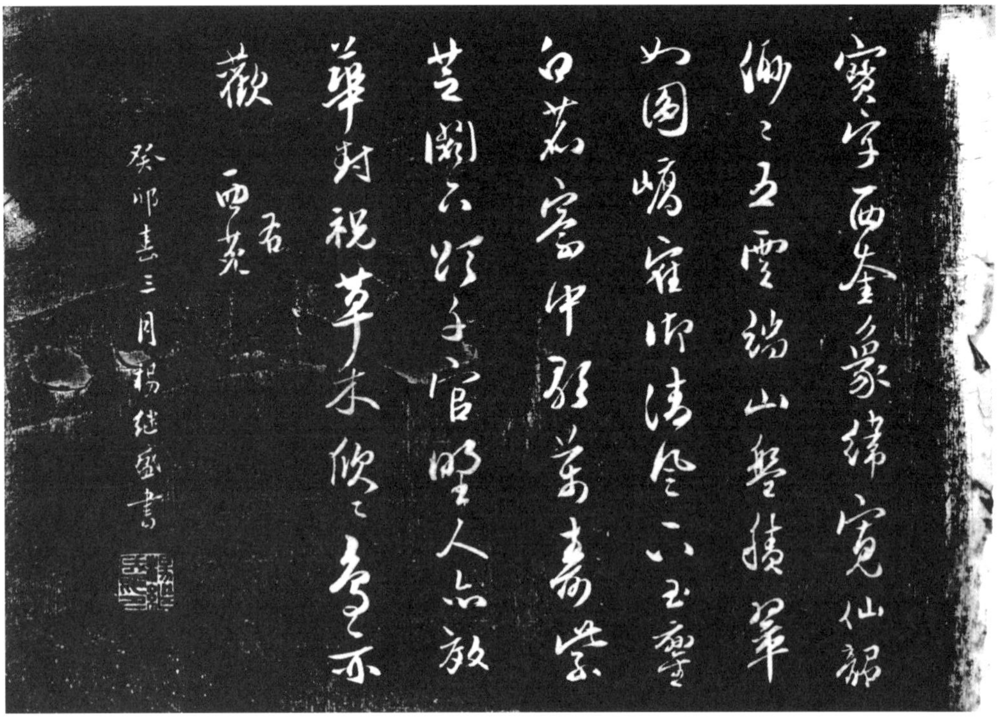

杨继盛书法

明嘉靖二十二年（1543）

释文

宝字西奎象纬宽，仙韶缈缈五云端。

山磬积翠如圆峤，鹤御清风下玉鸾。

白鹿□（疑为窟）中歌万寿，紫芝阙下颂千官。

野人亦效华封祝，草木欣欣鸟亦欢。

右西苑。

癸卯春三月杨继盛书

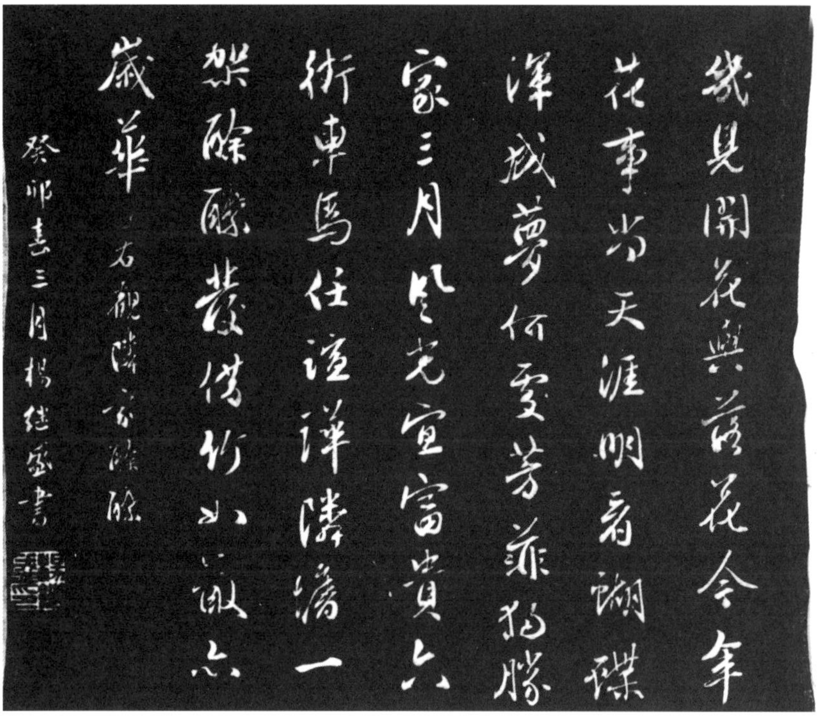

几见开花与落花，今年花事尚天涯。

明看蝴蝶浑成梦，何处芳菲独胜家。

三月风光宣富贵，六街车马任喧哗。

邻墙一架荼蘼发，借竹如猷亦岁华。

右观邻家荼蘼。

癸卯春三月杨继盛书

说明

杨继盛（1516—1555），明代著名谏臣。字仲芳，号椒山，直隶容城（今河北容城县北河照村）人。明嘉靖三十二年（1553）因弹劾严嵩而下狱，后被严嵩处死。此两诗作于嘉靖二十二年（1543）春，杨继盛未中进士时。

冯梦祯书杜甫诗集句

释文

《古柏》云：大厦如倾要栋梁，万牛回首丘山重。此贤者之难进易退，非其招示往者也。又云：不露文章世已惊，未辞剪伐谁能送。先器识，后文艺，与浮躁衒露者异矣。

杜云：尔辈可忘年，含凄觉汝贤。送尔维舟惜此筵，汝与山东李白好。自世俗观之，则为简傲，诗家不然，亦常自云：忘形到尔汝。真实居士仁书于吃墨看茶轩。

钤印：山堂、以臣。

说明

冯梦祯（1548—1606），字开之，号具区，又号真实居士，浙江秀水（今嘉兴）人。著名的佛教居士。明代诗人，与屠隆等交好。

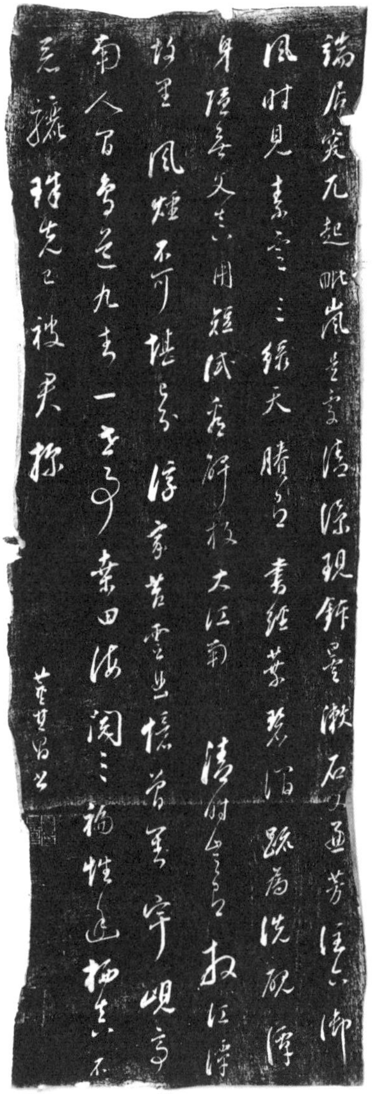

董其昌书《赠陈仲醇征君东佘山居诗三十首》之十、之十二

释文

端居突兀起毗岚，是处清凉现钵昙。
漱石又兼芳润六，御风时见素云三。
绿天剩有书经叶，碧涧疏为洗砚潭。
身隐无文真用短，试看碑板大江南。

清时岂有放江潭，故里风烟不可堪。
已分浮家苕霅曲，忆曾对宇岘亭南。
人间鸟道丸封一，世事桑田海阅三。
褊性幽栖真不恶，骊珠先已被君探。
董其昌书

说明

董其昌（1555—1636），字玄宰，号思白。因他系松江华亭（今上海市松江县）人，故人称“董华亭”。官至南京礼部尚书，谥文敏。明代著名画家、书法家、书画大鉴赏家兼书画理论家。

此诗为董其昌赠陈继儒之作。陈继儒为明代著名文学家、书画家，与董其昌同为华亭人，字仲醇，著有《小窗幽记》《妮古录》等。

董其昌书杜甫《咏怀古迹五首》其三

释文

群山万壑赴荆门，生长明妃尚有村。

一去紫台连朔漠，独留青冢向黄昏。

画图省识春风面，环佩空归月下魂。

千载琵琶作胡语，分明怨恨曲中论。

其昌书

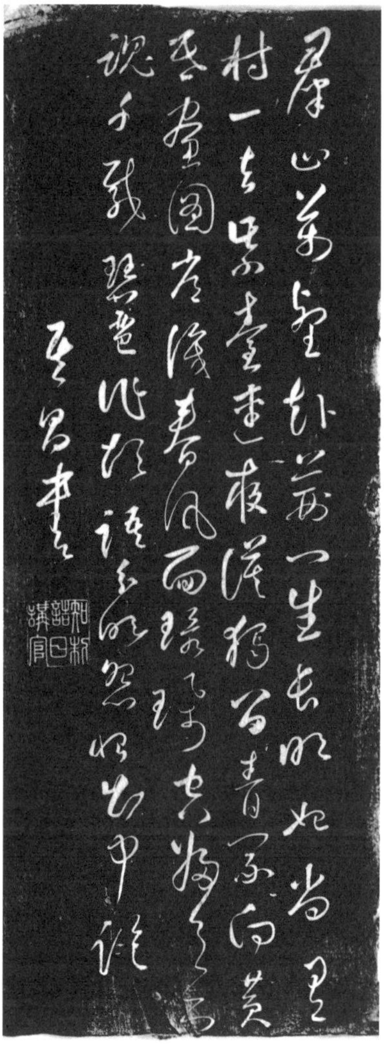

说明

此诗为杜甫游历昭君村时所作，第三联下句中“月下”二字在其他集中为“夜月”或“月夜”。

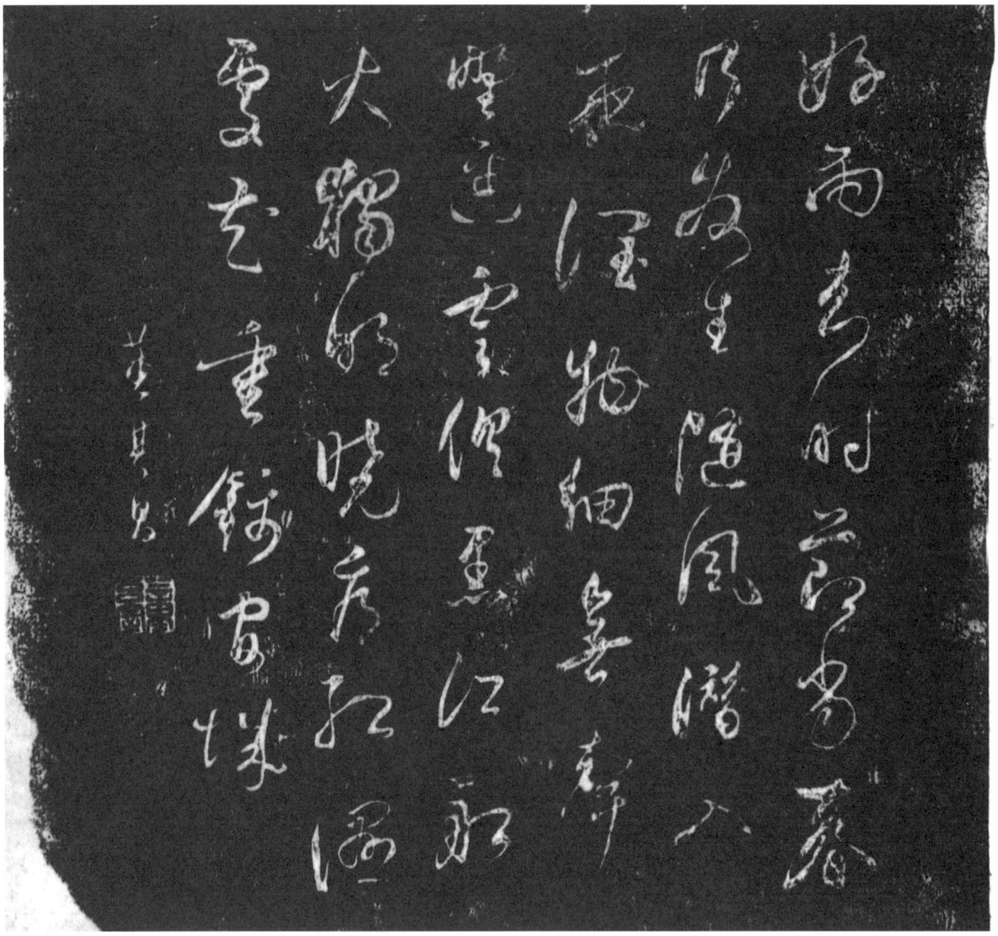

董其昌书杜甫《春夜喜雨》

释文

好雨知时节，当春乃发生。

随风潜入夜，润物细无声。

野径云俱黑，江船火独明。

晓看红湿处，花重锦官城。

董其昌

董其昌书杨巨源《寄中书同年舍人》

释文

晴明紫阁最高峰，仙掖开帘范彦龙。

五色天书词焕烂，九华春殿语从容。

彩毫应染炉烟细，清珮仍含玉漏重。

二十年前同日喜，碧霄何路得相逢。

其昌

说明

杨巨源（约755—？），字景山，后改名巨济。河中治所（今山西永济）人。唐代诗人。与白居易、元稹、刘禹锡、王建等人交好。

董其昌书皇甫冉《宿淮阴南楼酬常伯能》

释文

淮阴日落上高楼，乔木荒城古渡头。

浦外野风吹入户，窗中海月早知秋。

沧波一望通千里，画角三声起百忧。

独立宵分远来客，烦君步屧忽相求。

董其昌

说明

皇甫冉（约717—770），字茂政，润州（今江苏镇江）丹阳人，晋代高士皇甫谧之后。唐朝时期大臣，大历十才子之一。

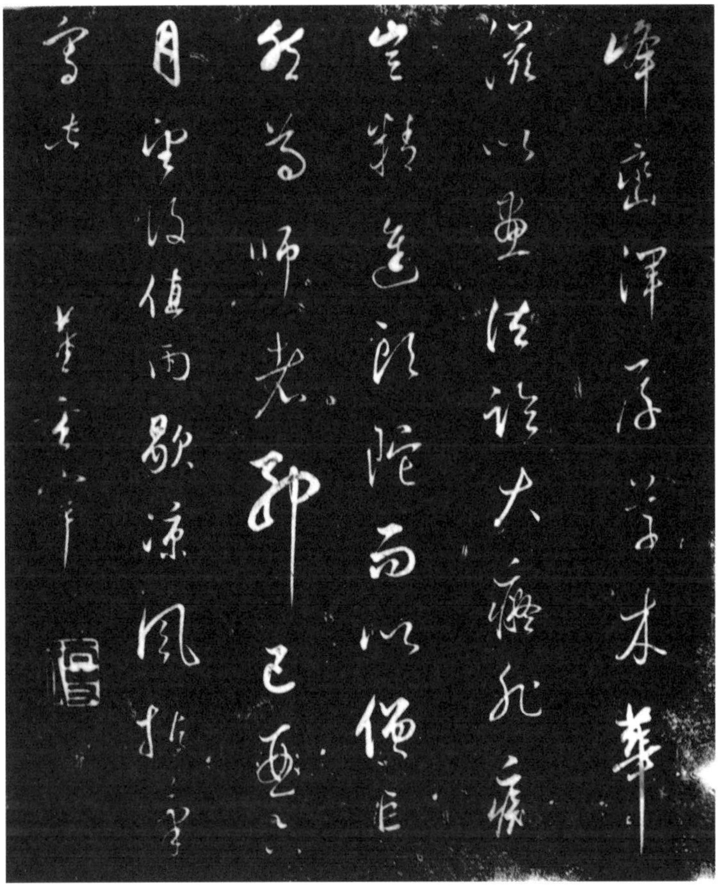

董其昌书法

释文

峰峦浑厚，草木华滋，以画法论，大痴非痴，岂精进头陀而以僧巨然为师者耶。己酉六月望复值雨歇凉风拈笔写此。

董玄宰

说明

大痴，指元代画家黄公望，号大痴、大痴道人，擅画山水。

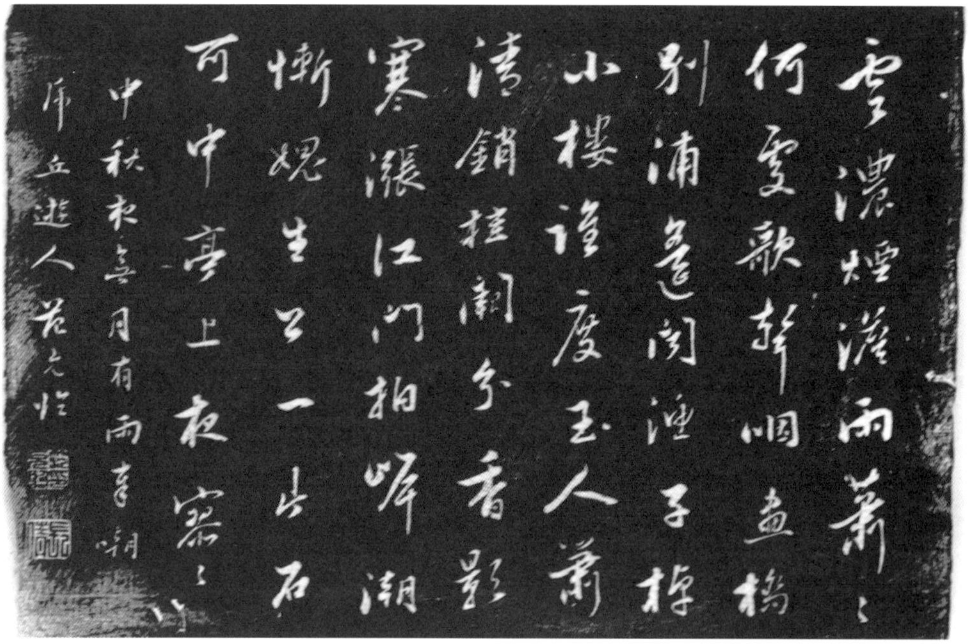

范允临书法

释文

云浓烟淡雨萧萧，何处歌声咽画桥。

别浦遥闻渔子棹，小楼谁度玉人箫。

清销桂阙分香影，寒涨江门拍岸潮。

惭愧生公一片石，可中亭上夜寥寥。

中秋夜无月有雨奉嘲虎丘游人范允临

说明

范允临（1558—1641），明代官员、书画家。字长倩，号长白，南直隶苏州府吴县（今属江苏）人。明万历二十三年（1595）进士，官至福建参议。工书画，时与董其昌齐名，归筑室天平山，有《输寥馆集》。

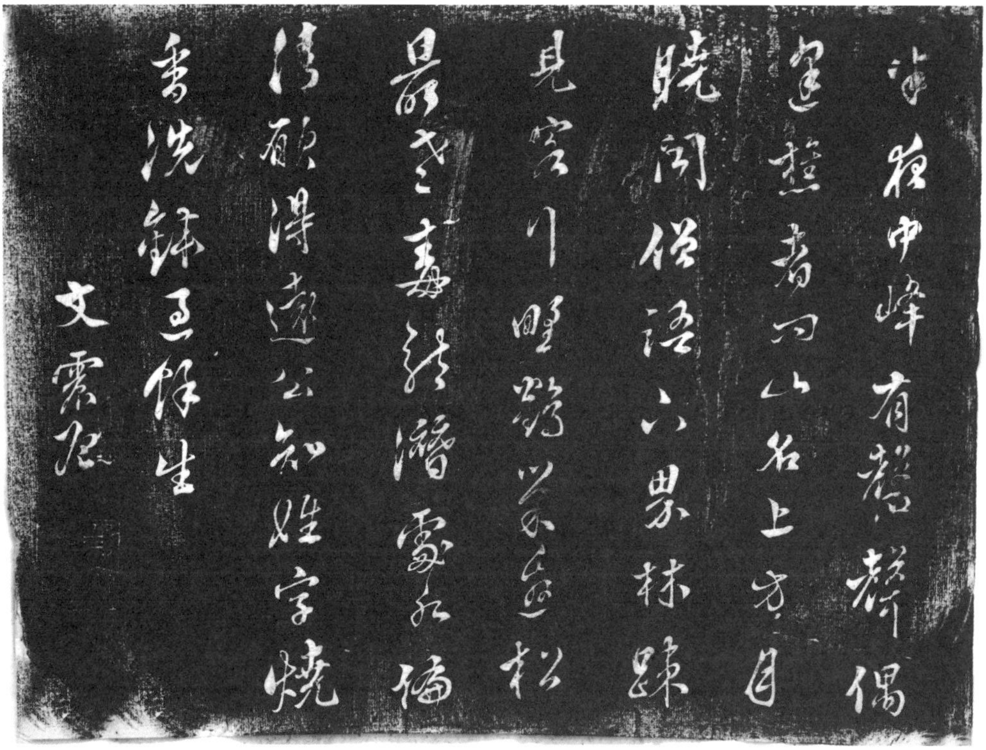

文震孟书卢纶《夜投丰德寺谒海上人》

释文

半夜中峰有磬声，偶逢樵者问山名。

上方月晓闻僧语，下界林疏见客行。

野鹤巢边松最老，毒龙潜处水偏清。

愿得远公知姓字，烧香洗钵过余生。

文震孟

说明

卢纶（739—799），字允言，今河北保定涿州卢家场村人。唐代诗人，著有《卢户部诗集》。此诗一作李端诗。丰德寺位于陕西西安城南沣峪口的东山坡上，建于隋，盛于唐，因唐代高僧道宣居于此，而被尊为南山律宗祖庭。

文震孟（1574—1636），初名从鼎，字文起，号湘南，别号湛持，为文徵明的曾孙。他十进贡院，历十次会试，最终殿试夺魁，名列头甲。明代官员，书法家。

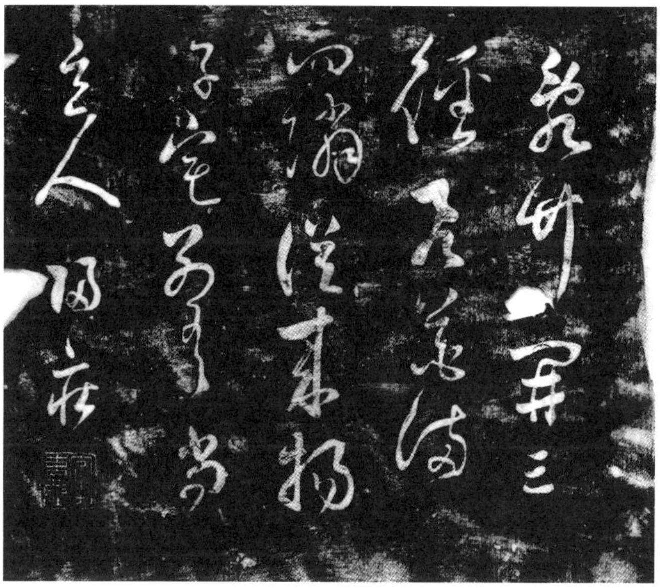

归庄书王勃《赠李十四四首》其三

释文

乱竹开三径，飞花满四邻。

从来扬子宅，别有尚玄人。

归庄

说明

王勃（约650—约676），字子安，古绛州龙门（今山西河津）人，唐代诗人。出身儒学世家，与杨炯、卢照邻、骆宾王并称为“初唐四杰”，王勃为四杰之首。代表作品有《送杜少府之任蜀州》《滕王阁序》等。

归庄（1613—1673），一名祚明，字尔礼，又字玄恭，号恒轩，又自号归藏、归来乎、悬弓、园公、鏖鏊巨山人、逸群公子等，昆山（今属江苏）人。明末清初书画家、文学家。归庄为明代散文家归有光的曾孙。

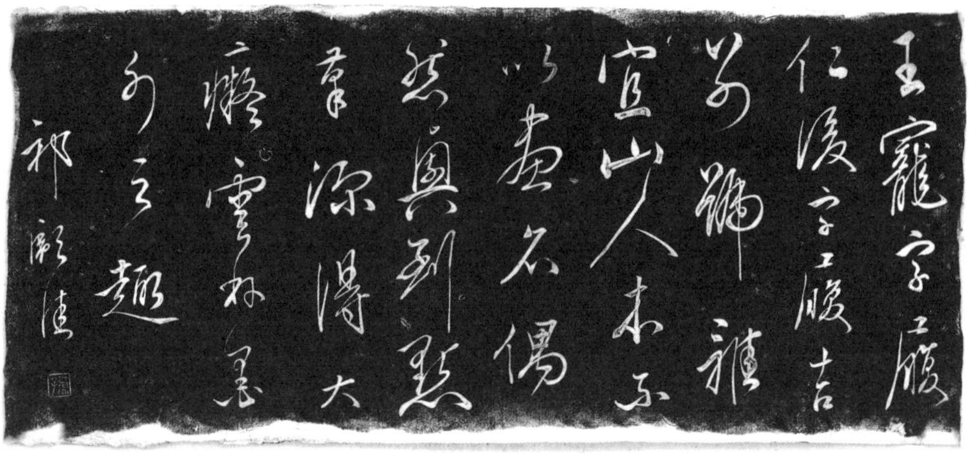

祁彪佳书法

释文

王宠，字履仁，后字履吉，别号雅宜山人。本不以画名，偶然兴到点笔，深得大痴、云林墨外之趣。

祁彪佳

说明

祁彪佳（1602—1645），字虎子，一字幼文，又字宏吉，号世培，别号远山堂主人。山阴（今属浙江绍兴）梅墅村人。明代政治家、戏曲理论家、藏书家。有戏曲批评著作《远山堂曲品剧品》。1645年因明亡而自沉湖。

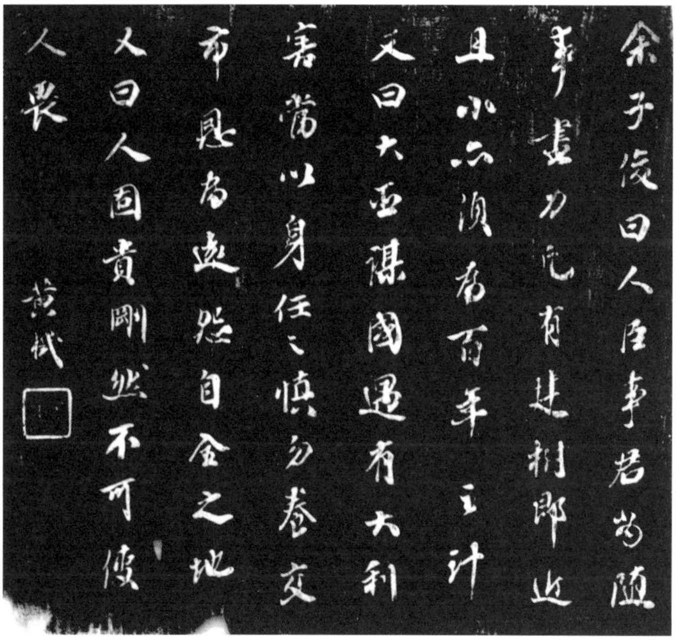

黄机书法

释文

余子俊曰："人臣事君，当随事尽力，凡有建树，即近且小，亦须为百年之计。"又曰："大臣谋国，遇有大利害，当以身任之，慎勿养交市恩，为远怨自全之地。"又曰："人固贵刚，然不可使人畏。"

黄机

说明

黄机（1612—1686），字次辰，一字澄斋，号雪台。浙江钱塘（今属杭州）金墩武林积善坊巷人。宋代福建莆田黄石金墩平海军节度使、赠太师，谥清惠。

余子俊（1428—1489），字士英，为明代名臣，以廉洁奉公著称。

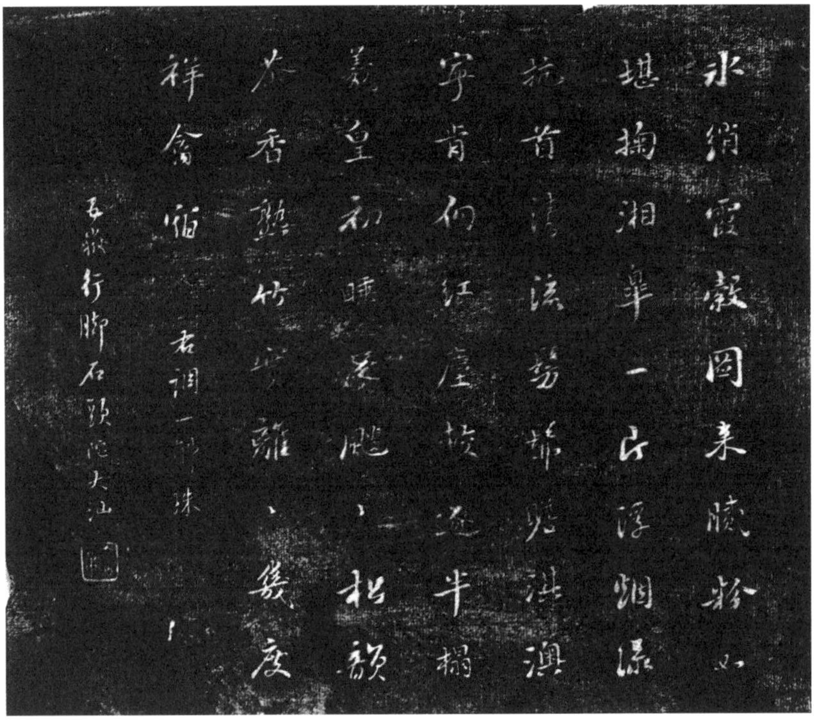

大汕僧书《一斛珠》

释文

冰绡霞縠，图来腻粉如堪掬。湘皋一片浮烟绿，抗首清流，仿佛瞻淇澳。宁肯向红尘较逐，半榻羲皇初睡足。飕飕松韵茶香熟，竹实离离，几度祥禽宿。

右调《一斛珠》。

五岳行脚石头陀大汕

说明

大汕僧（1613—1705），又号石濂，亦作石莲、石湖、石蓬，亦号石头陀。俗姓徐，本籍江西九江。擅长画仕女图，其诗清丽。

查士标摹王羲之《十七帖》（残）

释文

青李、来禽、樱桃、日给滕，子皆囊盛为佳，函封多不生。

足下所疏云：此果佳，可为致子，当种之。此种彼胡桃皆生（也。吾）笃喜种果。今在田里，惟以此为事，故远及足下致此子者，大惠也。

（云谯周）有孙高尚不出，今为所在，其人有以副此志不？令人依依。（足下）具示。严君平、司马相如、扬子云皆有后不？

吾有七儿一女，皆同生婚娶以毕，唯一小者尚未婚耳，过此一婚至彼。今内外孙有十六人，足慰目前，足下情至委曲，故具示。

查士标摹书，时年七十有八。

说明

查士标（1615—1698），字二瞻，号梅壑散人，懒老。新安（今安徽歙县一带）人，流寓江苏扬州。明末生员，家富收藏，故精鉴别。清初著名画家、书法家和诗人，擅画山水，与孙逸、汪之瑞、僧弘仁被合称为“新安四家”。

查士标书米芾《研山诗帖》《砂步诗帖》

释文

山研云时抱，夌书客不传。

北窗多异气，正对净名天。

砂步漫皆合，松门若抱桴。

悠悠摇艇子，真似剡溪图。

查士标

说明

《研山诗》与《砂步诗》都是米芾所作，但米芾所作《砂步诗》中第二句为“松门若掩桴”，与此句“抱”字不同。

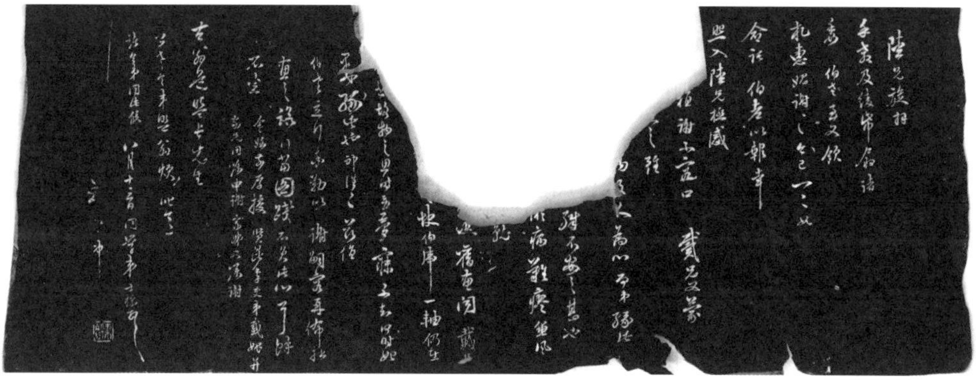

查士标书法（一）

说明

破损，大约可辨认者为：

陆兄旋拜

手教及绫纸扇诸悉，伯老至又领札惠，愧谢之，今以一一如命托伯老以报幸照入陆兄极感……谢不空口，戴兄又蒙……虽

……为心，而弟缘此……

……殊不安之甚也。

……病难瘳，兼风……

……旧惠阅，戴兄……

……快伯虎一轴仍在……故物之思时动，梦寐不去，何时始平也，缘此物即得之兹僧……

伯老立行承勒以谢，嗣容再布拙画之诺，以当图践，不负此心耳。余不定。

舍侄前厚援贤昆李史、弟戴□并家兄同嘱申谢，家姊又深谢。

古翁□盟长先生

以老……差弟，盟翁烦此意。

诸弟同此候。

八月十三日同学弟士标书。

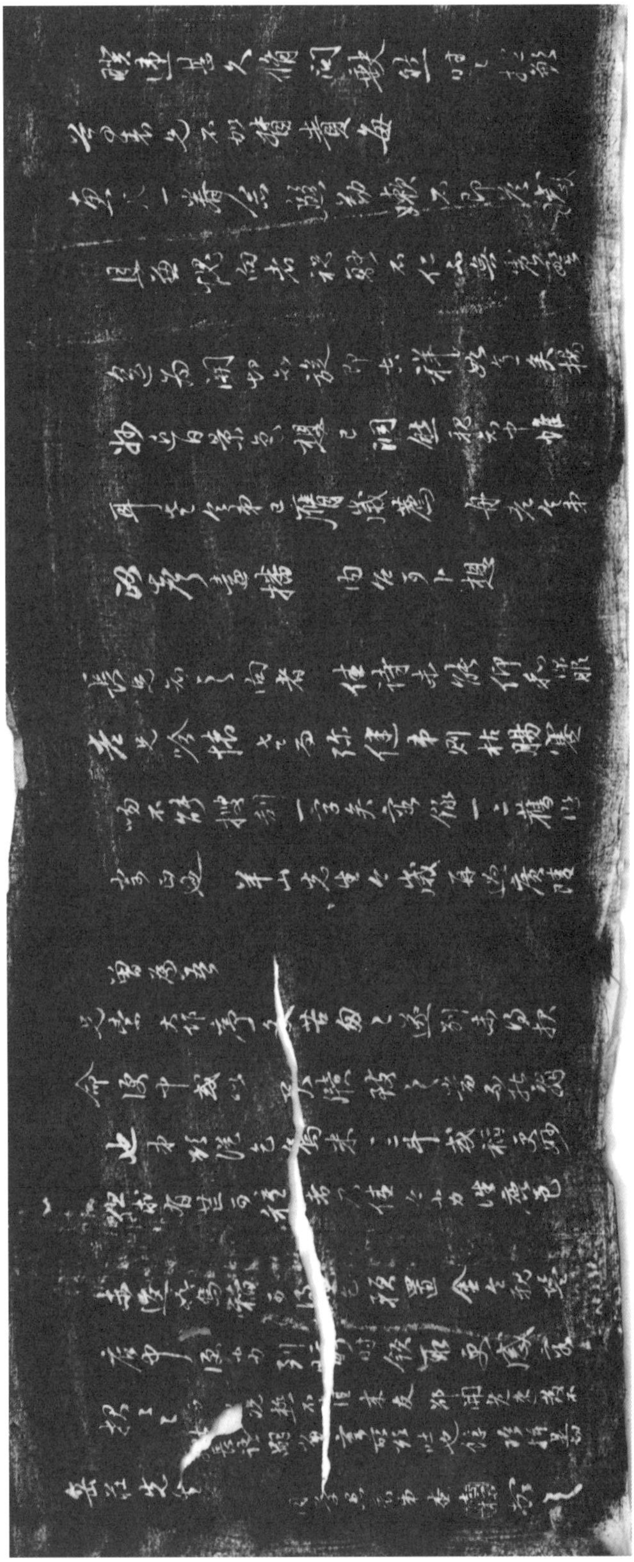

查士标书法（二）

释 文

睽违甚久，脩问觖（缺）然，时时抱歉。蒙表兄不加督责，每惠尺一，眷念殷勤，懒不即答，感且兼愧。向者祝融不仁，不无震惊，遥为关切，知旋即吉祥如意矣。扬州近日景色，想已洞然。亲知中惟耳老，令弟已膺岁荐，舟老令弟政声远播，内名可卜想。长兄知之，向者佳诗未能仰和，深服老兄吟怀，老而弥健，弟则枯肠蹇吻，不能搜刮一字矣。容录一二旧作，寄正也。羊山先生今岁再过广陵，曾为吾兄索大作序文，苦匆匆遂别，未得报命，便中或以尺牍致之，当不能翳也。弟从乞鸟米一二斗或稻更妙，但求有芒可种者乃佳。今小力往鹿邑未返，如鸟稻可得，乞预置金令亲鉴店中，便小力到时领取，更感容报。比岳庄先生□况极不佳，来友邵开老速发不能长语，嗣当寄所欲吐也，余珍揖是切。同尊愚表弟查士标顿首。

查士标书法（三）

释文

老竹摩云势益豪，当年神化趁风涛。

春雷几夜山头雨，又见儿孙长凤毛。

查士标

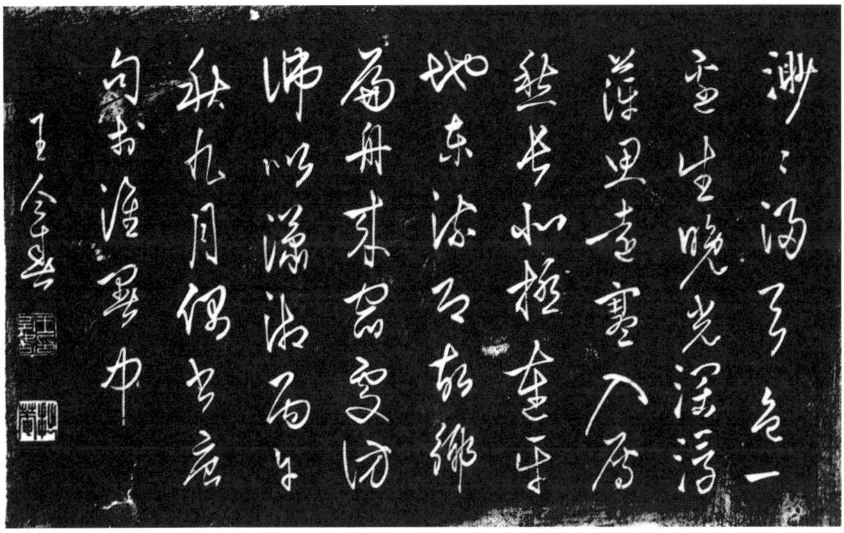

王仝春书项斯《远水》

释文

渺渺浸天色，一边生晚光。

阔浮萍思远，寒入雁愁长。

北极连平地，东流即故乡。

扁舟来宿处，仿佛似潇湘。

丙午秋九月偶书唐句于淮暑中。

王仝春

说明

项斯，字子迁，江东人。会昌进士，明人辑有《项斯诗集》。

王仝春，字合阳，一字伯阳，号拙庵。清顺治三年（1646）进士。《明清进士题名录》记作山西沁水人，又作甘肃皋兰人，琅琊王氏。明末清初书法家，擅楷、行、草，著有《心远堂法帖》。

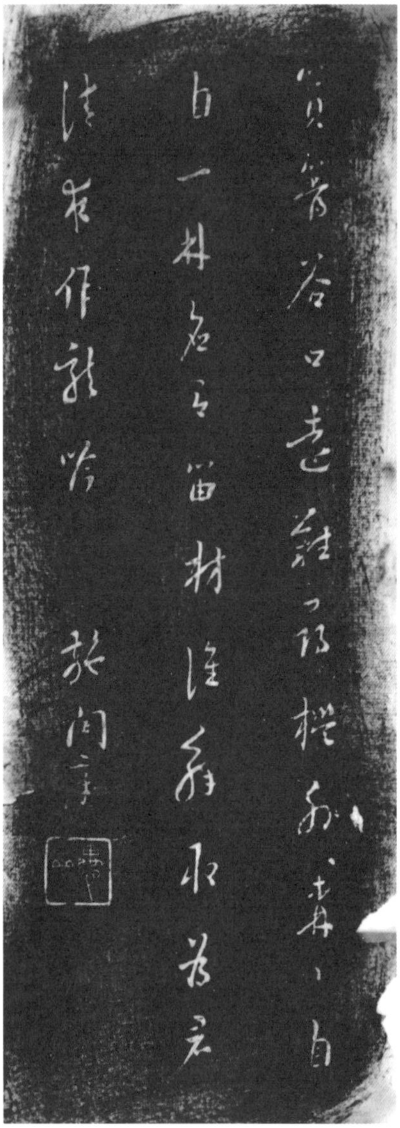

施闰章书法

释文

筼筜谷口远难寻，槛外森森自自一林。

名有笛材谁解取，为君清夜作龙吟。

施闰章

说明

施闰章（1619—1683），清初著名诗人。字尚白，一字屺云，号愚山，媲萝居士、蠖斋，晚号矩斋，后人也称施侍读，另有称施佛子。江南宣城（今安徽省宣城市宣州区）人，清顺治六年（1649）进士，授刑部主事。康熙十八年（1679）举博学鸿词科，授侍讲，预修《明史》，进侍读。文章醇雅，尤工于诗，与同邑高咏等唱和，两人主持东南诗坛数十年，时号“宣城体”；有“燕台七子”之称；与宋琬有“南施北宋”之名，位“清初六家”之列，处“海内八大家”之中，在清初文学史上享有盛名。著有《学余堂文集》《试院冰渊》等。

此拓文诗中多一“自”字。

李仙根书法

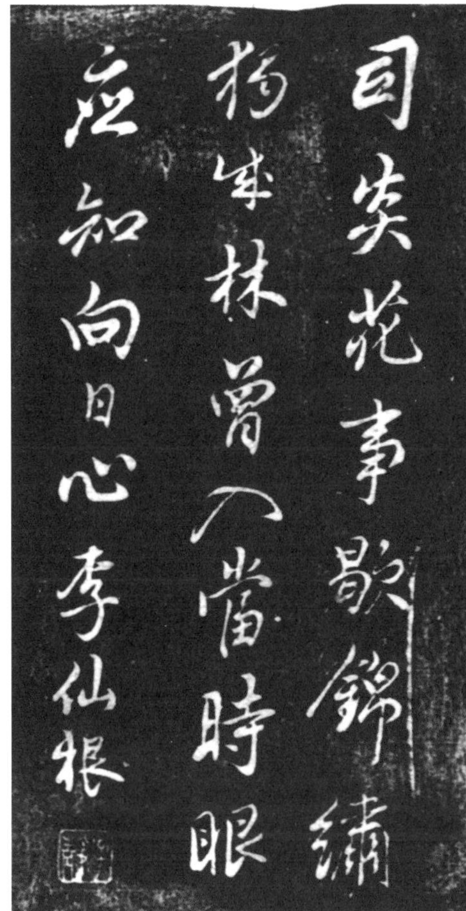

释文

目炎花事歇，锦绣独成林。

曾入当时眼，应知向日心。

李仙根

说明

李仙根（1621—1690），字子静，号南津，人称“李侍郎”。四川遂宁人。父李实，明代语言学家，知长洲县。母为吕大器女、吕潜之姊。李仙根与清代廉吏张鹏翮同籍，家在遂宁书台山下。1654年参加四川乡试，中举。清顺治十八年（1661）辛丑科会试，中进士，殿试廷对第二，为榜眼。1668—1669年奉使安南，为有清一代外交名臣。著有《安南使事纪要》《安南杂记》等。

宋实颖书李峤《兰》

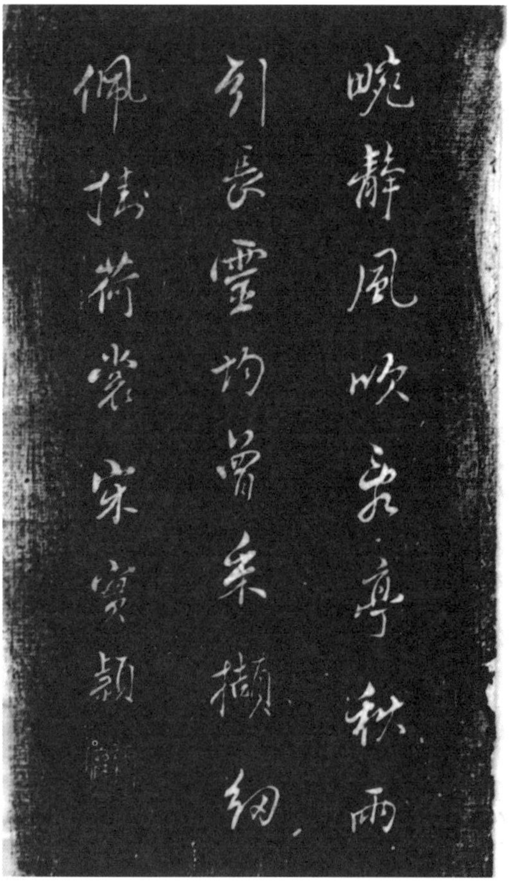

释文

畹静风吹乱，亭秋雨引长。

灵均曾采撷，纫佩挂荷裳。

宋实颖

说明

李峤（645—714），字巨山，赵郡赞皇（今河北赞皇县）人。武则天时曾任宰相。

宋实颖（1621—1705），字既庭，号湘尹，江苏长洲（今苏州）人。醇静寡欲，动止有常。少负盛名，有“江东独秀”之目。清顺治八年（1651）中顺天乡试，顺治十八年（1661）因亏欠赋税而被剥夺举人资格，康熙十七年（1678）恢复其举人资格，翌年召试博学鸿词，罢归。著有《林下清风诗集》。

徐枋书法

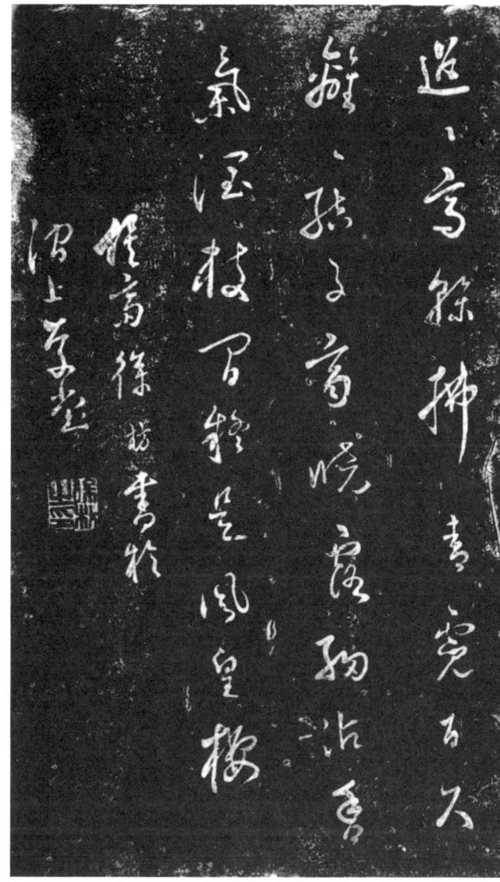

释文

迢迢高干拂青霓，百尺离离结子高。

晓露细沾香气润，枝间疑是凤凰栖。

俟斋徐枋书于涧上草堂

说明

徐枋（1622—1694），明末清初画家。字昭法，号俟斋、涧泉、雪床庵主人、秦余山人等，吴县（今江苏苏州）人，殉节官员徐汧之子。崇祯十五年举人。入清，遵父遗命不仕，隐居于天平山麓涧上草堂，自称孤哀子。书擅行草，长于山水画，取法董源、巨然、荆浩，关仝，亦宗倪瓒、黄公望，与杨无咎、朱用纯并称“吴中三高士”。终身不入城市，卖画自食，例不书款，与宣城沈寿民、嘉兴巢鸣盛称“海内三遗民”。

笪重光书法

释文

展帐焚香坐白头，参差粉蝶映溪流。

闲看簑笠烟波叟，风雨摇船过小楼。

笪重光

说明

笪重光（1623—1692），清朝书画家。字在辛，号君宜，又号蟾光、逸叟、江上外史、郁冈扫叶道人，晚年居茅山学道，改名传光、蟾光，亦署逸光，号奉真、始青道人，江苏句容人，一作江苏丹徒人。清顺治九年（1652）进士，官御史，巡按江西，以劾明珠去官。罢官归乡，隐居茅山之麓，潜心于道教。笪重光工书善画，与姜宸英、汪士鋐、何焯称康熙四大家。有《书筏》《画筌》传世。

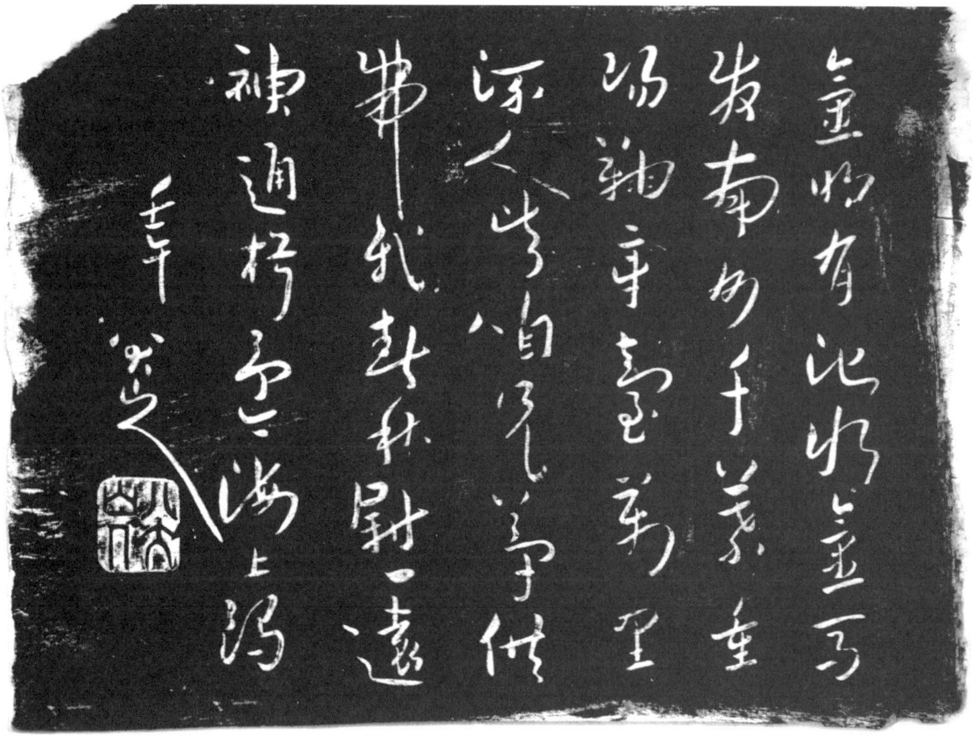

朱耷书法（一）

释文

金明有汜水，金马发南州。

千叶重阳翔，章台万里流。

人皆咱兄弟，供佛我春秋。

慰远神通杼，予今海上鸥。

壬午八大山人

说明

朱耷（1626—约1705），江西南昌人，明末清初画家。本名朱由桵，字雪个，号八大山人、个山、人屋、道朗等。明宁献王朱权九世孙，明亡后削发为僧，后改信道教，住南昌青云谱道院。擅书画，花鸟以水墨写意为主，形象夸张奇特，笔墨凝炼沉毅，风格雄奇隽永；山水师法董其昌，笔致简洁，有静穆之趣，得疏旷之韵。能诗文。

朱耷书法（二）

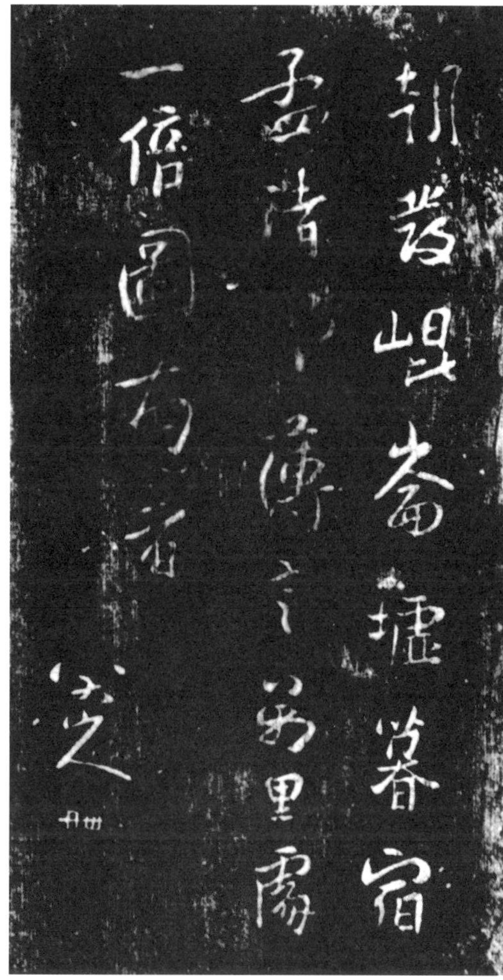

释文

朝发昆仑墟，暮宿孟渚野。

薄言万里处，一倍图南者。

八大山人

说明

此诗为朱耷题《鱼石图轴》之语。“朝发”两句源自宋玉《对楚王问》，说的是鲲鱼朝发昆仑之墟，暮宿于孟渚，尺泽之鲵无法与之丈量江海之大。“薄言”两句则源自《庄子·逍遥游》，说的是大鹏徙于南溟。

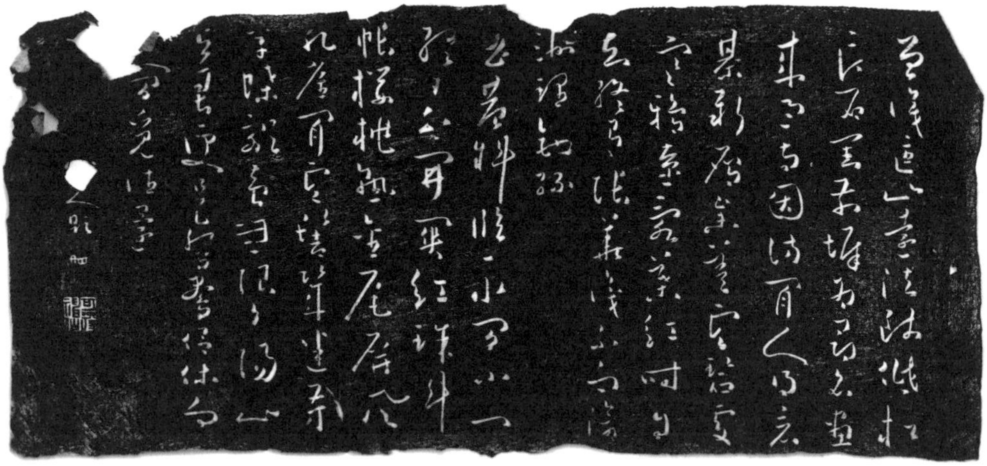

朱耷书温庭筠《题西明寺僧院》《偶游》

释文

曾识匡山远法师，低松片石对前墀。
为寻名画来过寺，因访闲人得看棋。
新雁参差云碧处，寒鸦辽乱叶红时。
自知终有张华识，不向沧洲理钓丝。

曲巷斜临一水间，小门终日不开关。
红珠斗帐樱桃熟，金尾屏风孔雀闲。
云髻几迷芳草蝶，额黄无限夕阳山。
与君便是鸳鸯侣，休向人间觅往还。
八大山人题

说明

温庭筠，原名岐，字飞卿，太原祁县（今属山西）人。唐代诗人、词人。

姜宸英书孙过庭《书谱》

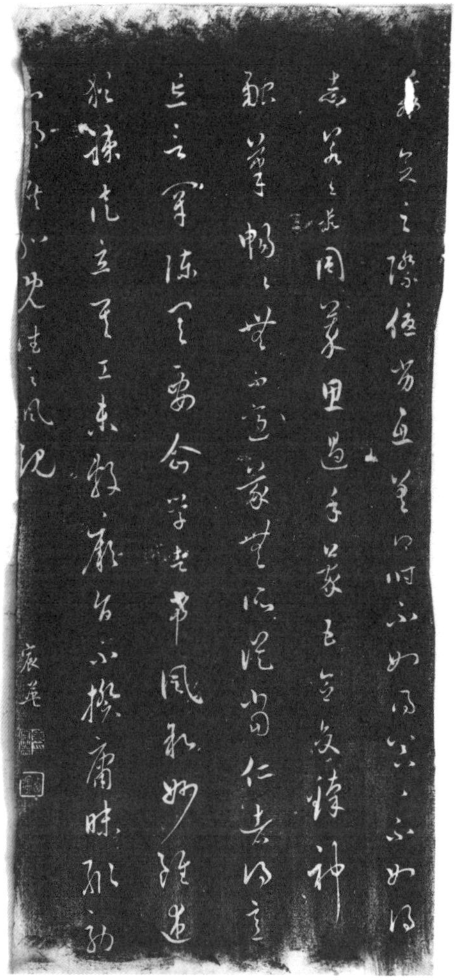

释文

乖合之际，优劣互差。得时不如得器，得器不如得志。若五乖同萃，思遏手蒙；五合交臻，神融笔畅。畅无不适，蒙无所从。当仁者得意忘言，罕陈其要；企学者希风叙妙，虽述犹疏。徒立其工，未敷厥旨。不揆庸昧，辄效所明；庶欲弘既往之风规。

宸英

说明

孙过庭（约646—691），名虔礼，字过庭，唐代陈留（今河南开封）人，一作吴郡（今江苏苏州）人，或富阳（今属浙江）人。工文辞，擅草书，师法二王，宋代米芾以为“凡唐草得二王法，无出其右”。《书谱》，又称《书谱序》《运笔论》，历来被誉为“词翰双绝”。

姜宸英（1628—1699），字西溟，号湛园，又号苇间，浙江慈溪人。明末清初书法家、史学家。作品有《湛园集》《苇间集》。

胡湘书法

释文

佛

亦凡谨书

钤印：胡湘之印

说明

胡湘，字元楚，号宾山，江苏无锡人。明代官吏，太学生，历仕南安大庾县尉、云南楚雄卫知事。

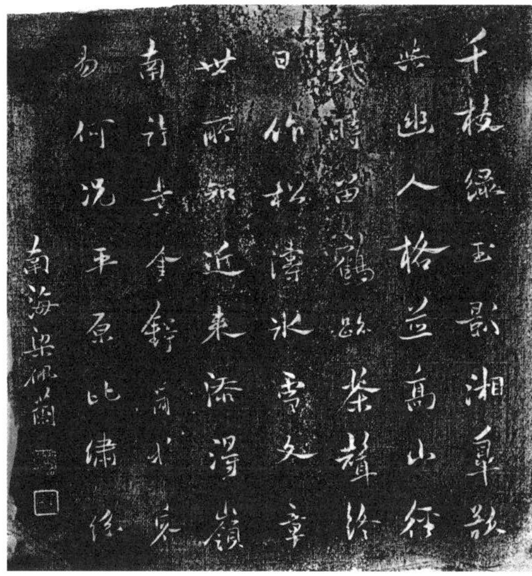

梁佩兰书《题看竹图为木文年道兄并正》二首

释文

千枝绿玉影湘皋，欲与幽人格并高。

山径几时留鹤迹，茶声终日作松涛。

冰雪文章世所知，近来添得岭南诗。

黄金铸尔犹容易，何况平原比绣丝。

南海梁佩兰

说明

梁佩兰（1629—1705），清初诗人，字芝五，号药亭、柴翁、二楞居士，晚号郁洲，广东南海人。年近六十方中进士，授翰林院庶吉士。未一年，遽乞假归，结社南湖，诗酒自酬。其诗歌意境开阔，功力雄健俊逸，为各大诗派一致推崇，被时人尊为“岭南三大家”与“岭南七子”之一。著有《六莹堂前后集》等。其书法摹习苏轼与米芾。

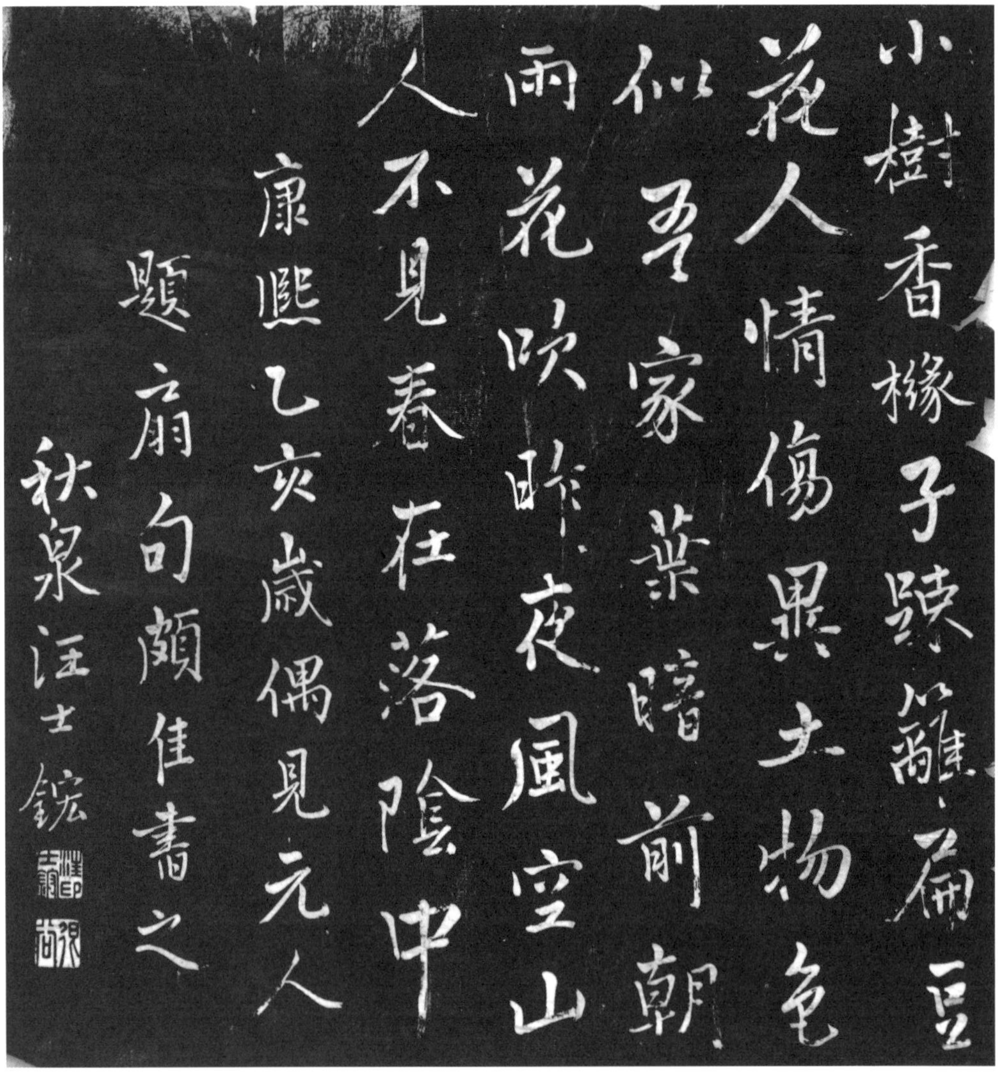
小樹香櫞子繞籬扁豆
花人情傷異土物色
似吾家葉暗前朝
雨花吹昨夜風空山
人不見春在落陰中
康熙乙亥歲偶見元人
題扇句頗佳書之
秋泉汪士鋐

汪士鋐书程本立《江头绝句·小树香橼子》、王汝玉《题画·叶暗前朝雨》

释文

小树香橼子，疏篱扁豆花。

人情伤异土，物色似吾家。

叶暗前朝雨，花吹昨夜风。

空山人不见，春在落阴中。

康熙乙亥岁偶见元人题扇句颇佳书之。

秋泉汪士鋐

说明

程本立（？—1402），字原道，号巽隐，嘉兴崇德（今浙江桐乡）人，宋儒程颐之后。其诗后被曾孙程山编为《巽隐集》。

王汝玉（？—1415），名璲，以字行，长洲（今江苏苏州）人，号青城山人。明朝永乐朝宿儒。因坐解缙累，下诏狱论死。

汪士鋐（1658—1723），清书法家、藏书家，字文升，号退谷，又号秋泉居士。长洲人。汪琬从子。书法以瘦硬，好写大书，纵横自放。

胡会恩书皮日休《公斋四咏·新竹》

释文

笠泽多异竹，移之植后楹。

一架三百本，绿沈森冥冥。

圆紧珊瑚节，钐利翡翠翎。

俨若青帝仗，矗如紫姑屏。

槭槭微风度，漠漠轻霭生。

有根可以执，有篟可以馨。

徐观稚龙出，更赋锦苞零。

临赵松雪贴。

胡会恩

说明

皮日休（约838—约883），字袭美，号逸少，曾居襄阳鹿门山、号鹿门子，复州竟陵（今湖北天门）人，晚唐诗人、文学家。皮日休原诗后八句为："如神语钧天，似乐奏洞庭。一玩九藏冷，再闻百骸醒。有根可以执，有篟可以馨。愿禀君子操，不敢先凋零。"此拓文中略有不同。

胡会恩，字孟纶，号茗山，浙江德清人。生卒年不详。幼从叔父胡渭学。清康熙十五年（1676）进士，官至刑部尚书。胡会恩工诗，有清腴之致。著有《清芬堂存稿》八卷等。

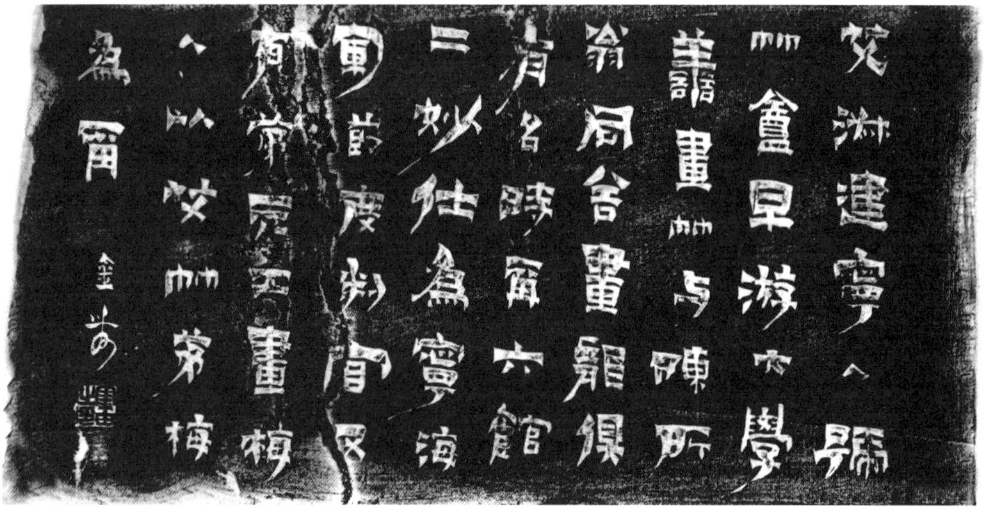

金农书法

释文

艾淑，建宁人，号竹庵。早游太学，善画竹，与陈所翁同舍画龙，俱有名，时称六馆二妙。仕为宁海军节度判官。又有茅元工画梅，人以艾竹茅梅为称。

金农

说明

金农（1687—1763），字寿门、司农、吉金，号冬心先生、稽留山民、曲江外史、昔耶居士、寿道士等，钱塘（今浙江杭州）人，清代书画家。扬州八怪之首，创扁笔书体，兼有楷、隶体势，时称“漆书”。著有《冬心诗集》《冬心随笔》《冬心杂著》等。

郑板桥书法（一）

释文

练江才子有鸿声，宋艳班香句立成。

万叠迴铺黄海浪，一时压断板桥名。

楚阳郑燮

说明

郑板桥（1693—1765），原名郑燮，字克柔，号理庵，又号板桥，人称板桥先生，江苏兴化人。康熙秀才，清雍正十年（1732）举人，乾隆元年（1736）进士。官山东范县、潍县县令，政绩显著，后客居扬州，以卖画为生，为“扬州八怪”的重要代表人物。

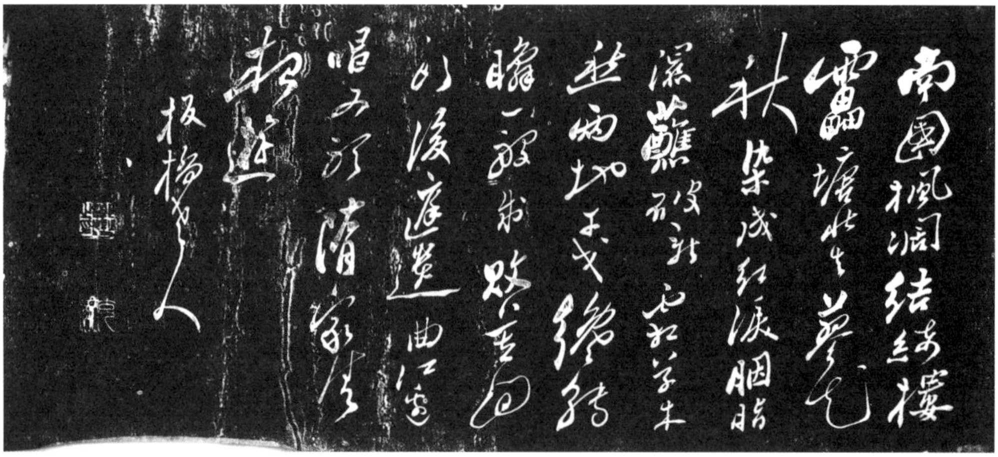

郑板桥书法（二）

释文

南国枫凋结绮楼，雷塘北去蓼花秋。

染成红泪胭脂湿，蘸破新霜草木愁。

两地干戈才转瞬，一般成败莫回头。

《后庭》遗曲江边唱，又听隋家《清夜游》。

板桥老人

郑板桥书法（三）

释文

画兰切莫画盆罂，石缝山腰寄此生。

总要完他天趣在，世间栽种枉多情。

长在山头怕太高，移来山下又尘嚣。

不夷不惠居身好，只在峰峦半截腰。

板桥居士

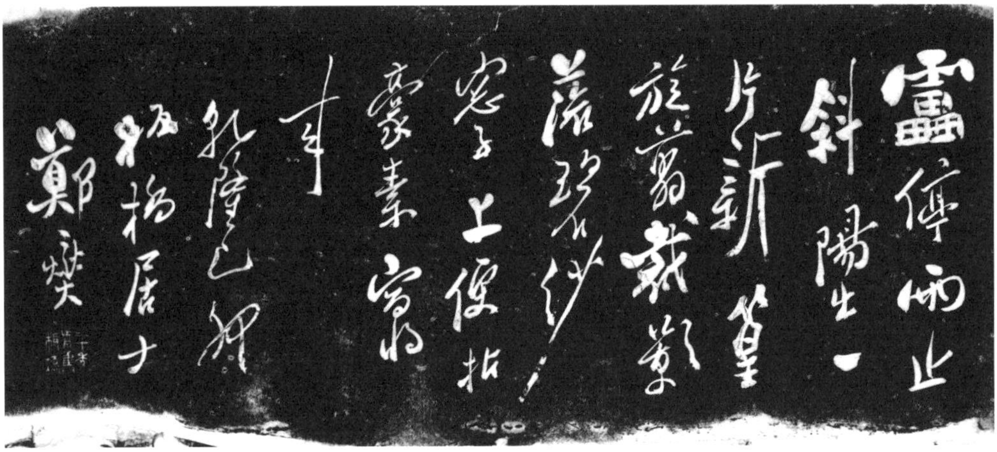

郑板桥书法（四）

释文

雷停雨止斜阳出，一片新篁旋剪裁。

影落碧纱窗子上，便拈毫素写将来。

乾隆乙卯板桥居士郑燮

郑板桥书法（五）

释文

文与可《墨竹》诗云：拟将一段鹅溪绢，扫取寒梢万尺长。梅花道人诗云：我亦有亭深竹里，也思归去听秋声。皆诗意清绝，不独以画传也。

郑燮

说明

文与可，文同，宋代画家，擅画竹，与苏轼为表兄弟。晁补之称赞他画竹为“胸有成竹”。梅花道人，指元代画家吴镇，特爱梅，筑室梅花庵，画风深厚苍郁，对明清山水画的发展影响较大。

郑板桥书法（六）

释文

束云。

郑燮

郑板桥书《佛印寄东坡书》

释文

昔韩退之《送李愿归盘序》，愿不遇于主上者，犹能茂树以终日。子瞻中大科，登金门，上玉堂，远放山谷之间，权臣忌子瞻为宰相耳！人生世间如白驹之过隙，三二十年富贵功名，转盼成空，何不（一）笔勾断，寻取自家本来面目，虽未得到如来地，亦可以骖驾鸾鹤，翱翔三岛，为不死人，何乃胶柱守株，待入恶趣？佛印寄东坡居士书。

板桥郑燮

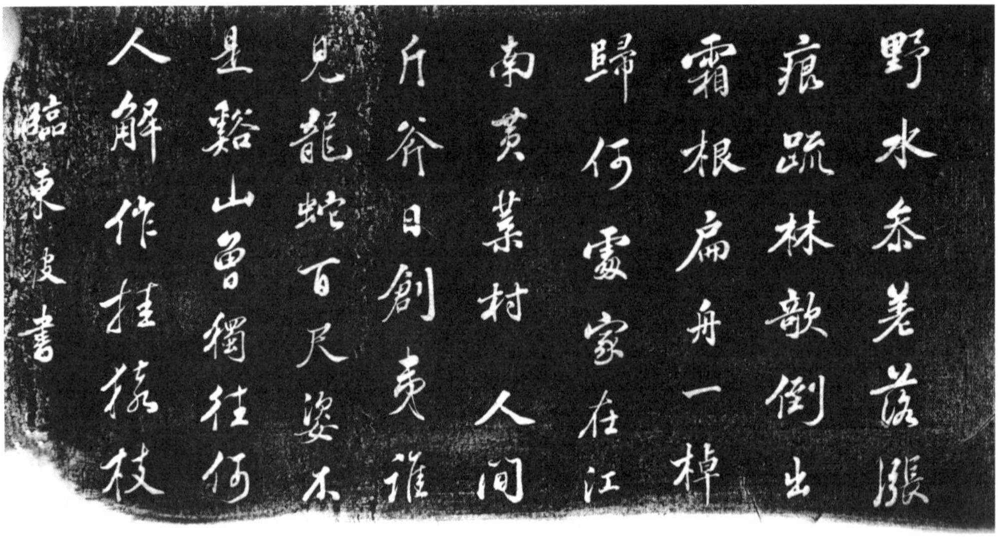

郑板桥书苏轼《书李世南所画秋景二首》

释文

野水参差落涨痕，疏林欹倒出霜根。

扁舟一棹归何处？家在江南黄叶村。

人间斤斧日创夷，谁见龙蛇百尺姿。

不是溪山曾独往，何人解作挂猿枝。

临东坡书

说明

第二诗最后一句在其他诗集中又作“不是溪山成独往，何有解作挂猿枝”。

齐召南书法

释文

天寒落日淡孤村，久与青山为弟昆。

一夜东风吹石裂，暗香先返玉梅魂。

鹤作精神松作筋，笔端犹是斡千钧。

谁能鼓臂扫三丈，一看郊原浩荡春。

戏集坡公句题之，天台齐召南

说明

齐召南（1703—1768），字次风，号琼台，晚号息园，浙江天台人，清朝官吏。齐氏的史学著作很多，有《史记功臣侯年表考证》5卷、《汉书考证》120卷、《历代帝王年表》13卷、《水道提纲》28卷、《温州府志》36卷等。

此集句有个别文字与通行本不同，“谁能鼓臂扫三丈”又作“谁能鼓臂投三丈”。

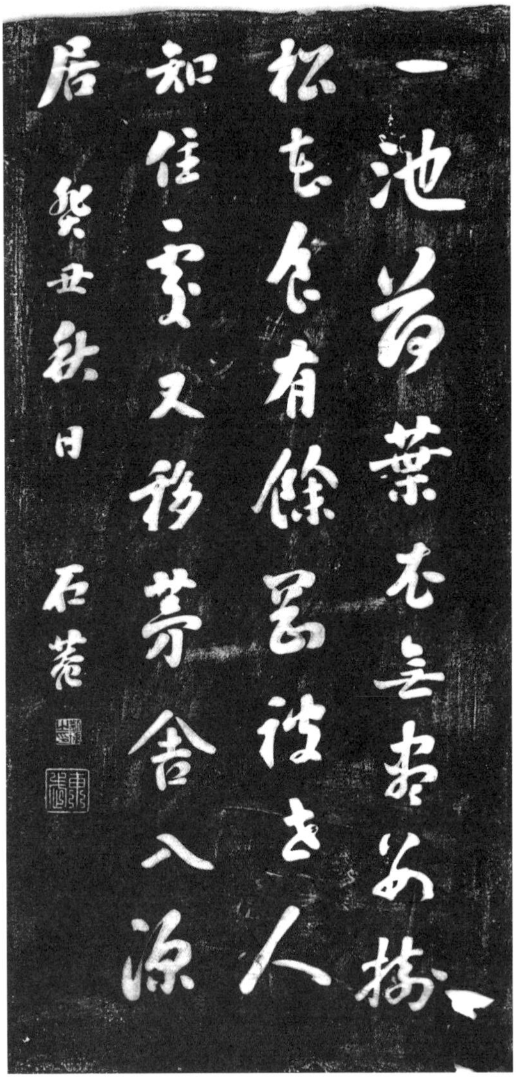

刘墉书释冲邈《山居诗·一池荷叶衣无尽》

释文

一池荷叶衣无尽，数树松花食有余。

刚被世人知住处，又移茅舍入深居。

癸丑秋日，石庵

说明

释冲邈，徽宗政和中居昆山，有《翠微集》，已佚。

刘墉（1719—1805），字崇如，号石庵，清朝政治家、书法家，父亲刘统勋是清乾隆年间重臣。乾隆十六年（1751）中进士，历任翰林院庶吉士、太原府知府、江宁府知府、内阁学士、体仁阁大学士等职，以奉公守法、清正廉洁闻名于世。刘墉的书法造诣深厚，是清代著名的帖学大家，被世人称为“浓墨宰相”。嘉庆九年十二月（1805年1月）病逝，谥号文清。

刘墉书法

释文

小山丛桂。

石庵

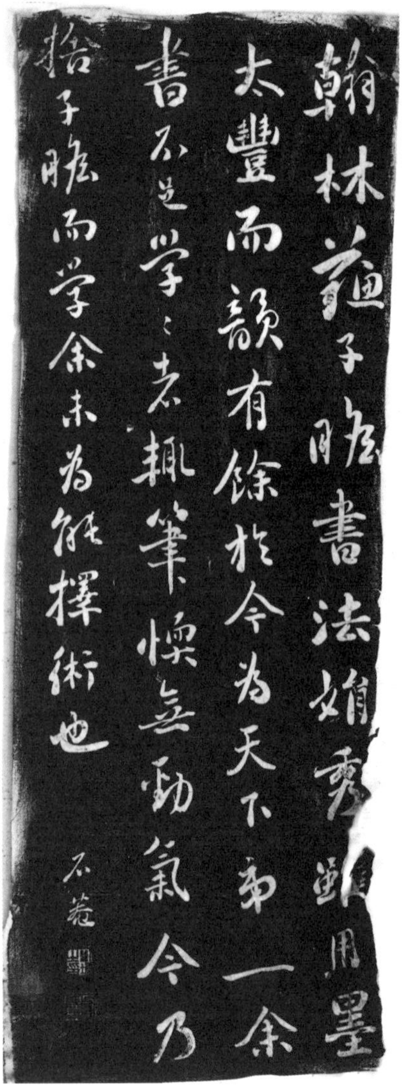

刘墉书黄庭坚《致景道十七使君书》

释文

翰林苏子瞻书法娟秀，虽用墨太丰，而韵有余，于今为天下第一。余书不足学，学者辄笔懦无劲气，今乃舍子瞻而学余，未为能择术也。

石庵

刘墉书王羲之《奉橘帖》

释文

奉橘三百枚，霜未降，未可多得。

辛亥腊月，石庵临

说明

王羲之（303—361），字逸少，琅琊临沂（今山东省临沂市）人。东晋大臣、书法家，丹阳尹王旷的儿子、太尉郗鉴的女婿，有“书圣”之称。

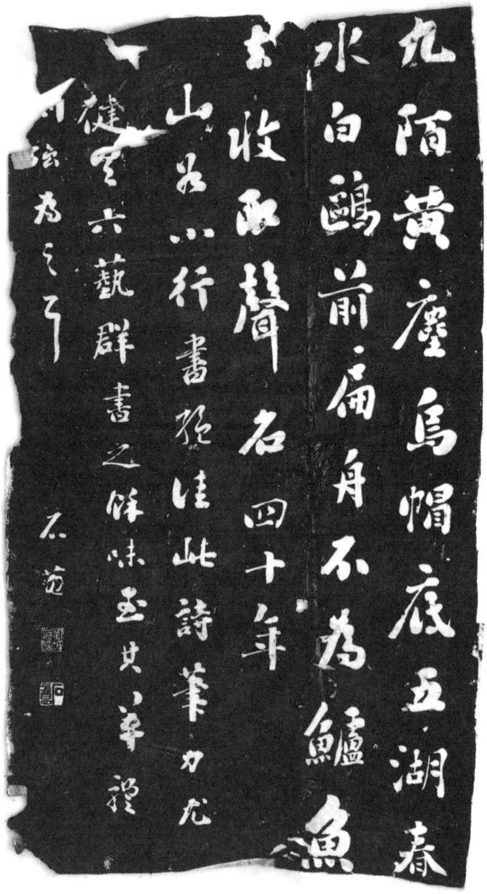

刘墉书黄庭坚《呈外舅孙莘老二首》其一

释文

九陌黄尘乌帽底，五湖春水白鸥前。

扁舟不为鲈鱼去，收取声名四十年。

山谷小行书绝佳，此诗笔力尤健。具六艺群书之余味，至其草礼□强为之耳。

石庵

王文治临《移屋帖》（部分）

释文

既移屋近西墙，微援里地成大宽，援里起小三架。

文治临

说明

《移屋帖》为南朝刘宋时期著名书法家羊欣的作品。

王文治（1730—1802），清代官吏、诗人、书法家。字禹卿，号梦楼，江苏丹徒人。曾随翰林侍读全魁至琉球。清乾隆二十五年（1760）进士，授编修，擢侍读，官至云南临安知府。罢归，自此无意仕进。工书法，以风韵胜。年未五十，即究心佛学。有《梦楼诗集》《快雨堂题跋》。

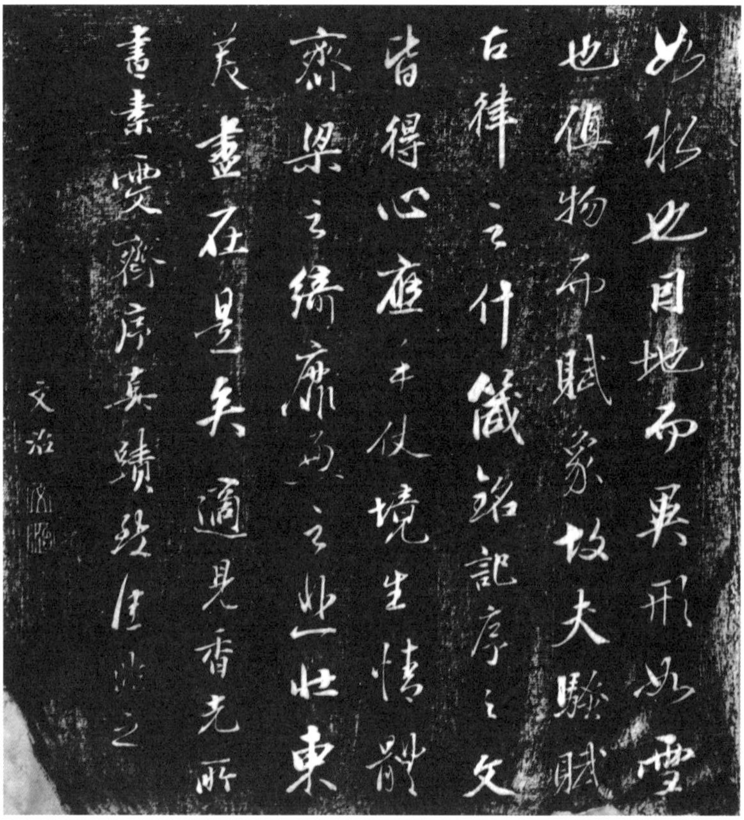

王文治临董其昌书法

释文

如水也，因地而异形；如雪也，值物而赋象。故夫骚赋古律之什，箴铭记序之文，皆得心应手，仗境生情，体齐梁之绮靡，兼之悲壮，东美尽在是矣。适见香光所书素雯齐序真迹致佳，临之。

文治

说明

香光，即董其昌。

翁方纲书法（一）

释文

石契。

翁方纲

说明

翁方纲（1733—1818），清代书法家、文学家、金石学家。字正三，一字忠叙，号覃溪，晚年得苏轼《天际乌云帖》，又号苏斋。直隶大兴（今属北京）人，清乾隆十七年（1752）进士，授编修。历督广东、江西、山东三省学政，官至内阁学士。精通金石、谱录、书画、词章之学，书法擅长正楷与隶书，行书学米芾、董其昌，与同时的刘墉、梁同书、王文治齐名。论诗创“肌理说”，著有《粤东金石略》《苏米斋兰亭考》《复初斋诗文集》等。

翁方纲书法（二）

释文

华竹安乐。

八十五叟方纲

翁方纲书法（三）

清嘉庆十年（1805）

释文

褚河南录右军书目，以《乐毅论》为正书弟（第）一，盖右军真迹，梁代所摹，非右军自书上石也。贞观时所摹六本，即永师所见真本之影耳。嘉庆乙丑冬十二月四日。

方纲

说明

《乐毅论》为王羲之所书小楷墨迹本，梁代有摹本，末有题款“永和四年十二月廿四日书付官奴”，永和四年为348年。唐时已只有石刻本，传说中墨迹本被焚于火，贞观中将拓本赐予长孙无忌等六人，遂有六本。沈括认为王羲之亲书于石，翁方纲对此予以否定。

周升桓书法

释文

山静似太古，日长如小年。

山茨周升桓

说明

周升桓（1733—1801），字稚圭，号山茨，浙江嘉善人。清乾隆十九年（1754）进士，官至广西巡抚，后以母老回籍养亲。曾主讲安定书院，生平好藏古籍书法碑帖，书法米芾、苏轼。著有《皖游草》《昭代尺牍小传》《清朝书画家笔录》《瓯钵罗室书画过目考》。

桂馥书李商隐《碧城三首》中一句

释文

犀辟尘埃玉辟寒。

乙卯长夏，桂复

说明

桂馥（1736—1805），字未谷，一字东卉，号雩门，别号萧然山外史，晚称老苔，一号渎井，又自刻印曰渎井复民。山东曲阜人。清乾隆五十五年（1790）进士，官云南永平县知县。书法家，文字训诂学家，与段玉裁、王筠、朱骏声被称为清代“说文四大家”。精于考证碑版，以分隶篆刻擅名。曾为“阅微草堂”题写匾额。著有《说文解字义证》《缪篆分韵》《晚学集》等。

爱新觉罗·永瑆书法

释文

东坡谓：学韩退之不至，为皇甫湜；学湜不至，为朱新仲。孙樵曰：仲乃过湜，如《书何易于》《褒城驿壁》《田将军边事》《复佛寺奏》，皆谨严得法，有补治道。

成亲王

说明

爱新觉罗·永瑆（1752—1823），号少厂，一号镜泉，别号诒晋斋主人，清高宗乾隆帝第十一子。著名书法家，擅长真、行、篆、隶，以楷书、行书著称于世。

铁保书《寒食帖》

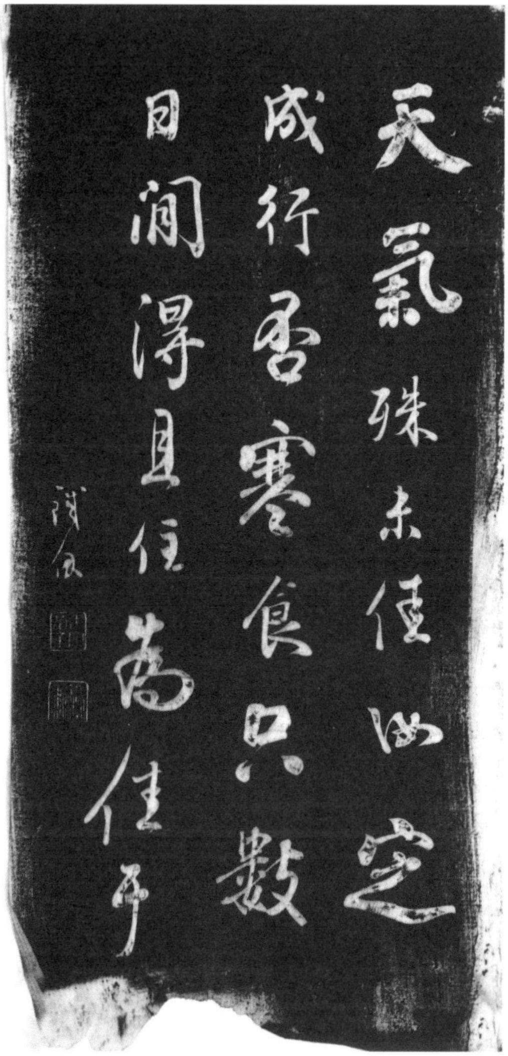

释文

天气殊未佳，汝定成行否？寒食只数日，闲得且住为佳耳。

铁保

钤印：铁卿。

说明

铁保（1752—1824），字冶亭，一字铁卿，号梅庵，旧谱为觉罗氏，后改为董鄂氏，满洲正黄旗人。清代文学家、书法家。主编《白山诗介》和《熙朝雅颂集》，著有《惟清斋全集》；书法先后辑有《惟清斋字帖》《人帖》《惟清斋法帖》等，代表作有《神道碑》等。

铁保书法（一）

释文

昔人评大年画，谓得胸中着万卷书，足下行万里路，此在吾曹勉之，无望庸史矣。

铁保

钤印：铁卿。

说明

大年，即赵令穰，北宋画家，以山水画著称。

铁保书法（二）

释文

诗禅画癖。

铁保

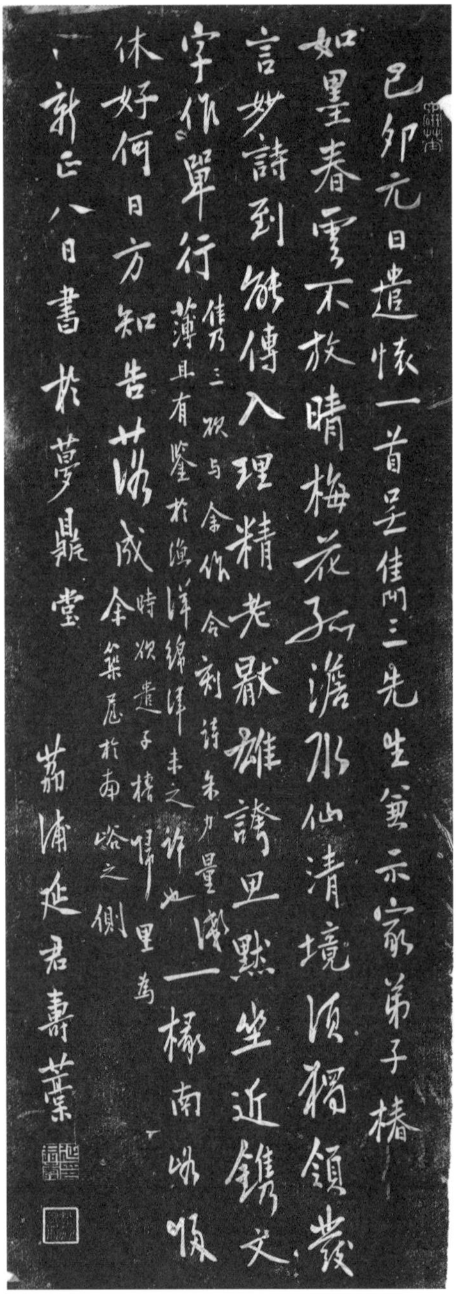

延君寿书法

释文

己卯元日遣怀一首，呈隽三先生兼示家弟子椿：如墨春云不放晴，梅花孤淡水仙清。境须独领发言妙，诗到能传入理精。老厌雄夸思默坐，近镌文字作单行（隽三欲与余作合刻诗，余力量浅薄，且有鉴于渔洋绵津，未之许也）。一椽南峪归休好，何日方知告落成。（时欲遣子椿归里，为余筑屋于南峪之侧）。

新正八日书于梦鼎堂，荔浦延君寿稿。

说明

延君寿（1765—约为1827），原名寿，更名君寿，字荔浦，山西阳城人。诸生，历官长兴、普安、莱阳知县。与同邑张晋、陈法于、张为基等人结为“樊南吟社”，编辑刊印《樊南诗钞》《介雅堂诗集》等。著有《六砚草堂诗集》四卷，《老生常谈》一卷。

郭麐书元好问《论诗三十首》其五

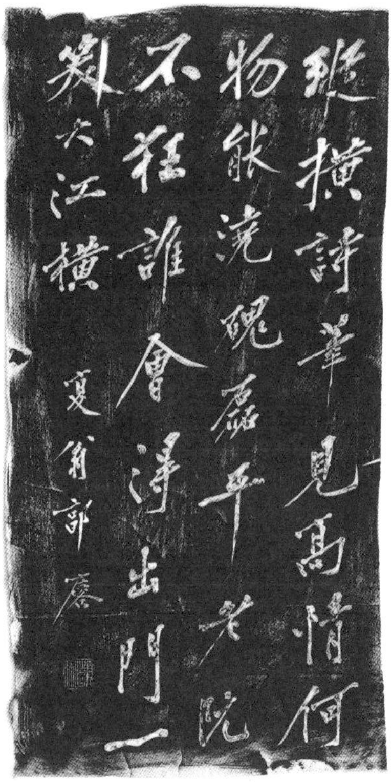

释文

纵横诗笔见高情，何物能浇块磊平？

老阮不狂谁会得，出门一笑大江横。

复翁郭麐

说明

郭麐（1767—1831），字祥伯，号频伽，江苏吴江人。少有神童之称，因右眉全白，又号白眉生。清乾隆六十年（1795）参加科举不第，遂绝意仕途，专研诗文、书画。时人梁章钜说他“字专师涪翁（黄庭坚），时伪作沈（沈周）迹”。游姚鼐之门，尤为阮元所赏识。工词章，又曾与袁枚相友好。著有《灵芬馆诗集》《灵芬馆词》等。

陈曼生书郭麐《坐江山船至诸暨途中杂成八首》其一（部分）

释文

想见春游杜牧之，虹桥新柳正如丝。

年来输尔风情减，院体山川宫体诗。

新署头衔号隐居，支离者叟最相于。

著书辛苦功名薄，只合神仙位置渠。

即隐傅青主作□□碑，曼生鸿寿

书法作者

陈曼生（1768—1822），名鸿寿，字子恭，又号老曼、曼寿、曼云，浙江钱塘人（今杭州）人，能书善画，精于雕琢，以书法篆刻成名，为西泠八家之一，艺名昭显。著作有《种榆仙馆摹印》《种榆仙馆印谱》等。陈曼生热衷紫砂壶工艺，特器重好友郭麐，他所制的紫砂壶中有不少是郭麐主刻的。

张廷济书法

释文

博极书术，详观古今。

张廷济

说明

张廷济（1768—1848），清代金石学家、书法家。原名汝林，字顺安，号叔未，一字说舟，又字作田，又号海岳庵门下弟子，晚号眉寿老人，浙江嘉兴新篁人。工诗词，风格朴质，擅用典故。精金石考据之学，尤擅长文物鉴赏，一碑一器都能辨其真伪，别其源流。“博极书术，详观古今”出于权德舆语。

严元照书李商隐《牡丹·锦帏初卷卫夫人》（节选）

清嘉庆三年（1798）

释文

锦帏初卷卫夫人，绣被犹堆越鄂君。

垂手乱翻雕玉佩，折腰争舞郁金裙。

戊午春录义山《牡丹》诗。

严元照

说明

严元照（1773—1817），字元能（一作修能），一字久能（一作九能），号悔庵，又号蕙櫋，浙江归安（今湖州）人。清藏书家、版本目录学家、文学家。工于诗词古文，又熟于小学。

孙星衍书法

清乾隆五十七年（1792）

释文

闻道泰安贤大（太）守，时时抱瓮立浇花。

吟诗客到长投辖，折狱才高早散衙。

云本无心来岱顶，春如有脚遍人家。

问君可忆长安景，九九消寒斗八叉。

时乾隆壬子长至后十日。

孙星衍

说明

孙星衍（1753—1818），字渊如，号伯渊，别署芳茂山人、微隐。清著名藏书家、目录学家、书法家、经学家。阳湖（今江苏武进）人，后迁居金陵。少时即以文学见长，袁枚称他为“天下奇才”。于经史、文字、音训、诸子百家，皆通其义。著有《周易集解》、《寰宇访碑录》（与邢澍合撰）、《孙氏家藏书目录内外篇》、《芳茂山人诗录》等。

梁同书书《佛说观世音菩萨救苦经》

清嘉庆七年（1802）

释文

佛说观世音菩萨救苦经

南无救苦难观世音菩萨，百千万亿佛，恒河沙数佛，无量功德佛。佛告阿难言：此经大圣，能救狱囚，能救重病，能救百难苦。若有人读诵一千遍，一身离苦难；读诵一万遍，合家离苦难。南无佛力威，南无佛力护，护此无恶心，令人自得度。回光菩萨，慧善菩萨，阿育大天王，正殿菩萨，摩休摩休，清净比丘，官事得散，私事得休。诸大菩萨，五百罗汉，救护弟子，悉皆离苦难。自然观世音，缨络不须解，勤读千万遍，枷锁自然得解脱，信受奉行。即说咒曰：

金婆金婆谛，陀罗尼谛，尼诃罗谛，菩提萨婆诃。

佛说观世音菩萨救苦经

白衣观音咒：南无佛，南无法，南无僧，南无救苦救难观世音菩萨，怛只哆，唵。伽啰伐哆，伽啰伐哆，伽诃伐哆，啰伽伐哆，啰伽伐哆，婆诃。

大清嘉庆玄黓阉茂之岁且月一日频螺庵主同书敬书。

说明

玄黓是天干壬年的别称，阉茂是地支戌年的别称。两者合称则指壬戌年。且月，《尔雅·释天》曰“六月为且”，且月为农历六月。

梁同书（1723—1815），钱塘（今浙江杭州）人。清代书家。字元颖，号山舟，晚号不翁、石翁，九十以后号新吾长翁，与安徽亳州（今亳州市谯城区）梁巘、会稽（今浙江绍兴）梁国治并称“三梁”。大学士梁诗正之子。天生颖异过人，端厚稳重。著有《频罗庵遗集》《频罗庵论书》。

梁同书书陈与义《春日》

释文

朝来庭树有鸣禽，红绿扶春上远林。

忽有好诗生眼底，安排句法已难寻。

山舟

钤印：同书

说明

陈与义（1090—1138），字去非，号简斋，河南洛阳人。北宋末、南宋初年的杰出诗人，著有《简斋集》，为江西诗派重要代表人物。

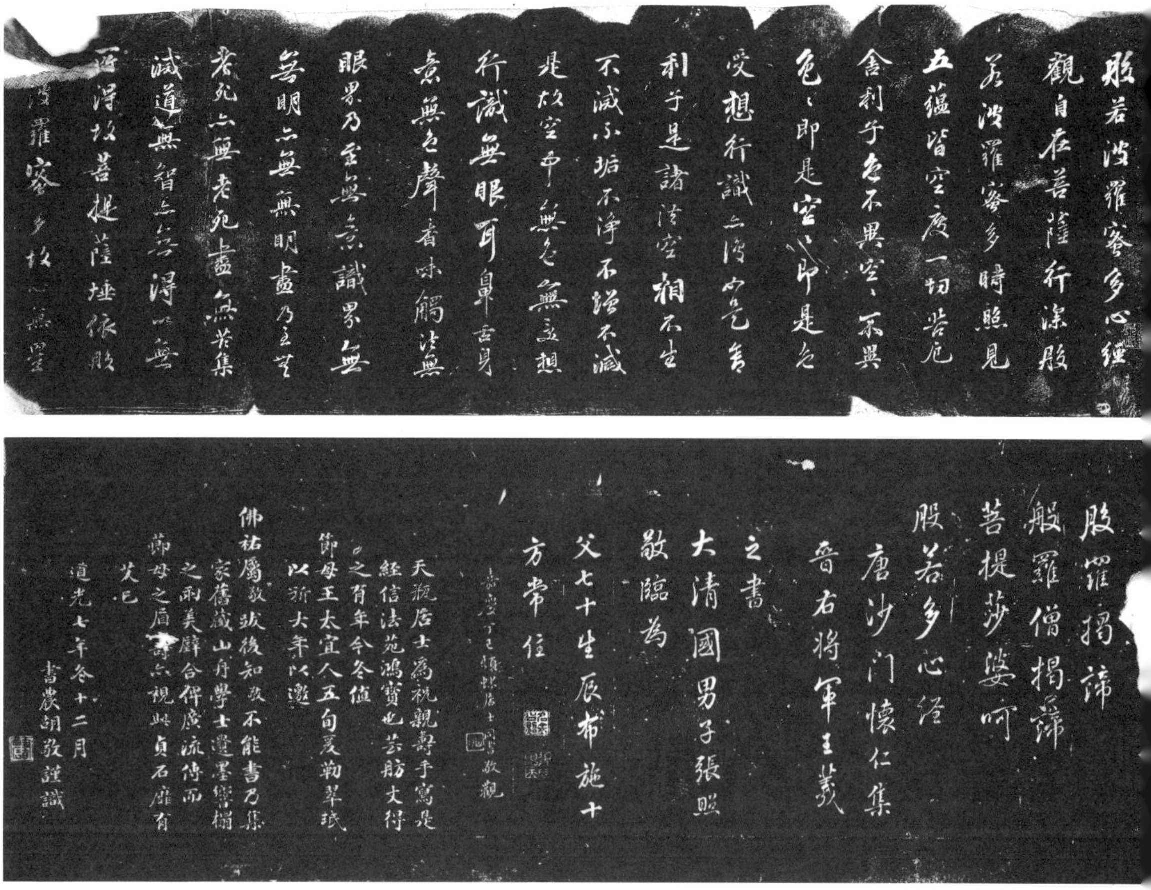

张照书《般若波罗蜜多心经》

清道光七年（1827）

释文

般若波罗蜜多心经

观自在菩萨，行深般若波罗蜜多时，照见五蕴皆空，度一切苦厄。舍利子，色不异空，空不异色，色即是空，空即是色，受想行识，亦复如是。舍利子，是诸法空相，不生不灭，不垢不净，不增不减。是故空中无色，无受想行识，无眼耳鼻舌身意，无色声香味触法，无眼界，乃至无意识界。无无明，亦无无明尽，乃至无老死，亦无老死尽。无苦集灭道，无智亦无得。以无所得故，菩提萨埵，依般若波罗蜜多故，心无罣碍，般罗揭谛，般罗僧揭谛，菩提萨婆呵。

《般若多心经》，唐沙门怀仁集晋右将军王羲之书，大清国男子张照敬临，为父七十生辰布施十方常住。

嘉庆丁巳频螺居士同书敬观。

天瓶居士为祝亲寿，手写是经，信法苑鸿宝也。芸舫丈得之有年。今冬值节母王太宜人五旬，爰勒翠珉，以祈大年，以邀佛祐。属敬跋后。知敬不能书，乃集家旧藏山舟学士遗墨响搨（向拓）之，两美璧合，俾广流传，而节母之眉寿亦视此贞石靡有艾已。

道光七年冬十二月，书农胡敬谨识。

说明

张照（1691—1745），初名默，字得天，号泾南，亦号天瓶居士，江苏华亭县（今上海松江）人，清朝大臣。清康熙四十八年（1709）进士，改庶吉士，授检讨，南书房行走。雍正初，累迁侍讲学士。康熙皇帝训士民二十四条，雍正皇帝为之注，题曰《圣谕广训》，照疏请下学官，令学童诵习。复三迁刑部侍郎。雍正十一年（1733），授左都御史，迁刑部尚书，疏请更定律例数事。乾隆时常为乾隆皇帝代笔，是馆阁体能手。岳阳楼上的雕屏《岳阳楼记》就是张照的手笔。

胡敬（1769—1845），仁和（今浙江杭州）人，字以庄，号书农，嘉庆十年（1805）进士，官翰林院编修，累迁侍讲学士。诗文兼美，擅骈文，有《崇雅堂诗文集》。

戴熙书法

清咸丰五年（1855）

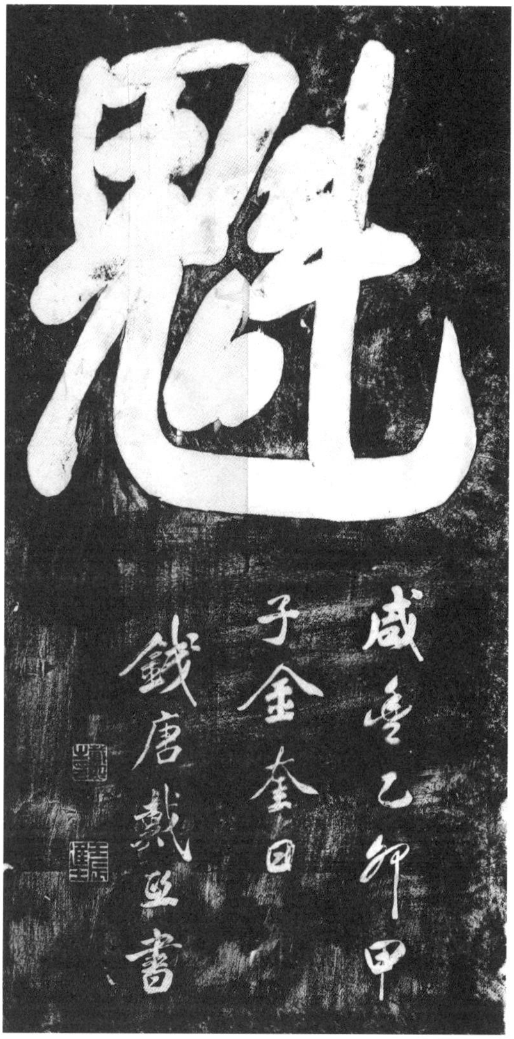

释文

魁

咸丰乙卯甲子金奎日，钱唐戴熙书

说明

戴熙（1801—1860），清代画家。字醇士，号榆庵、松屏、莼溪，别号鹿床居士、井东居士等，浙江钱塘（今杭州）人。清道光十一年（1831）进士，咸丰翰林，官至兵部侍郎，辞官归里后主持崇文书院。擅画山水，学王翚笔墨，兼师宋元诸家，尤擅花卉及竹石小品，能治印。著有《习苦斋集》《题画偶录》等。画作有《云岚烟翠图》《忆松图》《满门风华》等。

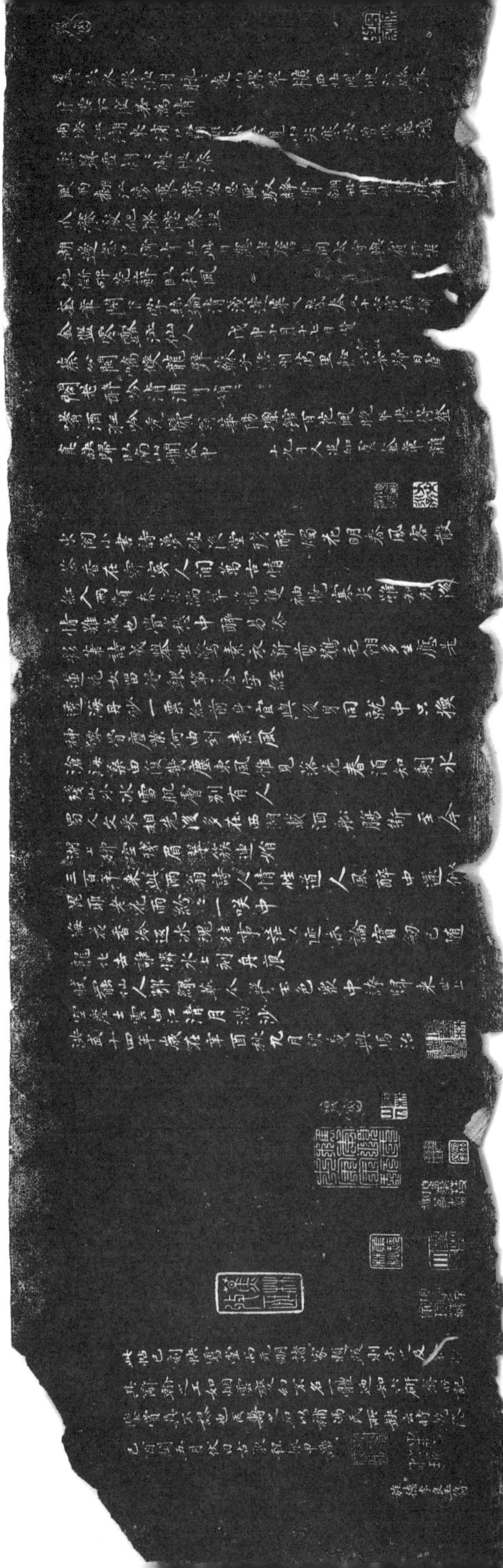

程振甲书法

清乾隆三十年（1765）

释文

盈盈秋水眼波明，脉脉远山螺翠横。西北风帆江路永，片云不度若为情。

雨挟江潮来浦口，霜凋木叶见山尖。寒波曾照飞鸿影，髭雪朝朝与恨添。

风雨翻江梦里惊，忽思风驭绛霄翎。世间安得麻姑爪，痒处爬搔忆蔡经。

湖边窗户倚青红，此日应非旧日同。太守与宾行乐地，断碑荒藓卧秋风。

奎章阁下掌丝纶，清浅蓬莱又几春。三十六宫秋寂寂，金盘零露泣仙人。

戊申十月十七日瓒

蔡公闽峤双龙壁，苏子儋州万里船。何似归田虞阁老，醉吟清浦月娟娟。

嗜酒狂吟秃鬓翁，华阳坛馆百花风。晚年传得登真诀，归卧南山涧谷中。

十九日又追和虞奎章韵

东阁小书诗梦破，后堂残醉烛花明。春风客散茶香在，寂寞人间万古情。

红入两颧春意满，翠笼双袖晓寒尖。虽知别后情难减，也觉愁中醉易添。

彩笔诗成举坐惊，素衣新剪鹤毛翎。多生应是莲花女，留得银筝金字经。

透海丹砂一粟红，前身宜与后身同。就中只换神仙骨，尘业何由到素风。

沧海桑田复几尘，东风惟见落花春。须知剩水残山外，冰雪肌肤别有人。

蜀人文彩相先后，多在西湖载酒船。肠断至今湖上柳，空残眉翠簇连娟。

三百年来此两翁，诗人情性道人风。醉中还似毗耶老，花雨纷纷一笑中。

梅花香冷返冰魂，往事茫茫迹未论。宝剑已随龙化去，谁怜水上刻舟痕。

赋罢仙人鄂绿华，金声玉色众中夸。归来世上空尘土，云白江清月满沙。

洪武十四年岁在辛酉秋九月朔义兴马治

此帖已刻快雪堂，而元明诸家题跋则未之及。余爱其辞翰之工，如烟云变幻不名一体，乃知六研斋所记，鉴赏真不谬也。因寿之石，以补冯氏所缺云。时乾隆己酉闰五月伏日古歙程振甲识。

说明

程振甲（1759—1826），字篆名、也园，号木庵，安徽歙县人。清乾隆四十九年（1784）年召试举人，入京为官，后与和珅不和告归。清中期著名的书法家、制墨家。其父程光国、其子程洪溥皆有文名。

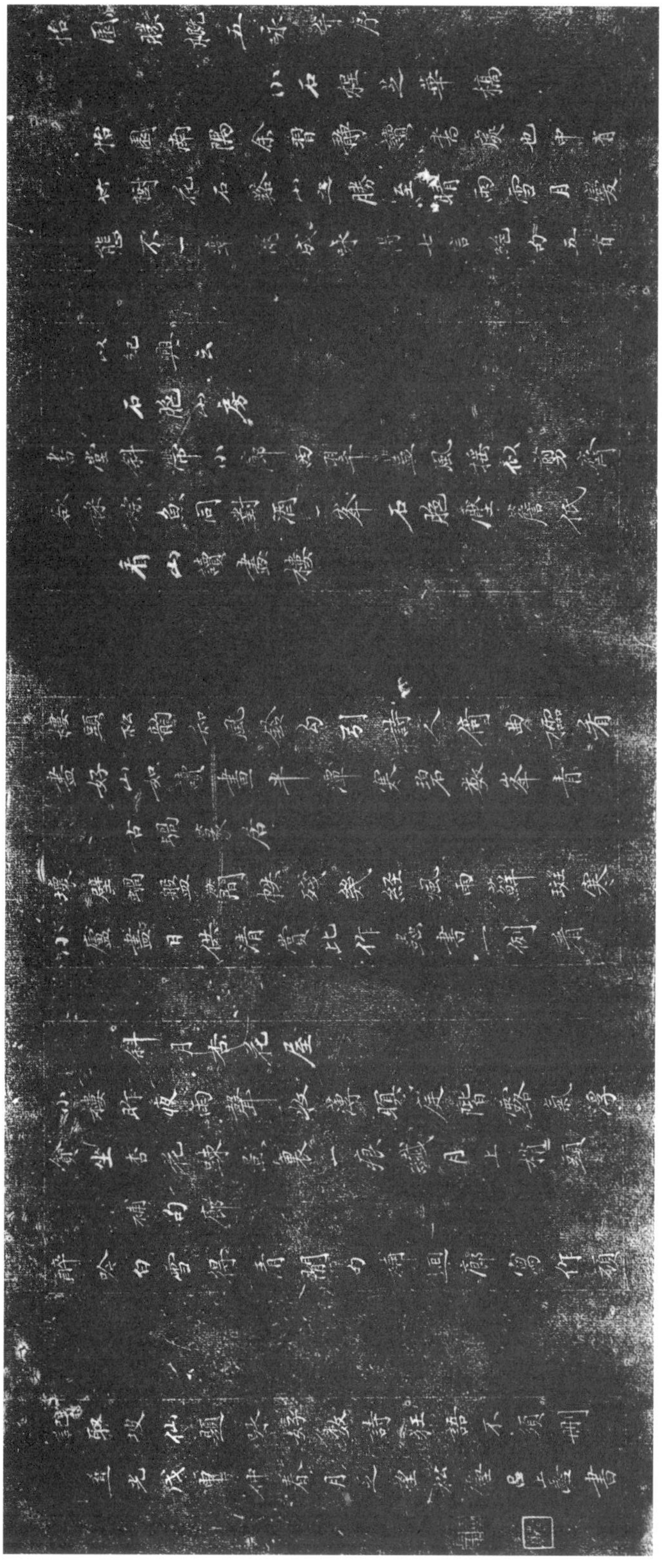

吕上龄书《怡园胜概五咏并序》

清道光二十八年（1848）

释文

怡园胜概五咏并序

小石程芝华稿

怡园南隅，余习静读书处也。中有竹树花石溪山之胜，至晴雨雪月变态不一，率尔成咏，得七言绝句五首，以纪兴云。

石脆山房

书堂斜带小廊西，翠盖风摇似剪齐。

欲采棕鱼同对酒，一峰石脆压檐低。

看山读画楼

楼头松韵知风铃，勾引诗人倚曲棂。

看尽好山如读画，半潭寒碧数峰青。

古蜗篆居

坏壁蜗盘简帙残，几经风雨藓斑寒。

小庐尽日供清赏，比作虫书一例看。

斜月杏花屋

小楼昨夜雨声收，薄暝庭阶露气浮。

贪坐杏花疏影里，一痕纤月上梢头。

补句廊

醉吟白雪得清闲，句补回廊写作顽。

记取坡仙题咏好，数诗狂语不须删。

道光戊申仲春月之望松壑吕上龄书。

说明

吕上龄，生卒年不详，活跃于清道光年间。清代收藏家、书画家。所藏元倪瓒《江渚风林图》印鉴中称“海阳吕松壑”。

吴观礼书对联（一）

释文

东西莲出水，

左右荇牵风。

子儁

说明

吴观礼（？—约1878），字子儁（一作子携），号圭庵，浙江仁和人。潜心书史，内行甚笃。先由举人捐输，奖员外郎，分刑部。巡抚左宗棠廓清全浙，闻其学行，调佐戎幕，深得左宗棠信赖。后充四川乡试副考官。著《圭庵文集》《效蜀日记》《读鉴随录》。

吴观礼书对联（二）

释文

门高鱼得路，

水暖鸭知津。

子儁

孙人俊书法

释文

灞桥风雪诗千首，杜曲莺花酒一壶。

法唐人笔意。

孙人俊

铃印：孙、人俊。

说明

孙人俊，字瑶原，一作理原，江宁（今南京）人。清朝画家，师法巨然，尤擅画驴。

谈绳正书法

释文

兰蕙接琼芳，春风秀几行。

好吟山谷句，一品大夫香。

辛酉七月望后四日书。

木庵谈绳正

钤印：谈绳正印、木庵翰墨。

说明

谈绳正，字木庵，清代书画家，生卒年不详。

汪得稻书法

释文

如画。

汪得稻

说明

汪得稻，榜名又铨，字少白，号步山，浙江钱塘人，清代书法家。

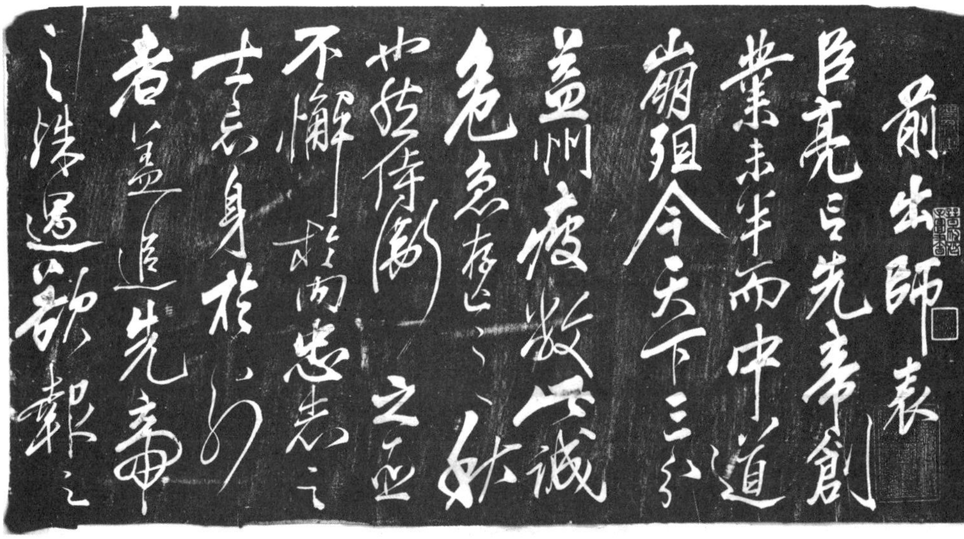
前出师表
臣亮言先帝创
业未半而中道
崩殂今天下三分
益州疲弊此诚
危急存亡之秋
也然侍卫之臣
不懈于内忠志之
士忘身于外
者盖追先帝
之殊遇欲报之

于陛下也诚宜开张
圣听以光先帝
遗德恢弘志士
之气不宜妄自
菲薄引喻失
义以塞忠谏
之路也宫中
府中俱为
一体陟罚臧否
不宜异同若有
作奸犯科及

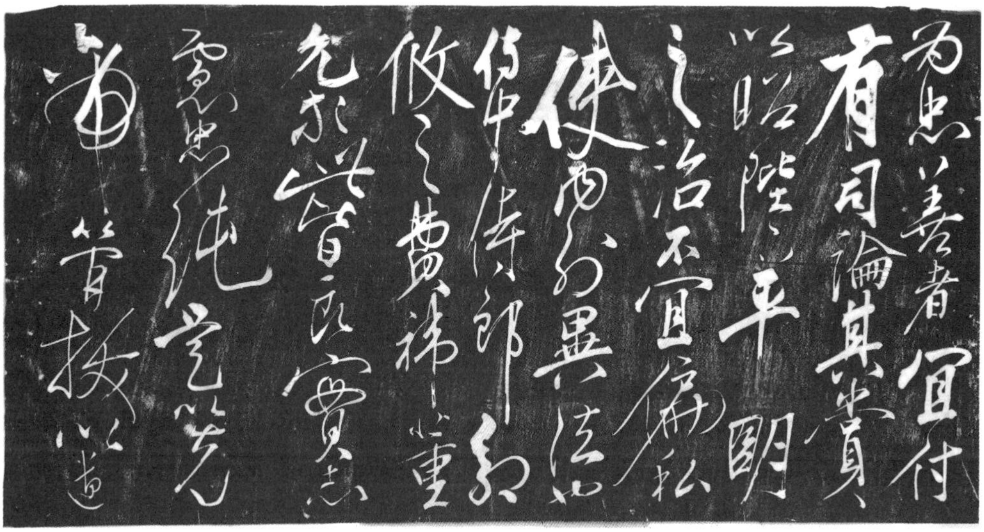
为忠善者宜付
有司论其刑赏
以昭陛下平明
之治不宜偏私
使内外异法
也侍中侍郎郭
攸之费祎董
允等此皆良实
志虑忠纯是以先
帝简拔以遗

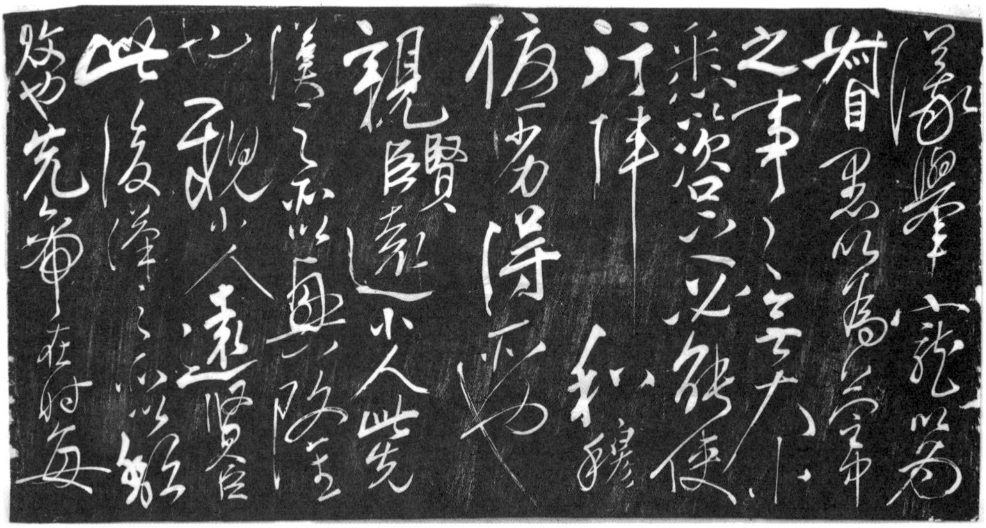

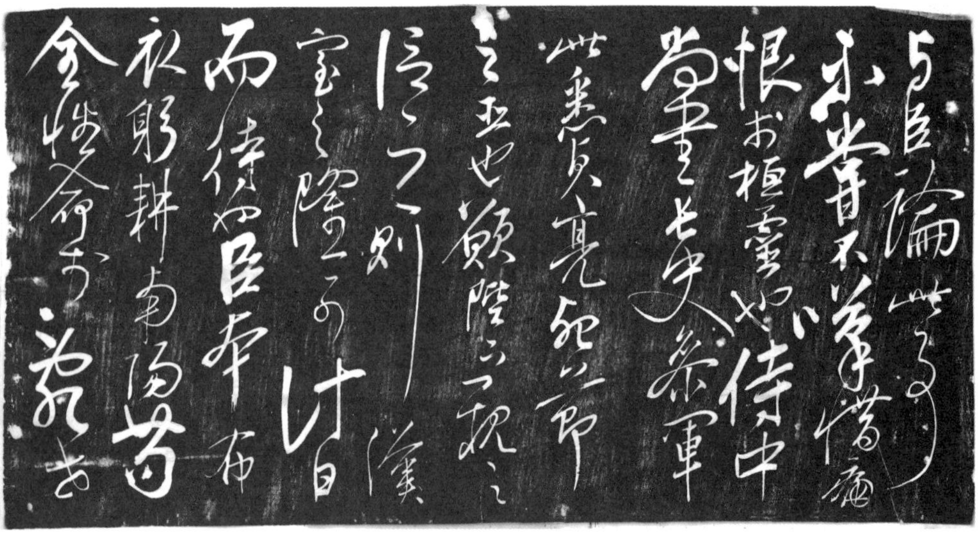

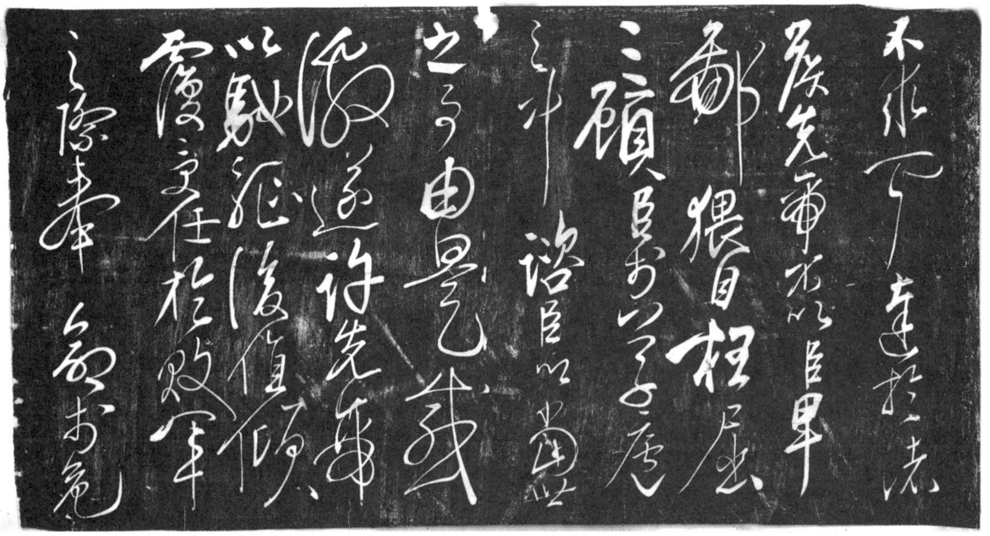

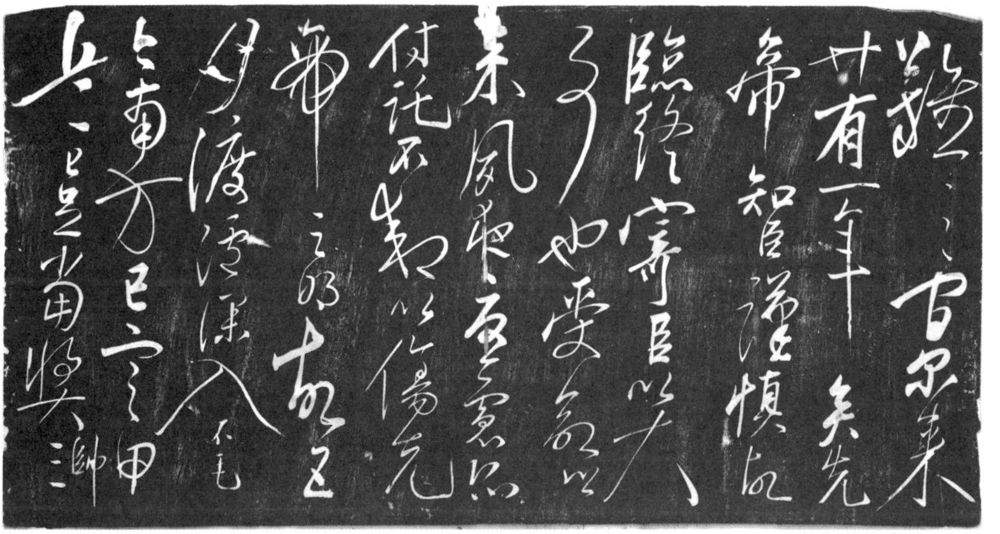

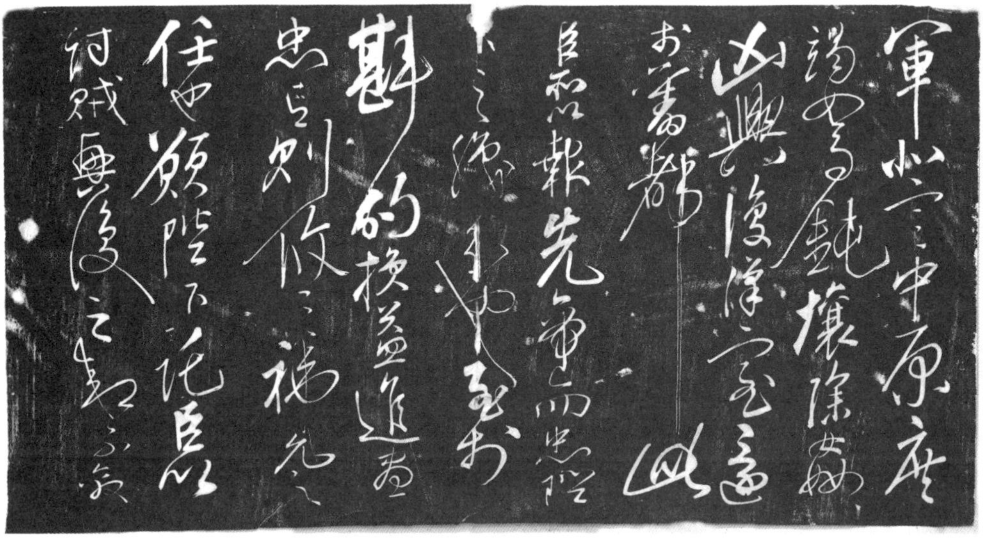

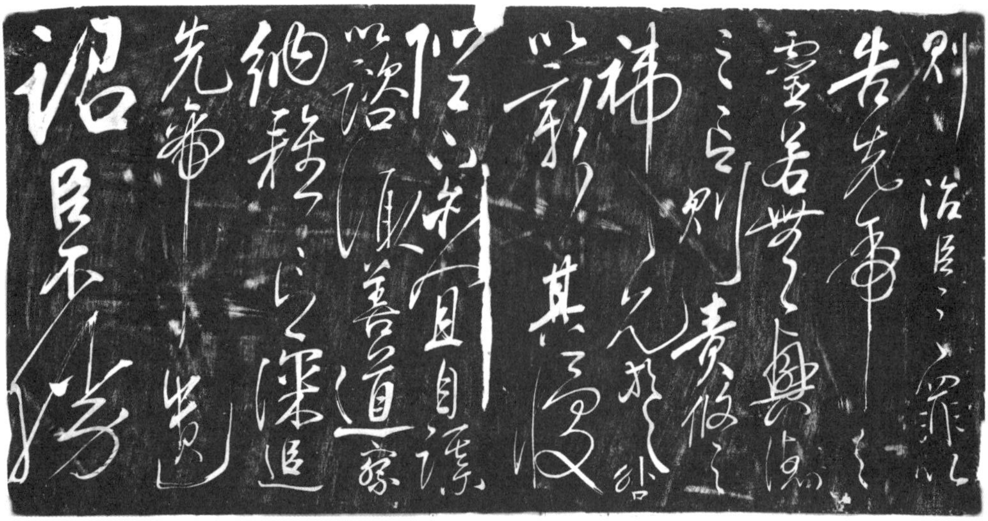

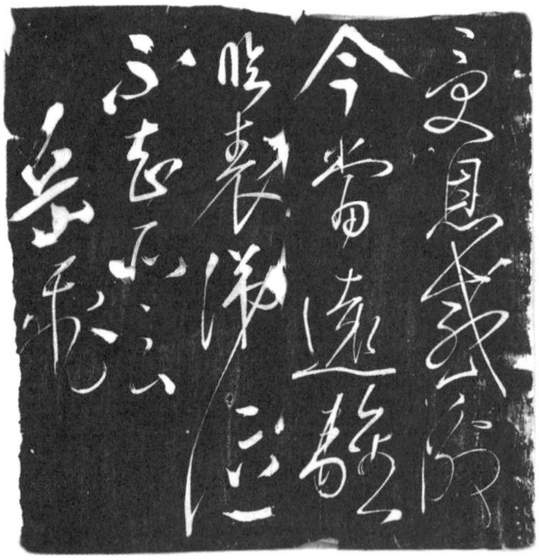

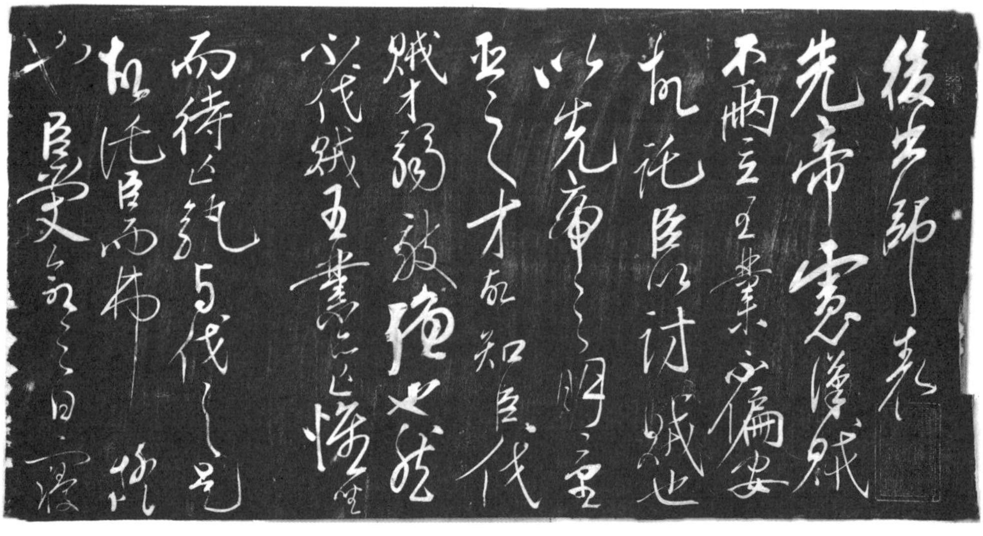

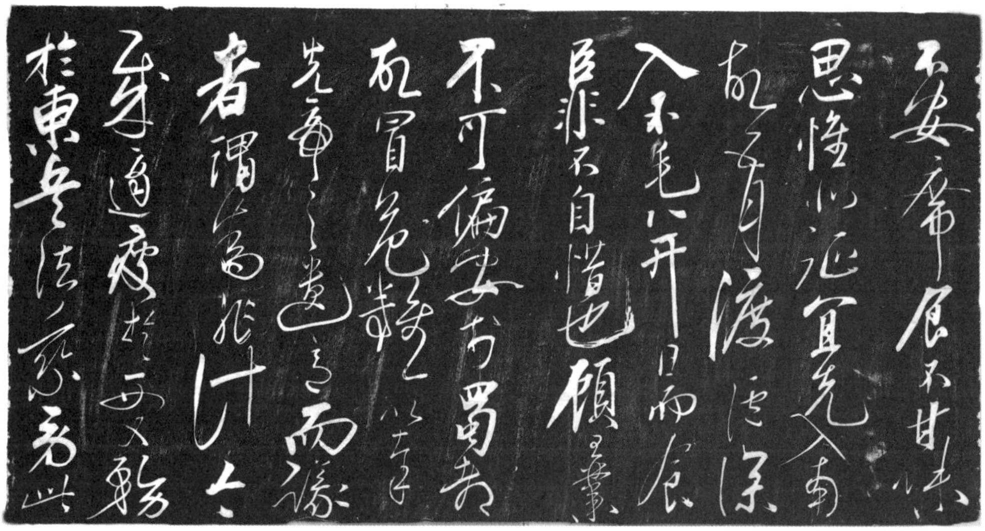

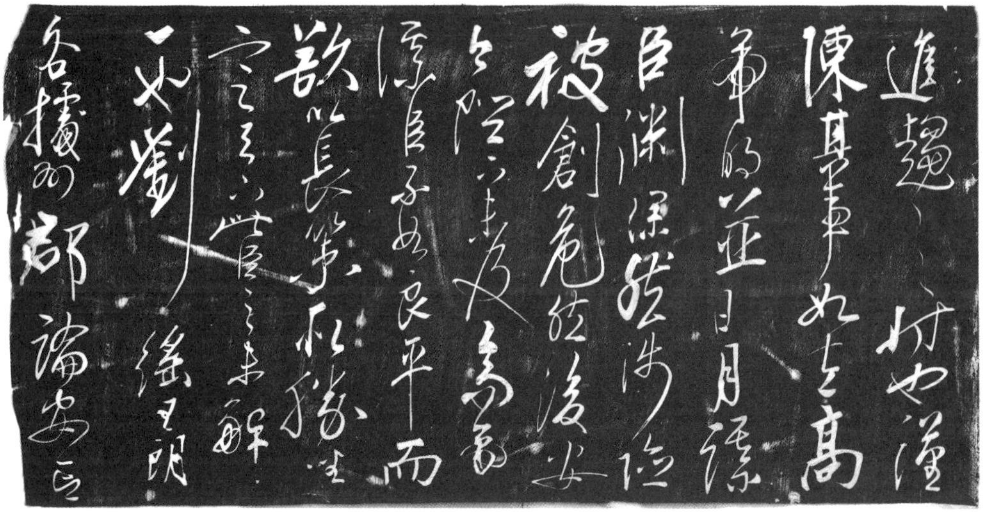

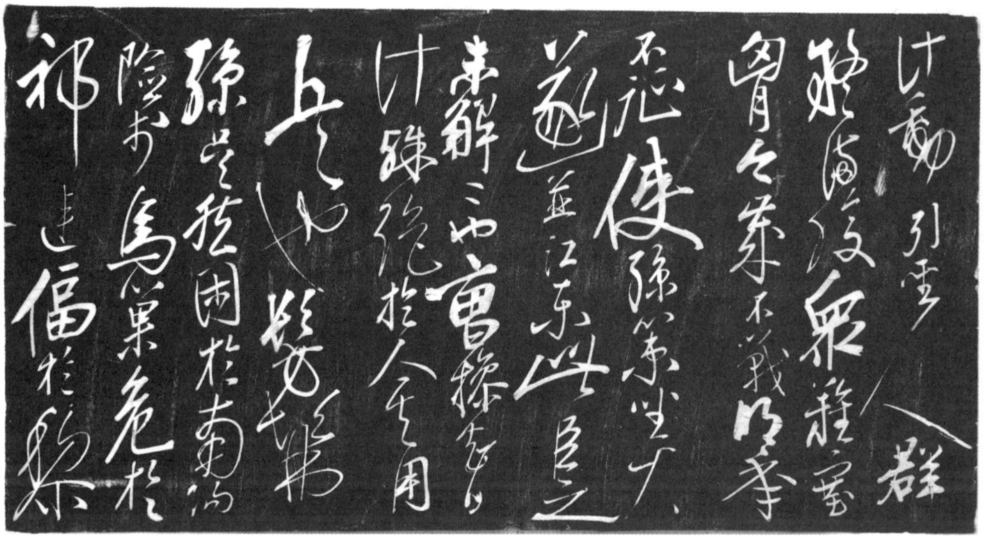

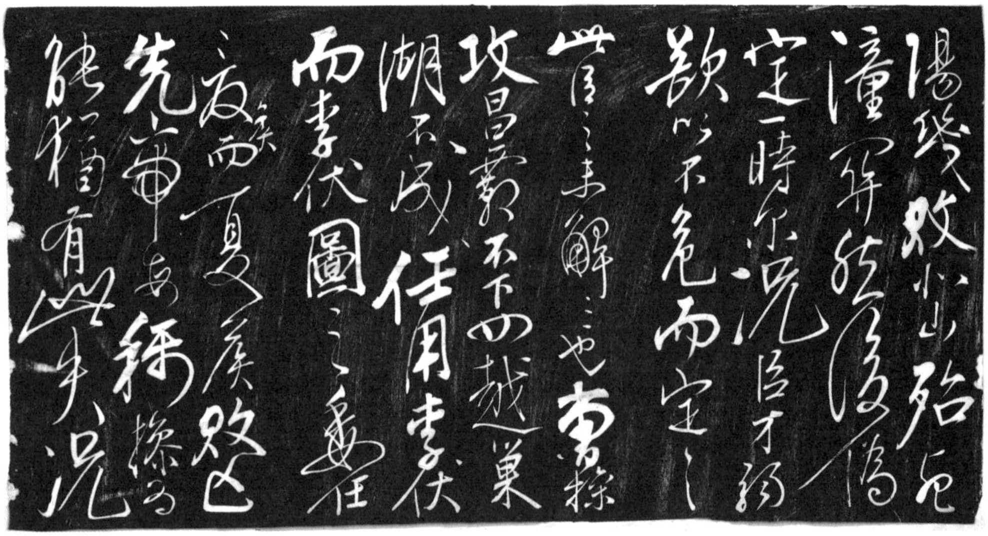

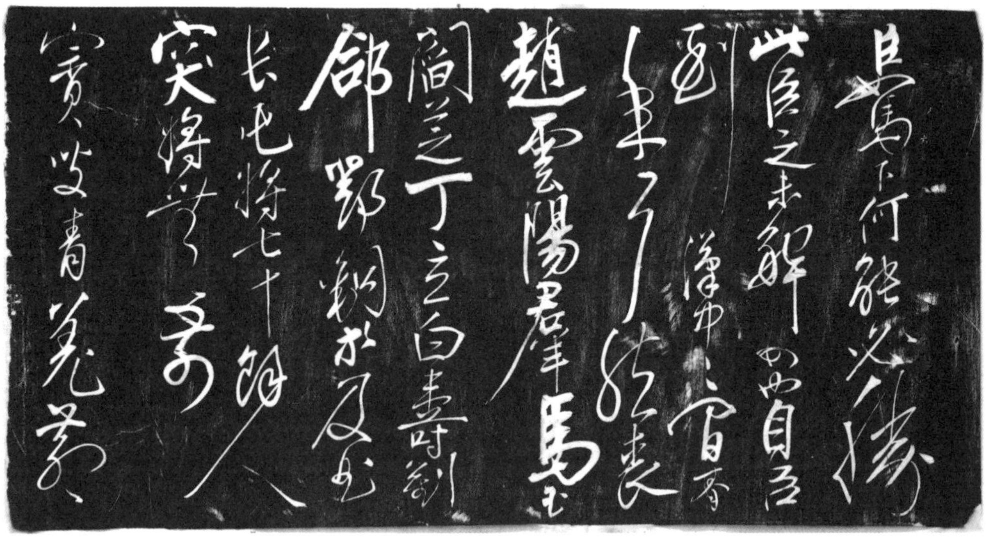

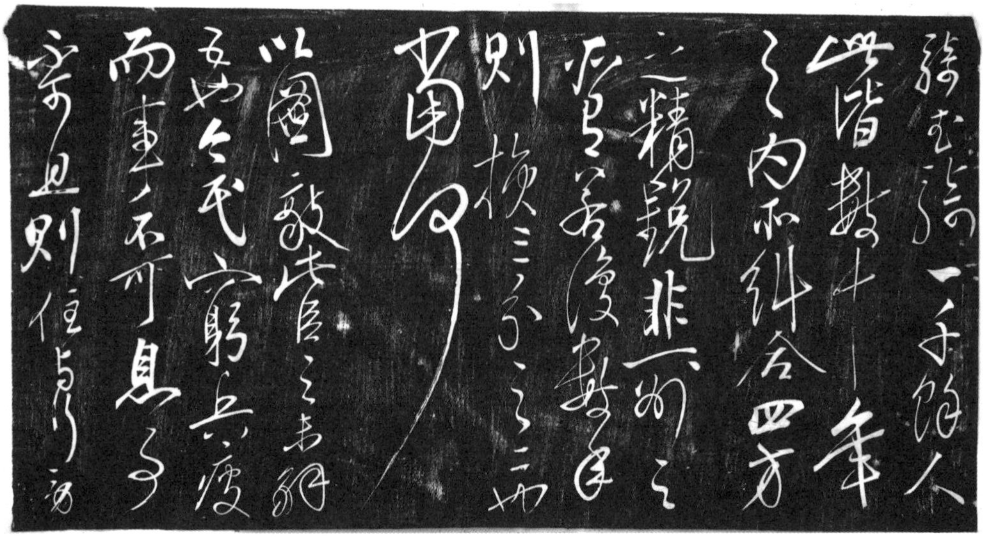

劳费正等而不及
早图之欲以一州之
地与贼持久此臣
之未解六也
夫难平者事也
昔先帝败军
于楚当此之时曹操拊
手谓天下已定然
后先帝东连吴
越西取巴蜀举兵
北征夏侯授首

此操之失计
而汉事将成也然后
吴更违盟关羽
毁败秭归蹉跌
曹丕称帝凡事
如是难可逆料臣
鞠躬尽瘁死而后已
至于成败利钝
非臣之明所能逆
睹也

绍兴戊午秋八月望前
过南阳谒武侯祠遇雨遂宿于祠内
更深秉烛细观壁间
昔贤所赞
先生文词诗赋及祠前
石刻二表不觉泪下
如雨是夜竟不成眠坐
以待旦道士献茶毕
出纸索字挥涕走笔
不计工拙稍舒胸中
抑郁耳
岳飞并识

岳飞书《前后出师表》刻石

清光绪二年（1876）

释文

前出师表

臣亮言：先帝创业未半而中道崩殂，今天下三分，益州疲弊，此诚危急存亡之秋也。然侍卫之臣不懈于内，忠志之士忘身于外者，盖追先帝之殊遇，欲报之于陛下也。诚宜开张圣听，以光先帝遗德，恢弘志士之气，不宜妄自菲薄，引喻失义，以塞忠谏之路也。

宫中府中，俱为一体，陟罚臧否，不宜异同。若有作奸犯科及为忠善者，宜付有司论其赏，以昭陛下平明之治，不宜偏私，使内外异法也。

侍中、侍郎郭攸之、费祎、董允等，此皆良实，志虑忠纯，是以先帝简拔以遗陛下。愚以为宫中之事，事无大小，悉以咨之，然后施行，必能裨补阙漏，有所广益。

将军向宠，性行淑均，晓畅军事，试用于昔日，先帝称之曰能，是以众议举宠为督。愚以为营中之事，事无大小，悉以咨之，必能使行阵和穆，优劣得所也。

亲贤臣，远小人，此先汉之所以兴隆也；亲小人，远贤臣，此后汉之所以颓败也。先帝在时，每与臣论此事，未尝不叹息痛恨于桓、灵也。侍中、尚书、长史、参军，此悉贞亮死节之臣也，愿陛下亲之信之，则汉室之隆，可计日而待也。

臣本布衣，躬耕南阳，苟全性命于乱世，不求闻达于诸侯。先帝不以臣卑鄙，猥自枉屈，三顾臣于草庐之中，咨臣以当世之事，由是感激，遂许先帝以驱驰。后值倾覆，受任于败军之际，奉命于危难之间，尔来廿有一年矣。

先帝知臣谨慎，故临终寄臣以大事也。受命以来，夙夜忧虑，恐付托不效，以伤先帝之明，故五月渡泸，深入不毛。今南方已定，甲兵已足，当奖帅三军，北定中原，庶竭驽钝，攘除奸凶，兴复汉室，还于旧都。此臣所以报先帝而忠陛下之职分也。至于斟酌损益，进尽忠言，则攸之、祎、允之任也。

愿陛下托臣以讨贼兴复之效，不效，则治臣之罪，以告先帝之灵。若无兴德之言，则责攸之、祎、允等之咎，以彰其慢。陛下亦宜自谋，以咨诹善道，察纳雅言，深追先帝遗诏，臣不胜受恩感激。

今当远离，临表涕泣，不知所云。岳飞。

后出师表

先帝虑汉、贼不两立，王业不偏安，故托臣以讨贼也。以先帝之明，量臣之才，故知臣伐贼，才弱敌强也。然不伐贼，王业亦亡。惟坐而待亡，孰与伐之？是故托臣而弗疑也。臣受命之日，寝不安席，食不甘味。思惟北征，宜先入南。故五月渡泸，深入不毛，并日而食；臣非不自惜也，顾王业不可偏安于蜀都，故冒危难，以奉先帝之遗意，而议者谓为非计。今贼适疲于西，又务于东，兵法乘劳，此进趋之时也。谨陈其事如左：

高帝明并日月，谋臣渊深，然涉险被创，危然后安。今陛下未及高帝，谋臣不如良、平，而欲以长策取胜，坐定天下。此臣之未解一也。

刘繇、王朗各据州郡，论安言计，动引圣人，群疑满腹，众难塞胸，今岁不战，明年不征，使孙策坐大，遂并江东。此臣之未解二也。

曹操智计，殊绝于人，其用兵也，仿佛孙吴，然困于南阳，险于乌巢，危于祁连，逼于黎阳，几败北山，殆死潼关，然后伪定一时尔。况臣才弱，欲以不危而定之。此臣之未解三也。

曹操攻昌霸不下，四越巢湖不成，任用李伏而李伏图之，委任夏侯而夏侯败亡，先帝每称操为能，犹有此失，况臣驽下，何能必胜？此臣之未解四也。

自臣到汉中，中间期年耳，然丧赵云、阳群、马玉、阎芝、丁立、白寿、刘郃、邓铜等及曲长、屯将七十余人，突将、无前、賨叟、青羌、散骑、武骑一千余人。此皆数十年之内所纠合四方之精锐，非一州之所有；若复数年，则损三分之二也，当何以图敌？此臣之未解五也。

今民穷兵疲，而事不可息；事不可息，则住与行劳费正等。而不及早图之，欲以一州之地，与贼持久。此臣之未解六也。

夫难平者，事也。昔先帝败军于楚，当此之时，曹操拊手，谓天下以定。然后先帝东连吴越，西取巴蜀，举兵北征，夏侯授首，此操之失计，而汉事将成也。然后吴更违盟，关羽毁败，秭归蹉跌，曹丕称帝。凡事如是，难可逆料。臣鞠躬尽力，死而后已。至于成败利钝，非臣之明所能逆睹也。

绍兴戊午秋八月望前过南阳，谒武侯祠，遇雨，遂宿于祠内，更深秉烛细观，壁间昔贤所赞先生文词诗赋及祠前石刻二表，不觉泪下如雨，是夜竟不成眠，坐以待日。一道士献茶毕，出纸索字，挥涕走笔，不计工拙，稍舒胸中抑郁耳。岳飞并识。

岳少保书武侯出师二表，曩见其拓本，知道出南阳宿武侯祠为道人书者，度是碑必在南阳也。岁丁卯来宰是邑，谒侯祠，寻碑不可得。时勤延访，知碑在江南之彭城。会壬申典守宛南，复加物色，于今甫得之。书法之健拔雄伟，尤见忠武郁勃之气流露于笔端。夫以少保之勋烈，固与武侯后先辉映，同为千古传人，岂必其文其书以传耶！而其文其书亦自有不可磨灭者。谨命匠人摹勒于石，借以点缀草庐云尔。光绪二年三月宁夏任恺谨识。南阳李发祥刻石。

说明

任恺，清代甘肃（今宁夏）宁夏人，清同治六年（1867）任南阳知县，转任汝州知府，后升南阳知府。

李发祥，河南南阳著名石匠。

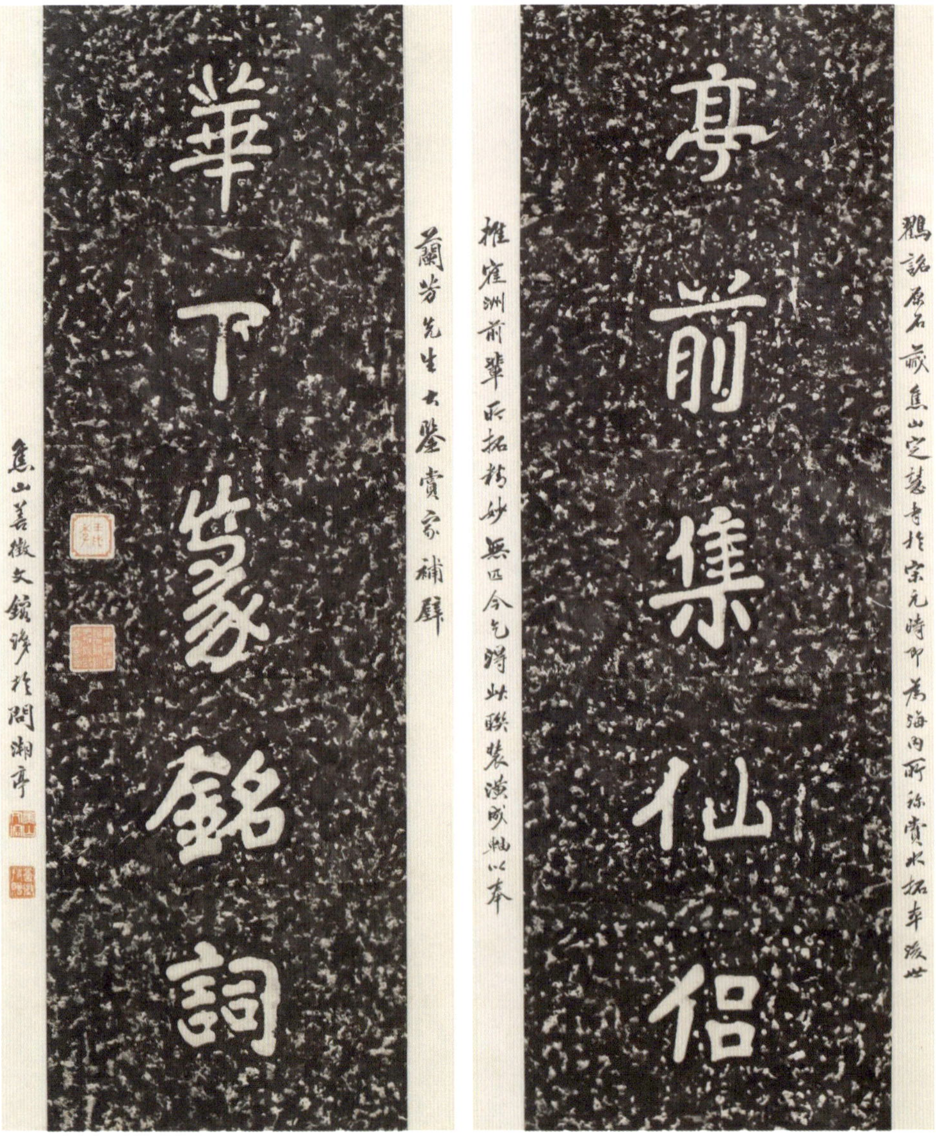
亭前集仙侶
華下篆銘詞

释齐瀛集《瘗鹤铭》字联

（1922）

释文

亭前集仙侣，华下篆铭词。

跋

鹤铭原石藏焦山定慧寺，于宋元时即为海内所称赏。水拓本后世推鹤州前辈所拓，精妙无匹。今乞得此联装潢成轴，以奉兰芳先生大鉴赏家补壁。

焦山善徵文镕识于问潮亭。

钤印：壬戌年。

说明

释齐瀛，清光绪年间镇江焦山玉峰庵住持，鹤州法师，又号石禅道人。工诗善画，亦精金石拓制，尤以传拓《瘗鹤铭》为著。“鹤铭”指《瘗鹤铭》，原为江苏镇江焦山断崖上的摩崖石刻，后遭雷击滑坡，碑文逐渐滑入水中，故称未出水时的拓本为水拓本。

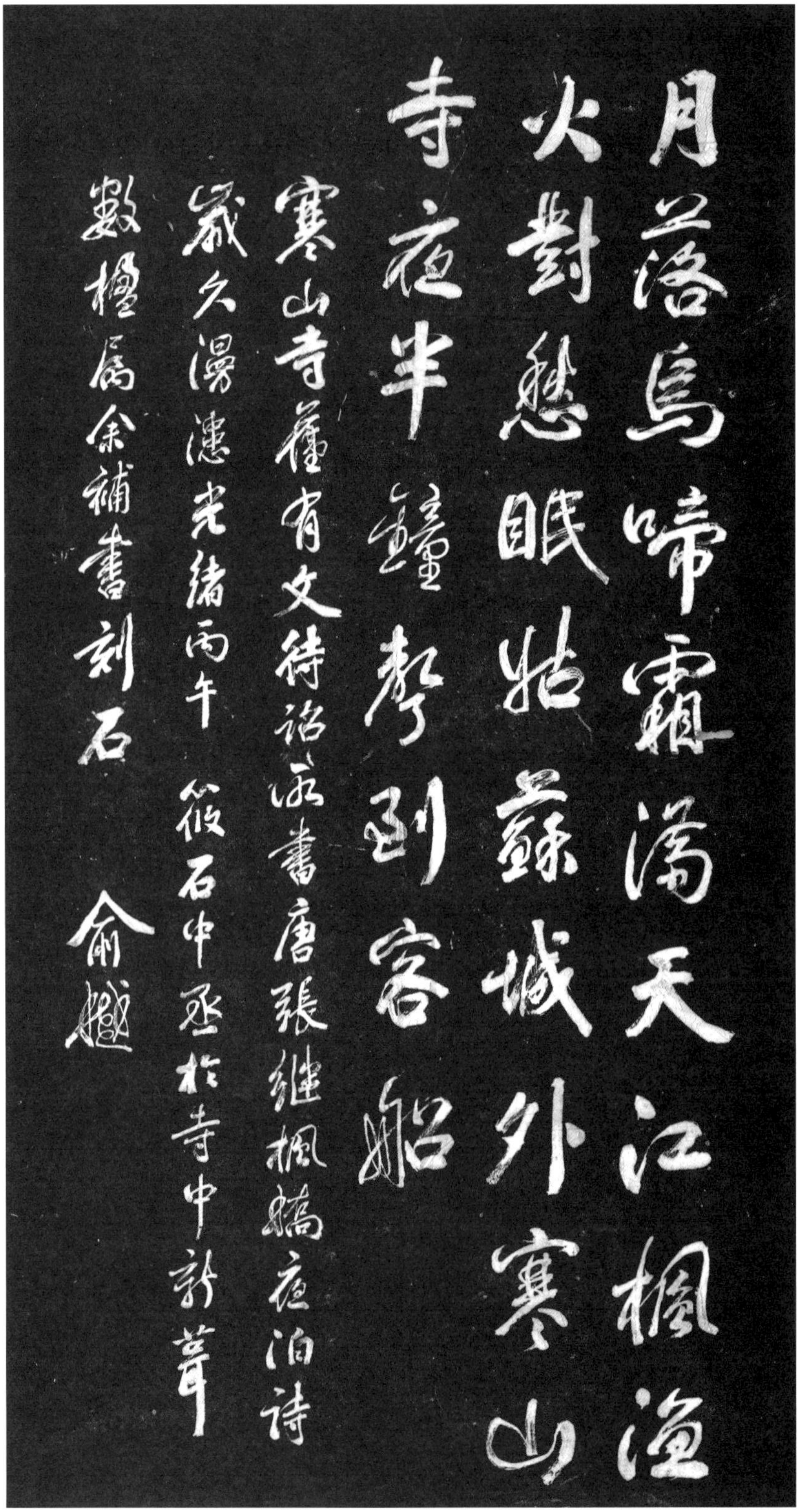
月落烏啼霜滿天江楓漁
火對愁眠姑蘇城外寒山
寺夜半鐘聲到客船
寒山寺舊有文待詔所書唐張繼楓橋夜泊诗
歲久漫漶光緒丙午筱石中丞於寺中新葺
數椽屬余補書刻石
俞樾

俞樾书张继《枫桥夜泊》

清光绪三十二年（1906）

释文

月落乌啼霜满天，江枫渔火对愁眠。

姑苏城外寒山寺，夜半钟声到客船。

寒山寺旧有文待诏所书唐张继《枫桥夜泊》诗，岁久漫漶。光绪丙午，筱石中丞于寺中新葺数楹，属余补书刻石。

俞樾

说明

张继，字懿孙，湖北襄州（今湖北襄阳）人。唐代诗人。

俞樾（1821—1907），字荫甫，自号曲园，浙江德清人，晚清著名文学家、教育家、书法家。清道光进士，官至河南学政，被罢官后侨居苏州，主讲紫阳书院，晚年又主讲杭州诂经精舍。他长于经学和诗词、小说、戏曲的研究，所作笔记搜罗甚广。主要著述有《春在堂全书》《小浮梅闲话》《右台仙馆笔记》《茶香室杂钞》等。

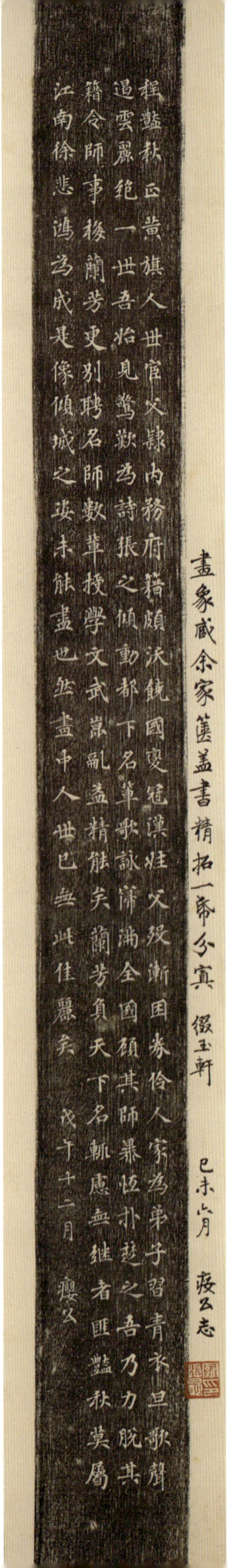

罗瘿公书《程砚秋小传》

（1918）

释文

程艳秋，正黄旗人，世宦。父隶内务府，藉颇沃饶。国变冠汉姓。父殁，渐困，券伶人家为弟子，习青衣旦，歌声遏云，丽绝一世。吾始见惊叹，为诗张之，倾动都下名辈，歌咏浸满全国。顾其师暴，恒扑楚之，吾乃力脱其藉，令师事梅兰芳。更别聘名师数辈授学，文武昆乱，益精能矣。兰芳负天下名，辄虑无继者，匪艳秋莫属。江南徐悲鸿为成是像，倾城之姿未能尽也，然画中人世已无此佳丽矣。

戊午十二月。瘿公。

跋

画象藏余家箧，盖书精拓一纸分置缀玉轩。己未六月，瘿公志。

说明

罗惇曧（1872—1924），字孝遹，号以行，又号瘿庵，晚号瘿公。广东顺德大良人。康有为弟子。晚清名士，与梁鼎芬、黄节、曾习经并称“粤东四家”。此小传清楚地记载了程砚秋的身世、学艺经历。

王廷璧书法

清康熙十二年（1673）

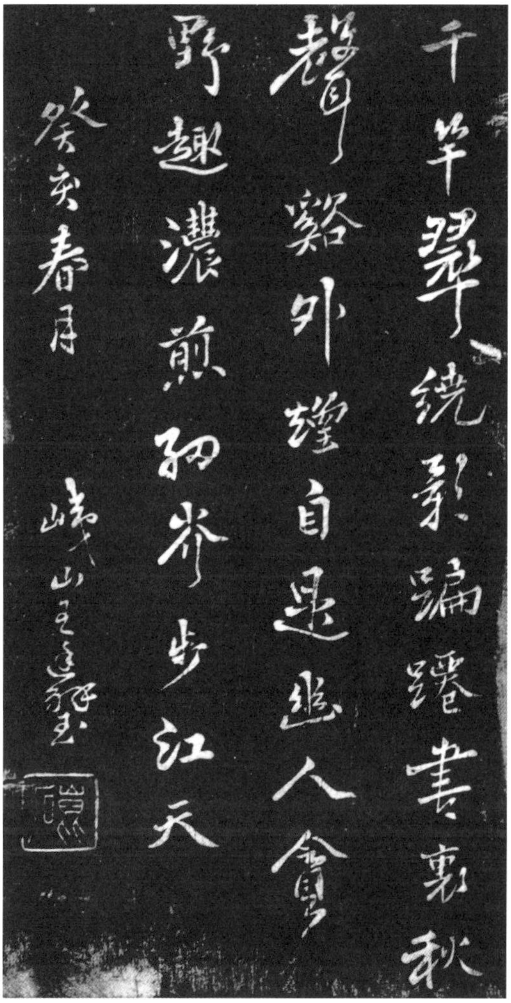

释文

千竿翠绕影蹁跹，

书里秋声溪外烟。

自是幽人贪野趣，

浓煎细芥步江天。

癸亥春月峡山王廷璧

钤印：昆石。

说明

王廷璧，字昆良，河南祥符人。清顺治九年（1652）进士，授刑部主事，迁礼部郎中。顺治十四年（1657）视学广东。康熙元年（1662）以参政分守浙东，因得罪提督哈喇库而被贬，后哈喇库败，王廷璧被重用。康熙十二年（1673）后卒。有《珠玉堂文集》《聚远楼诗集》。

细芥，茶的品种之一。

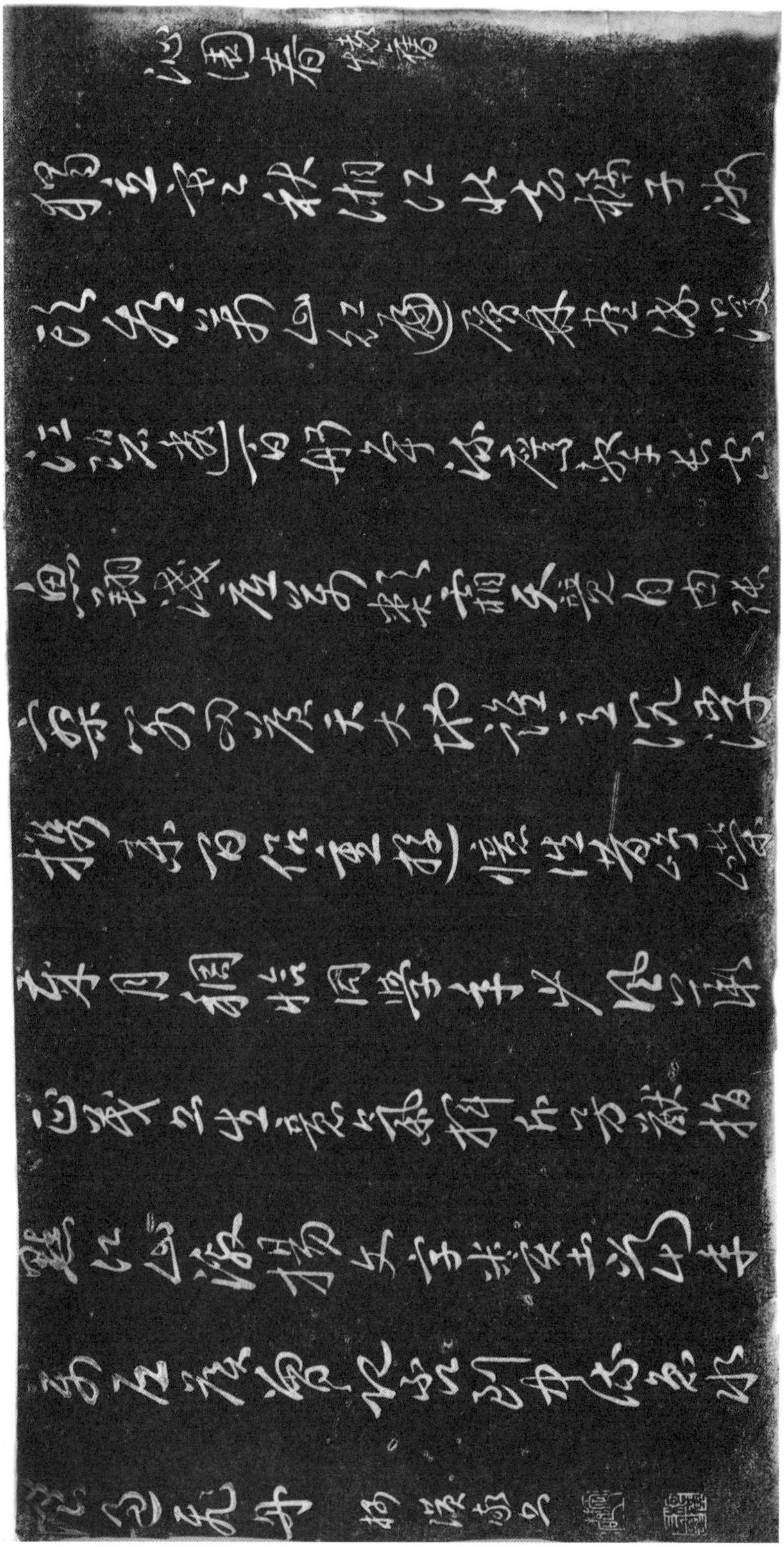

柯璜书毛泽东诗词《沁园春·怀旧》

释文

《沁园春·怀旧》

独立寒秋，湘江北去，橘子洲头。看万山红遍，层林尽染；漫江碧透，百舸争流。鹰击长空，鱼翔浅底，万类霜天竞自由。怅寥阁（阔），问苍天大地，谁主沉浮？

携来百侣重（曾）游，忆往昔峥嵘岁月稠。恰同学年少，风华正茂；书生意气，挥斥芳（方）猷。指点江山，激扬文字，粪土当年万户侯。曾记否，到中流急（击）水，浪遏飞舟！

柯璜敬书

钤印：定础、柯璜长寿。

说明

柯璜（1876—1963），字定础，号绿天野人，今浙江桐屿乡人。清末毕业于北京大学前身译学馆，任山西大学物理教授，后执教于北京师范大学和北京大学，任山西博物馆馆长和图书馆馆长、北京故宫陈列所主任、全国孔学总会副会长等职。

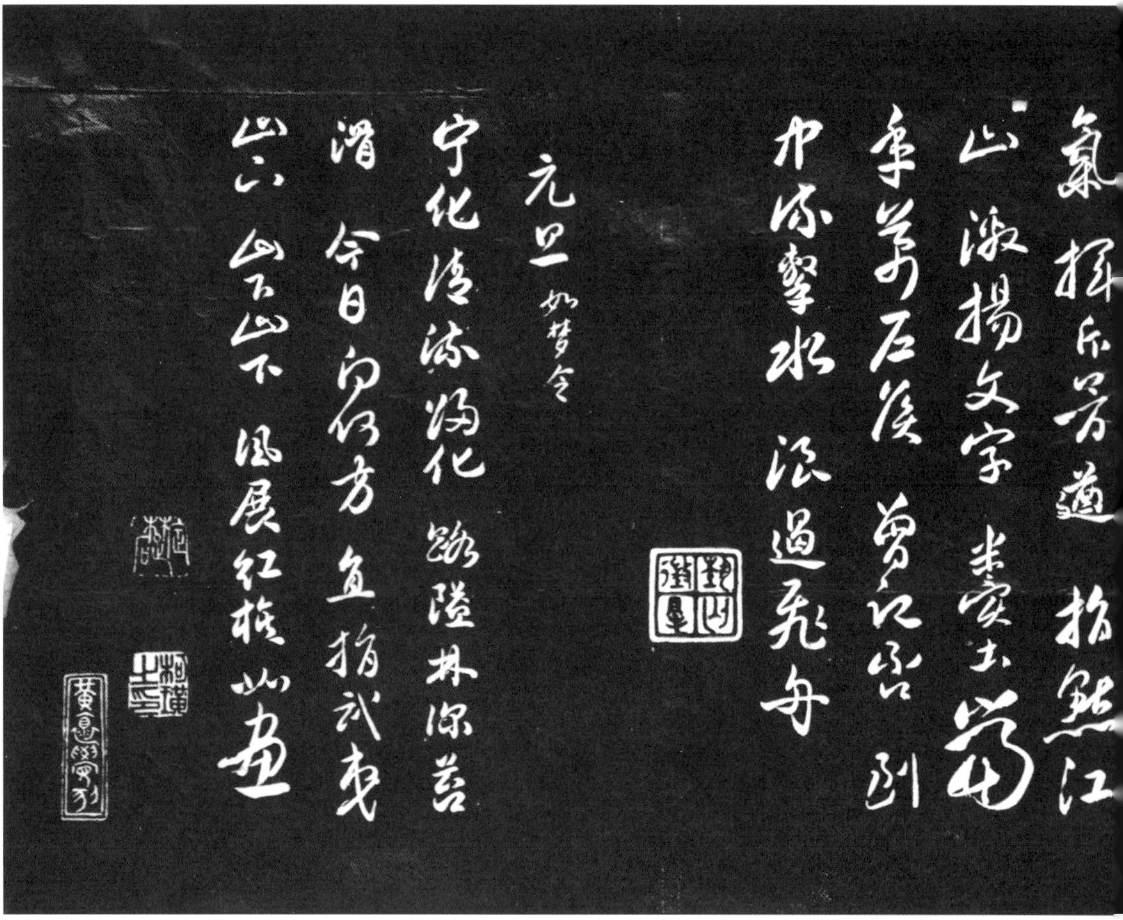

柯璜书毛泽东诗词《沁园春·长沙》《如梦令·元旦》

释文

《沁园春·长沙》

独立寒秋，湘江北去，桔子洲头。看万山红遍，层林尽染；漫江碧透，百舸争流。鹰击长空，鱼翔浅底，万类霜天竞自由。怅寥廓，问苍茫天地，谁主沉浮？

携来百侣曾遊，忆往昔峥嵘岁月稠。恰同学年少，风华正茂；书生意

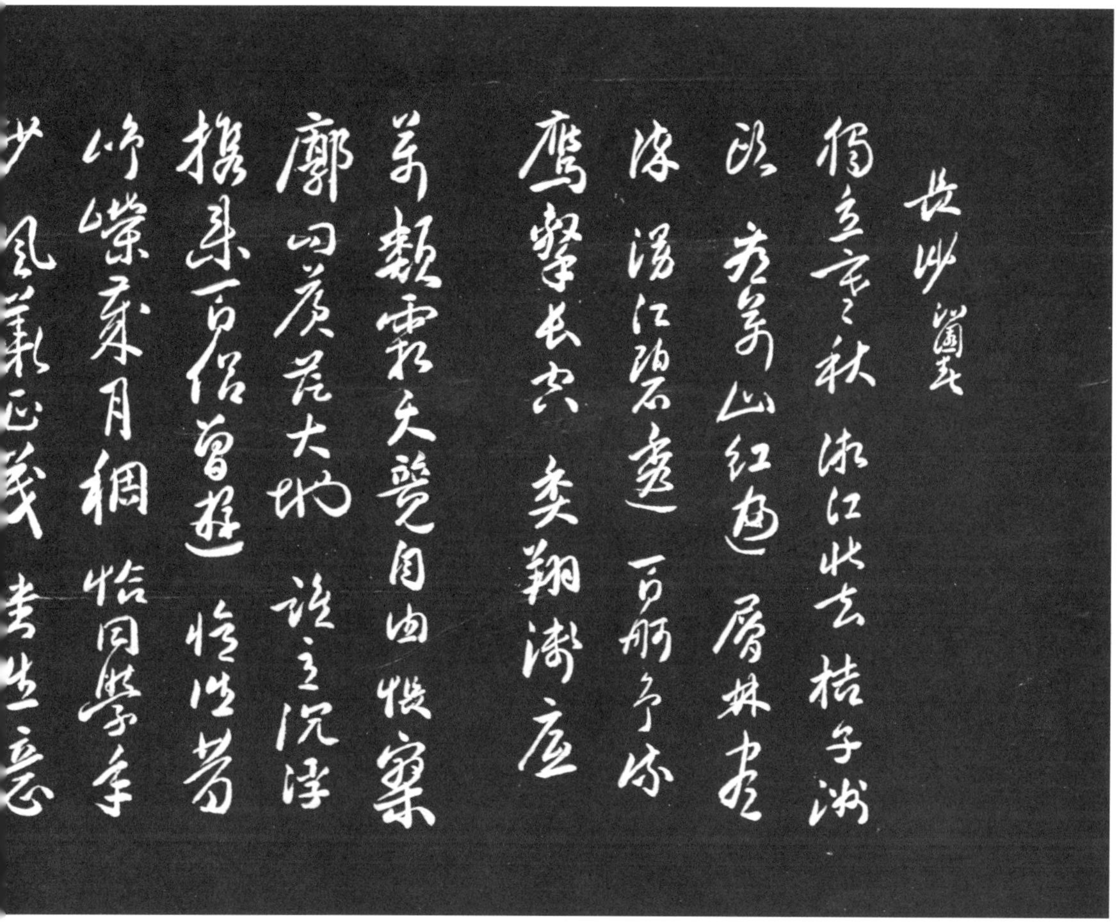

气，挥斥芳遒。指点江山，激扬文字，粪土当年万户侯。曾记否，到中流击水，浪遏飞舟！

《如梦令·元旦》

宁化清流归化，路隘林深苔滑。今日向何方，直指武夷山下。山下，山下，风展红旗如画。

钤印：定础、柯璜之印、黄怀觉刻。

毛泽东主席诗词

长征

红军不怕远征难万水千山只等闲五岭逶迤腾细浪乌蒙磅礴走泥丸金沙水拍云崖暖大渡桥横铁索寒更喜岷山千里雪三军过后尽开颜

西江月 井冈山

山下旌旗在望山头鼓角相闻敌军围困万千重我自岿然不动早已森严壁垒更加众志成城黄洋界上炮声隆报道敌军宵遁

清平乐

天高云淡望断南飞雁不到长城非好汉屈指行程二万六盘山上高峰红旗漫卷西风今日长缨在手何时缚住苍龙

如梦令

宁化清流归化路隘林深苔滑今日向何方直指武夷山下山下山下风展红旗如画

浣溪沙 和柳亚子

长夜难明赤县天百年魔怪舞翩跹人民五亿不团圆

一唱雄鸡天下白万方乐奏有于阗诗人兴会更无前

一九六四年九月二十二日 [illegible]书

柯璜书毛泽东诗词《长征》《西江月·井冈山》《清平乐·六盘山》《如梦令·元旦》《浣溪沙·和柳亚子》

（1959）

释文

毛泽东主席诗词

《长征》

红军不怕远征难，万水千山只等闲。五岭逶迤腾细浪，乌蒙磅礴走泥丸。金沙浪拍悬崖暖，大渡桥横铁索寒。更喜岷山千里雪，三军过后尽开颜。

《西江月·井冈山》

山下旌旗在望，山头鼓角相闻。敌军围困万千重，我自巍然不动。久已森严壁垒，更加众志成城。望洋界上炮声隆，报道敌军宵遁。

《清平乐》

天高云淡，望断南飞雁。不到长城非好汉，屈指行程二万。六盘山上高峰，红旗漫卷西风。今日长缨在手，何时缚住苍龙？

《如梦令》

清流连城归化，林深苔滑路隘。军行向何方，遥指武夷山下。山下山下，红旗招卷如画。

《浣溪沙·和柳亚子》

长夜难明赤县天，百年魔鬼舞翩跹，人民五亿不团圆。

一唱雄鸡天下白，万方乐奏有于阗，诗人兴会更无前。

一九五四年九月二十二日，柯璜敬书。

钤印：定础七十八后作柯璜书画。

说明

毛泽东《长征》中“悬崖暖”原诗为“云崖暖”。《西江月·井冈山》中“望洋”原词为“黄洋”。《如梦令》即《如梦令·元旦》，原词为：“宁化、清流、归化，路隘林深苔滑。今日向何方，直指武夷山下。山下，山下，风展红旗如画。”《浣溪沙·和柳亚子》中“百年魔鬼”原词为“百年魔怪”，“万方奏乐”原词为“万方乐奏”。

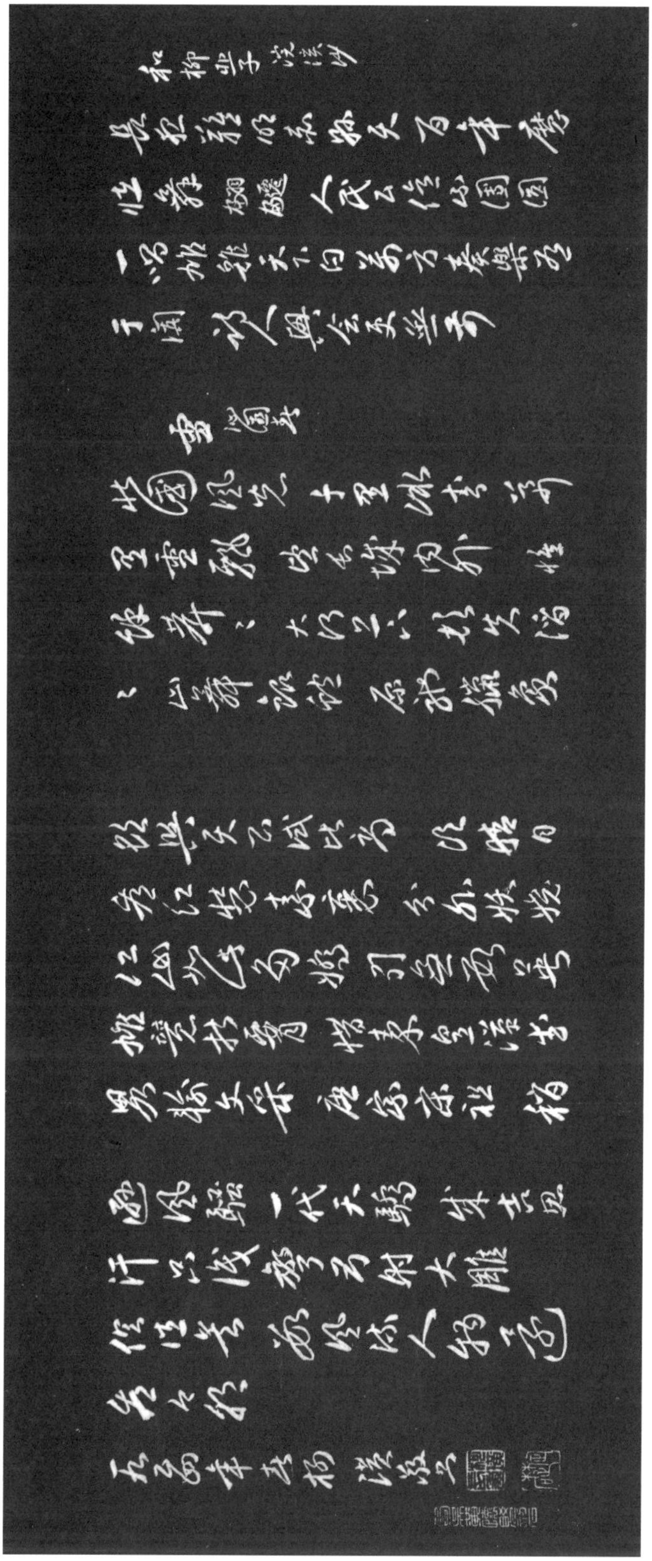

柯璜书毛泽东诗词《浣溪沙·和柳亚子》《沁园春·雪》

释文

《浣溪沙·和柳亚子》

长夜难明赤县天，百年魔怪舞翩跹，人民五亿不团圆。

一唱雄鸡天下白，万方奏乐有于阗，诗人兴会更无前。

《沁园春·雪》

北国风光，千里冰封，万里雪飘。望长城内外，惟余莽莽；大河上下，顿失滔滔。山舞银蛇，原驰腊象，欲与天公试比高。须晴日，看红装素裹，分外妖娆。江山如此多娇，引无数英雄竞折腰。惜秦皇汉武，略输文采；唐宗宋祖，稍逊风骚。一代天骄，成吉思汗，只识弯弓射大雕。俱往矣，数风流人物，还看今朝。

一九五四年春，柯璜敬书

钤印：柯璜长寿、定础。白文印：句吴黄怀觉刻石。

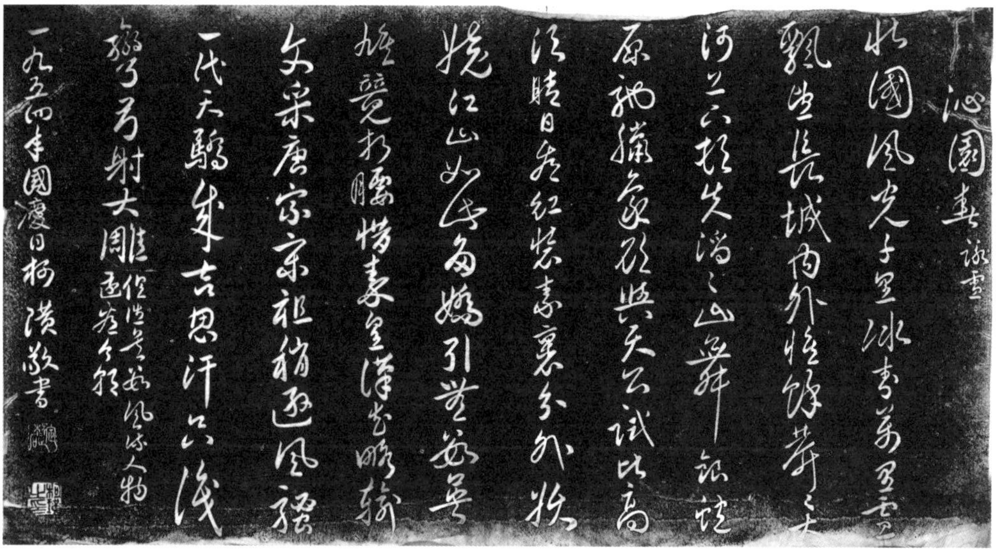

柯璜书毛泽东诗词《沁园春·咏雪》

释文

《沁园春·咏雪》

北国风光，千里冰封，万里雪飘。望长城内外，惟余莽莽；大河上下，顿失滔滔。山舞银蛇，原驰腊象，欲与天公试比高。须晴日，看红装素裹，分外妖娆。江山如此多娇，引无数英雄竞折腰。惜秦皇汉武，略输文采；唐宗宋祖，稍逊风骚。一代天骄，成吉思汗，只识弯弓射大雕。俱往矣，数风流人物，还看今朝。

一九五四年国庆日，柯璜敬书

钤印：定础、柯璜之印。

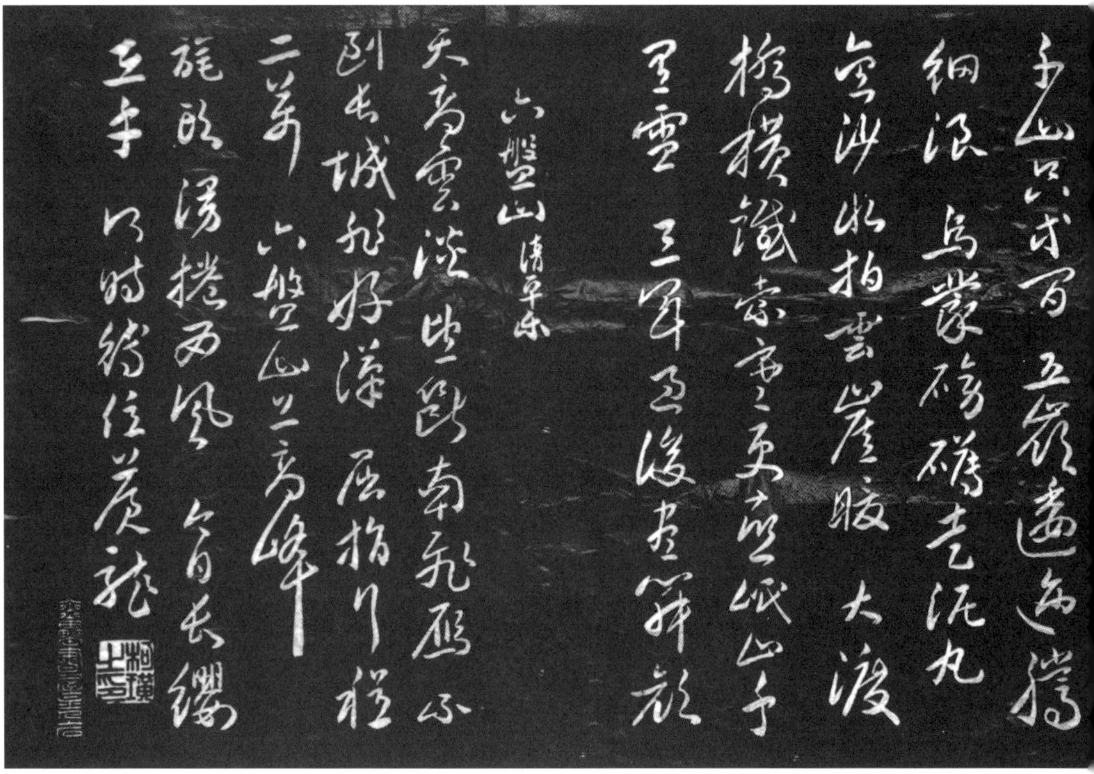

柯璜书毛泽东诗词《西江月·井冈山》《长征》《清平乐·六盘山》

释文

毛主席长征诗词

《西江月·井冈山》

山下旌旗在望，山头鼓角相闻。敌军围困万千重，我自岿然不动。早已森严壁垒，更加众志成城。黄洋界上炮声隆，报道敌军宵遁。

《长征》

红军不怕远征难，万水千山只等闲。五岭逶迤腾细浪，乌蒙磅礴走泥丸。

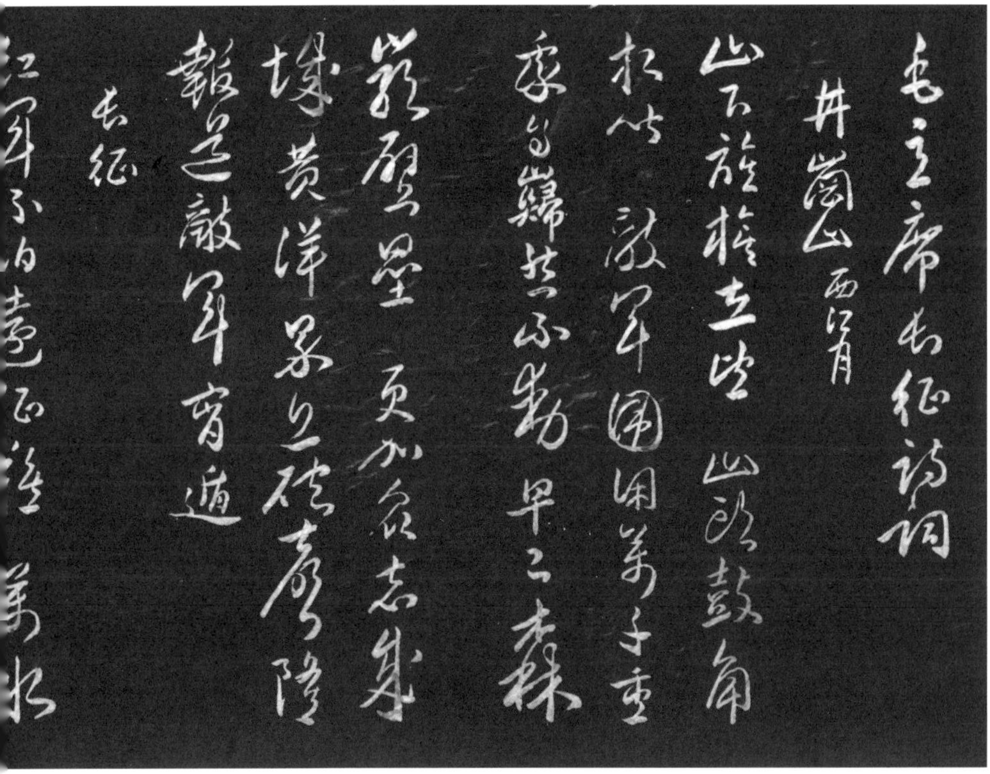

金沙水拍云崖暖，大渡桥横铁索寒。更喜岷山千里雪，三军过后尽开颜。

《清平乐 · 六盘山》

天高云淡，望断南飞雁。不到长城非好汉，屈指行程两万。六盘山上高峰，旄头漫卷西风。今日长缨在手，何时缚住苍龙？

钤印：柯璜之印、金罍书屋主人上石。

说明

《西江月 · 井冈山》中“岿然不动”，原词为“巍然不动”。《清平乐 · 六盘山》中“旄头漫卷”，原词为“红旗漫卷”。

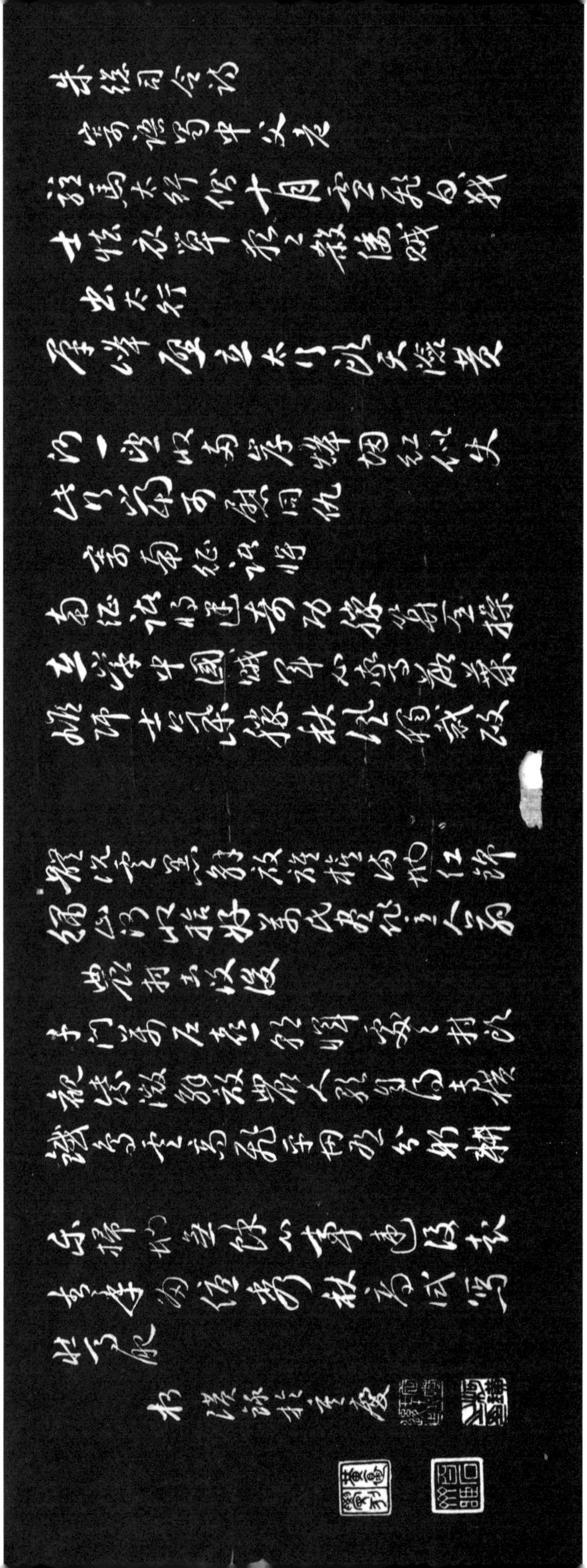

柯璜书朱德诗词《寄语蜀中父老》《出太行》《寄南征诸将》《农村土改后》

释文

朱总司令诗

《寄语蜀中父老》

驻马太行侧，十月雪飞白。战士怯衣单，夜夜杀倭贼。

《出太行》

群峰壁立太行头，天险黄河一望收。两岸烽烟红似火，此行当可慰同仇。

《寄南征诸将》

南征诸将建奇功，胜算全操在掌中。国贼军心惊落叶，雄师士气胜秋风。独裁政体沉云黑，解放旌旗满地红。锦绣山河收拾好，万民尽作主人翁。

《农村土改后》

千门万户喜朝晖，处处村头观紫微。解放农人歌自得，专横铁鸟云高飞。平田有分躬耕乐，扫地无余心事违。后起青年多优秀，秋高试写壮马肥。

柯璜录于重庆

钤印：白文印“定础七十八后作”，朱文印“柯璜之印”。朱文印“黄怀觉刻”，白文印“百石斋藏”。

说明

《寄语蜀中父老》中“驻马太行侧”原诗为“伫马太行侧”，“战士怯衣单”原诗为“战士仍衣单”。《农村土改后》中“观紫微”原诗为“现紫微”，“后起青年多优秀”原诗为“后起青年多俊秀”，“试写壮马肥”原诗为“试马壮而肥”。

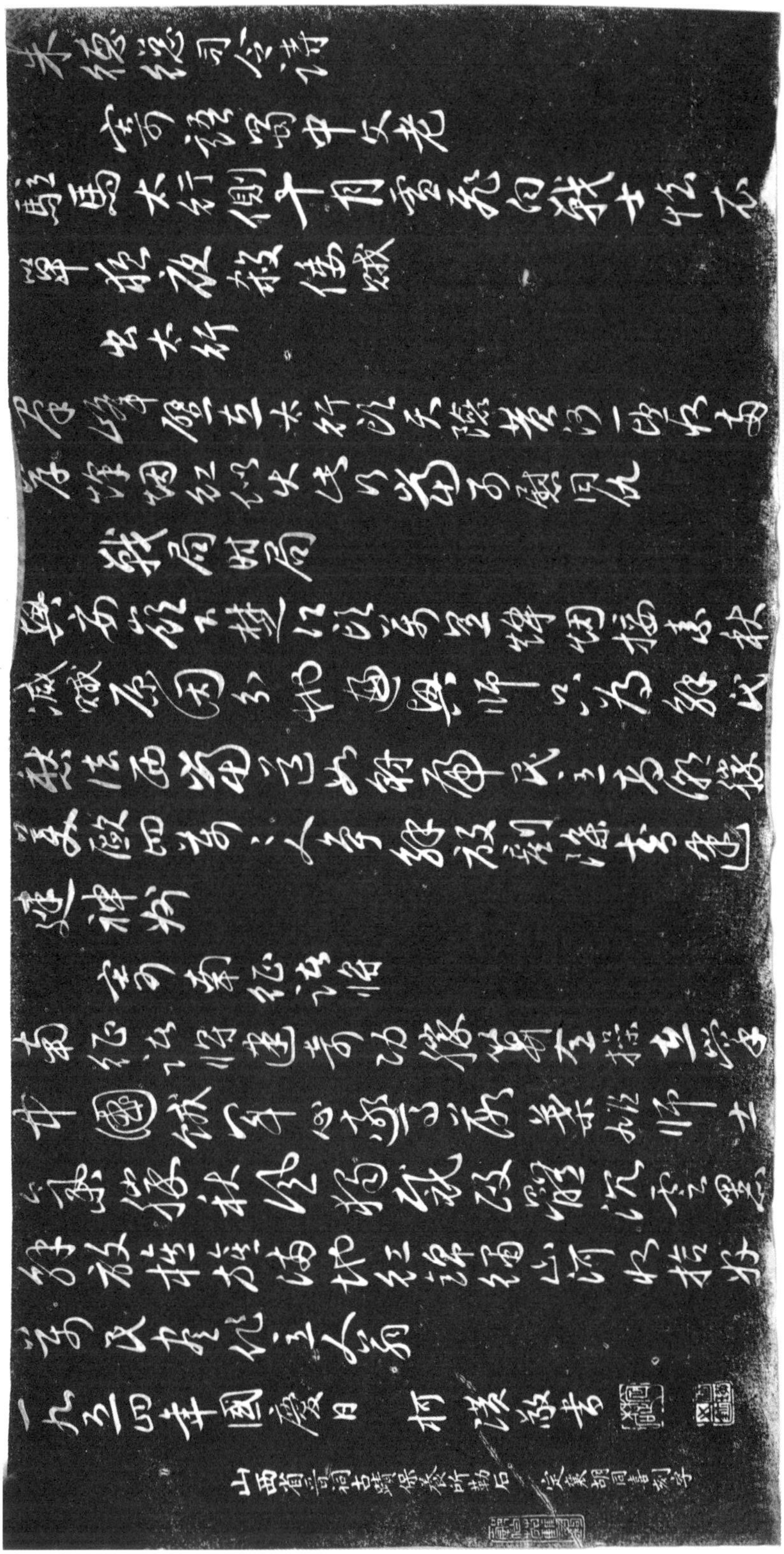

柯璜书朱德诗词《寄语蜀中父老》《出太行》《战局时局》《寄南征诸将》

释文

朱德总司令诗

《寄语蜀中父老》

驻马太行侧，十月雪飞白。战士怯衣单，夜夜杀倭贼。

《出太行》

群峰壁立太行头，天险黄河一望收。两岸烽烟红似火，此行当可慰同仇。

《战局时局》

兴安岭下楚江头，万里烽烟接素秋。灭贼原因分地遍，兴师只为解民愁。法西当道如豺虎，民主高潮胜美欧。四万万人争解放，铲除封建建神州。

《寄南征诸将》

南征诸将建奇功，胜算全操在掌中。国贼军心惊落叶，雄师士气胜秋风。独裁政体沉云黑，解放旌旗满地红。锦绣山河收拾好，万民尽作主人翁。

一九五四年国庆日，柯璜敬书。

山西省晋祠古迹保养所勒石，定襄胡同喜刻字。

钤印：定础、柯璜之玺、□伯英双钩。

说明

《寄语蜀中父老》中“驻马”原诗为“伫马”，“怯衣单”原诗为“仍衣单”。《战局时局》中“灭贼原因分地遍”原诗为“灭敌原因分地遍”。

张集书《放仙帖》

释文

高伯华，汉太傅褒之后也，仕魏为郎，换太子经。魏主敬其能直，呼为“令公”而不名。游雅韦曰，余与令公处四十余年，未尝见其喜愠之色。且内文明而外柔顺，真一代伟照也。

临《放仙帖》。

张集

说明

张集，生平不详。

谢成名书法

释文

翱翔月下成群去，遥向云间逐队飞。

雾隐白翎人不见，只听风惹尾声归。

谢成名

说明

谢成名，生平不详。

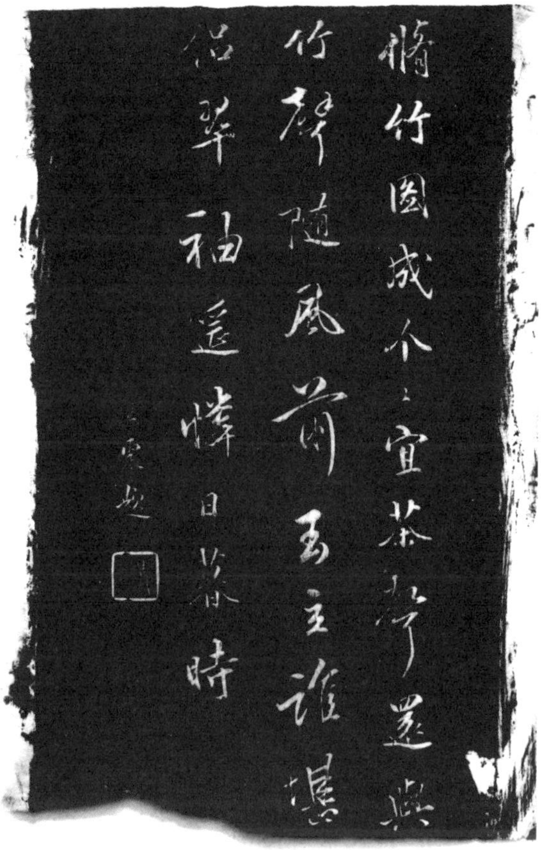

冯震书法

释文

修竹图成个个宜，茶声还与竹声随。

风前玉立谁堪侣，翠袖遥怜日暮时。

冯震题

说明

冯震，生平不详。

龍口巖

峭石立四壁寒泉飛雨龍人
間苦炎熱仙山已秋風

洗藥池

真人極隱處洗藥有清池
今卄要沐浴玉水自生肥

鍊丹井

我成神仙去井冽寒泉長甘
美善比倫華池咽玉液

長廊巖

循巖如長廊下有流泉注山
中古仙人步月自來去

金沙嶺

攀蘿緣石磴步上金沙嶺
露下色熒熒月生光洞洞

王鴻倚臨

王鸿箹书赵孟頫《天冠山诗帖》

释文

龙口岩

峭石立四壁，寒泉飞两龙。人间苦炎热，仙山已秋风。

洗药池

真人栖隐处，洗药有清池。金丹要沐浴，玉水自生肥。

炼丹井

丹成神仙去，井洌寒泉食。甘美无比伦，华池咽玉液。

长廊岩

修岩如长廊，下有流泉注。山中古仙人，步月自来去。

金沙岭

攀萝缘石磴，步上金沙岭。露下色荧荧，月生光炯炯。

王鸿箹临

说明

王鸿箹，生平不详。

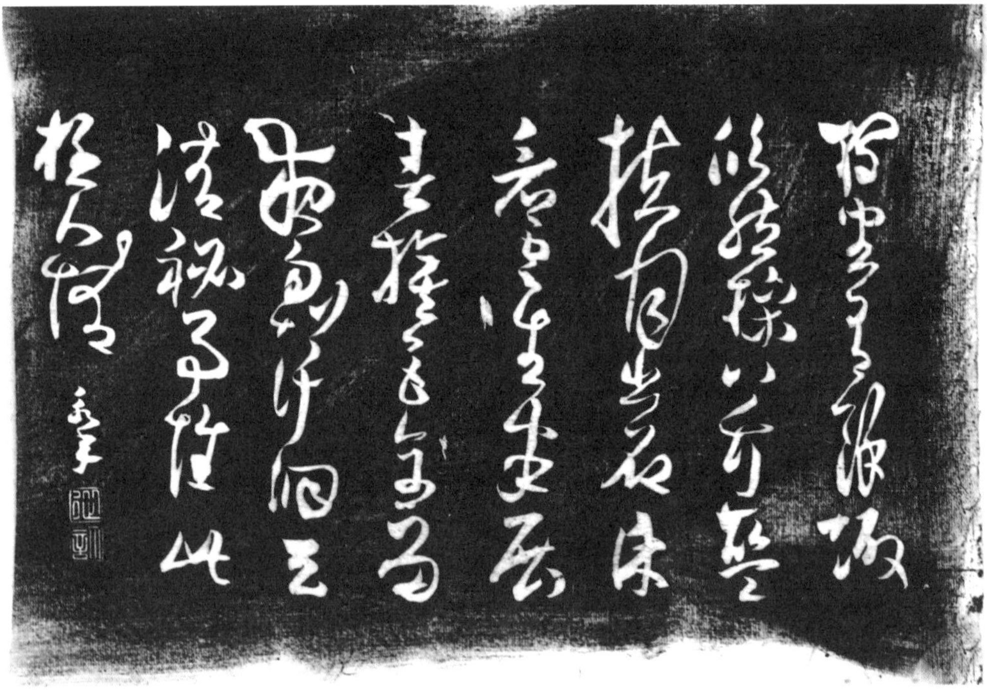

永年书法

释文

独坐有余趣，欣然操八竹。

悠悠扶月出，石床看云生。

半展春旗色，享留夜忽汗。

洞天清秘事，惟此极人情。

永年

说明

永年，生平不详。

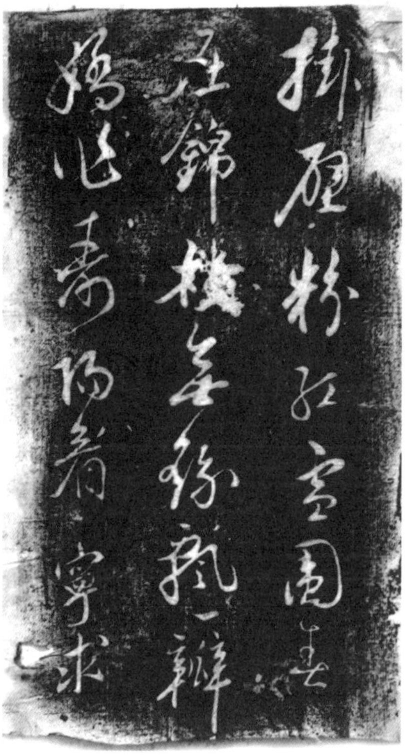

宁求书法

释文

挂壁粉红雪，围春在锦楼。

无繇飘一瓣，娇作寿阳眉。

宁求

说明

宁求，生平不详。

明代徐渭原诗《画红枫》之二为：挂壁纷红雪，围春在锦池。无由飘一的，娇杀寿阳眉。

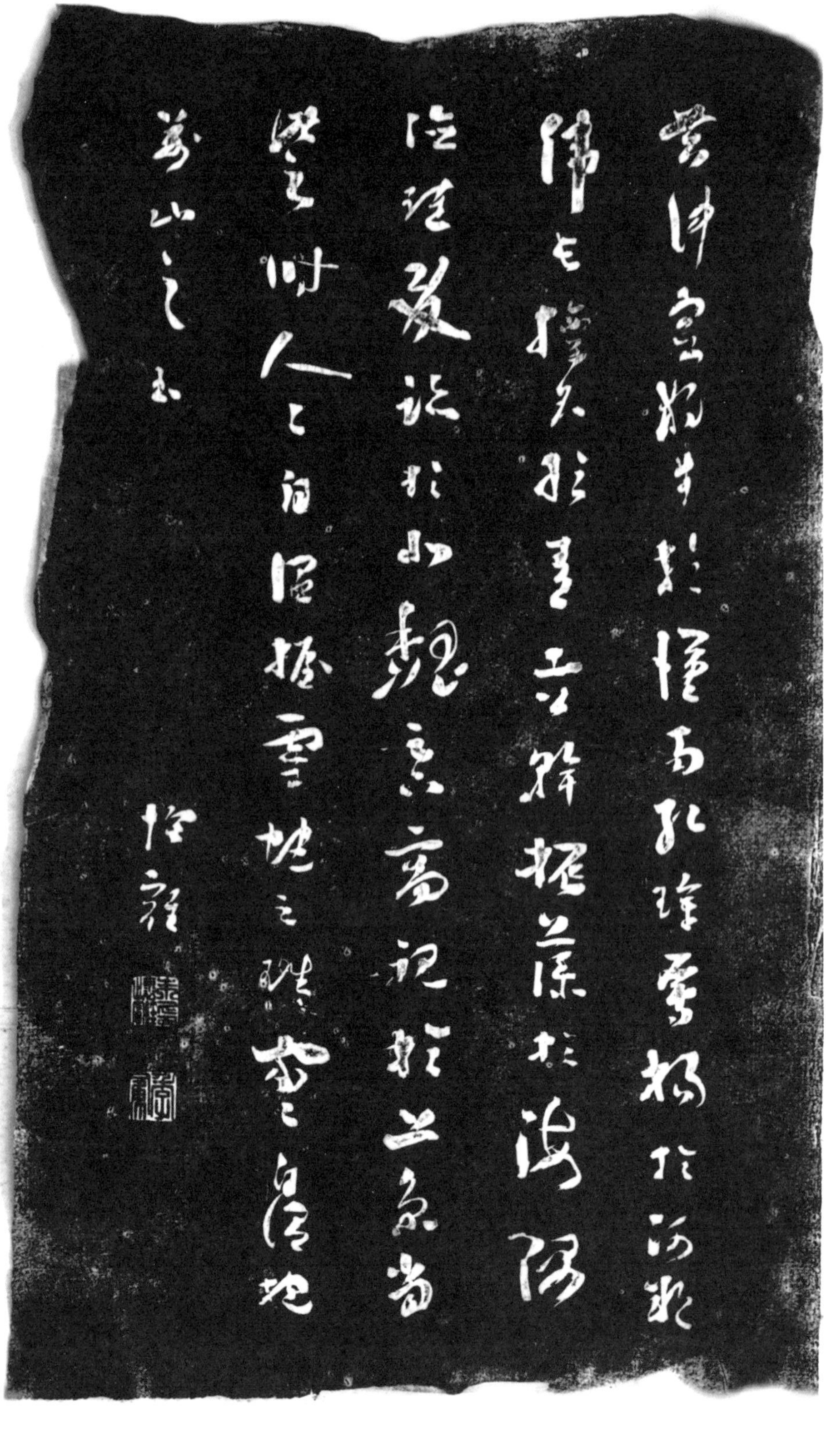

怀离书曹植《与杨德祖书》

释文

昔仲宣独步于汉南，孔璋鹰扬于河朔，伟长擅名于青土，公干振藻于海隅，德琏发迹于北魏，足下高视于上京。当此之时，人人自谓握灵蛇之珠，家家自谓抱荆山之玉。

怀离

说明

怀离，生平不详。

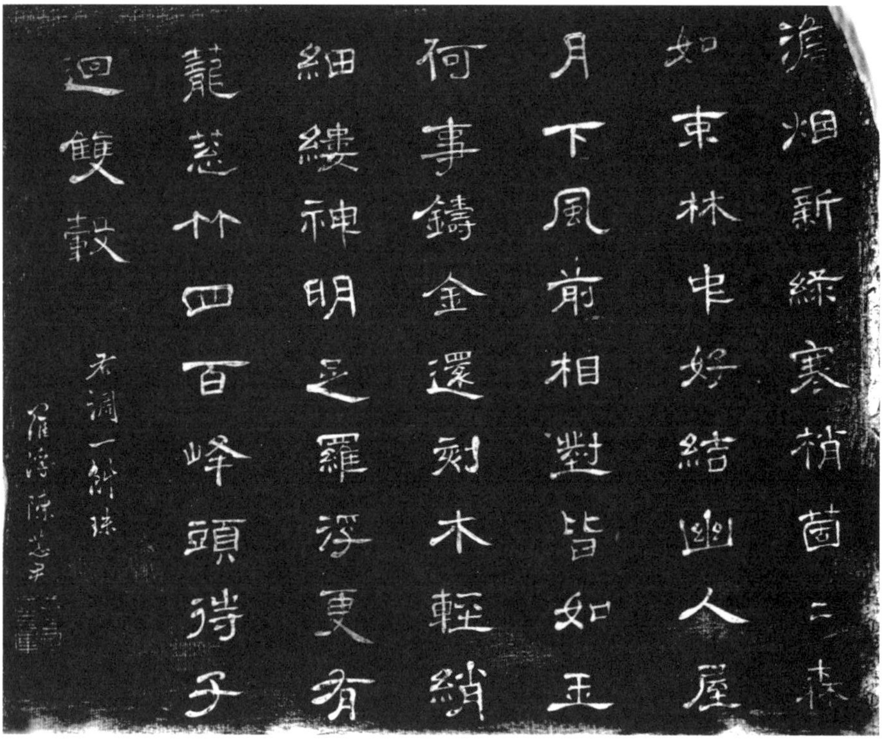

陈蕊尹书《一斛珠》

释文

淡烟新绿，寒梢个个森如束。林中好结幽人屋，月下风前，相对皆如玉。何事铸金还刻木，轻绡细缕神明足。罗浮更有茏葱竹，四百峰头，待子回双毂。

右调《一斛珠》。

罗浮陈蕊尹

说明

陈蕊尹，生平不详。

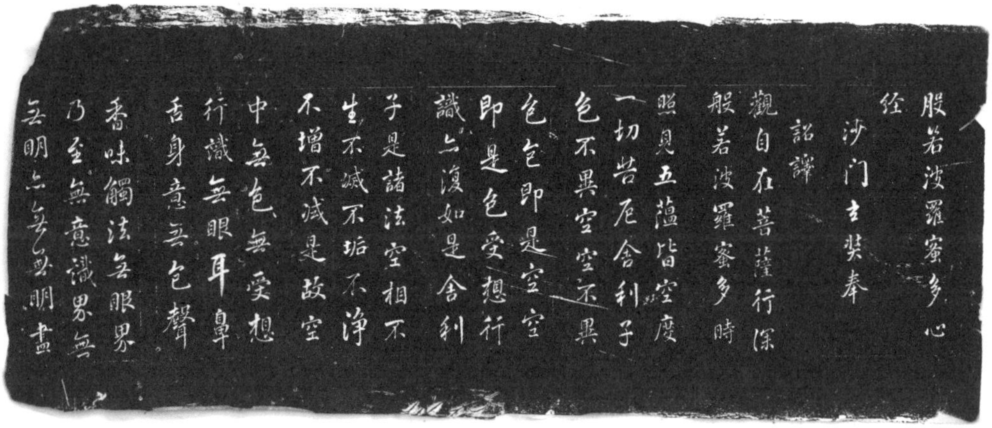

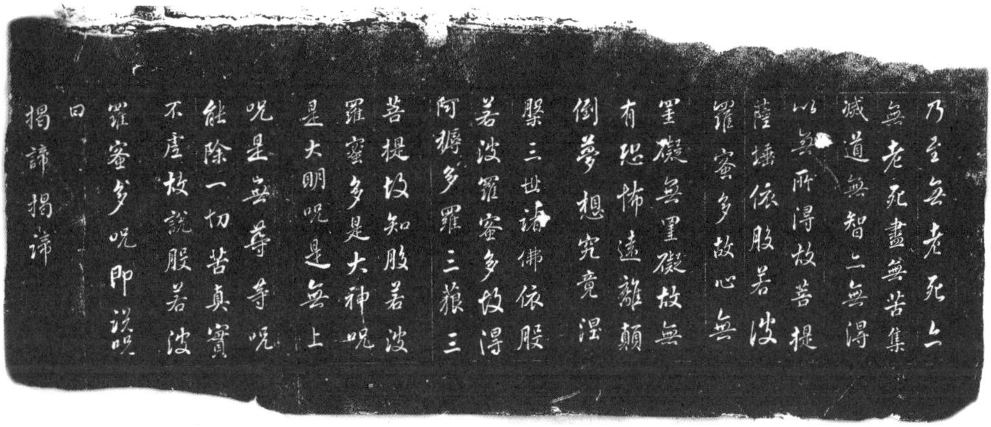

佚名书《般若波罗蜜多心经》

释文

般若波罗蜜多心经

沙门玄奘奉诏译。

观自在菩萨，行深般若波罗蜜多时，照见五蕴皆空，度一切苦厄。舍利子，色不异空，空不异色，色即是空，空即是色，受想行识，亦复如是。舍利子，是诸法空相，不生不灭，不垢不净，不增不减。是故空中无色，无受想行识，无眼耳鼻舌身意，无色声香味触法，无眼界，乃至无意识界。无无明，亦无无明尽，乃至无老死，亦无老死尽。无苦集灭道，无智亦无得。以无所得故，菩提萨埵，依般若波罗蜜多故，心无罣碍，无罣碍故，无有恐怖，远离颠倒梦想，究竟涅槃。三世诸佛，依般若波罗蜜多故，得阿耨多罗三藐三菩提。故知般若波罗蜜多，是大神咒，是大明咒，是无上咒，是无等等咒，能除一切苦，真实不虚。故说般若波罗蜜多咒，即说咒曰：揭谛揭谛。

说明

此经文后遗“波罗揭谛，波罗僧揭谛，菩提萨婆诃”。

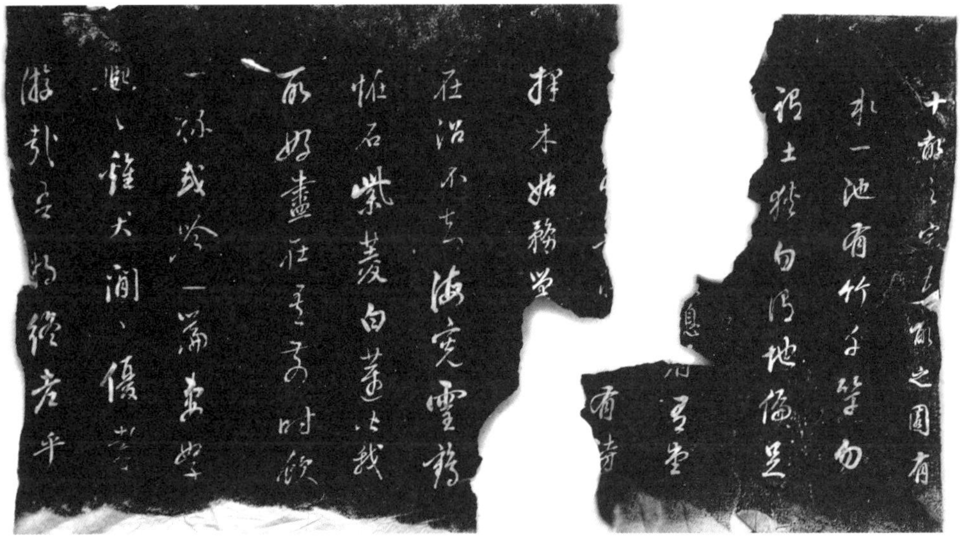

佚名书白居易《池上篇》

释文

十亩之宅，五亩之园。有水一池，有竹千竿。

勿谓土狭，勿谓地偏。足（以容膝，足以）息肩。

有堂（有庭，有桥有船，有书有酒，有歌有弦。

有叟在中，白发飘然。识分知足，外无求焉。

如鸟）择木，姑务巢（安。如龟）在沼，不知海宽。

灵鹤怪石，紫菱白莲。皆我所好，尽在吾前。

时饮一杯，或吟一篇。妻孥熙熙，鸡犬闲闲。

优哉游哉，吾将终老乎（其间）。

说明

本拓残缺不全，据白居易诗补全。

佚名书皮日休《病中庭际海石榴花盛发，感而有寄》

释文

一夜春工绽绛囊，碧油枝上昼煌煌。

风匀只似调红露，日暖唯忧化赤霜。

火齐满枝烧夜月，金津含蕊滴朝阳。

不知桂树知情否，无限同游阻陆郎。

钤印：体元主人、万几余暇。

说明

首句“一夜春工绽绛囊”，皮日休原诗为“一夜春光绽绛囊”。此拓片的落款处破损，故书法作者之名不详，但从钤印来看，“体元主人”与“万几余暇”成对出现，常见于清康熙皇帝的诗文、书法作品，故此拓片文字疑为康熙所书。

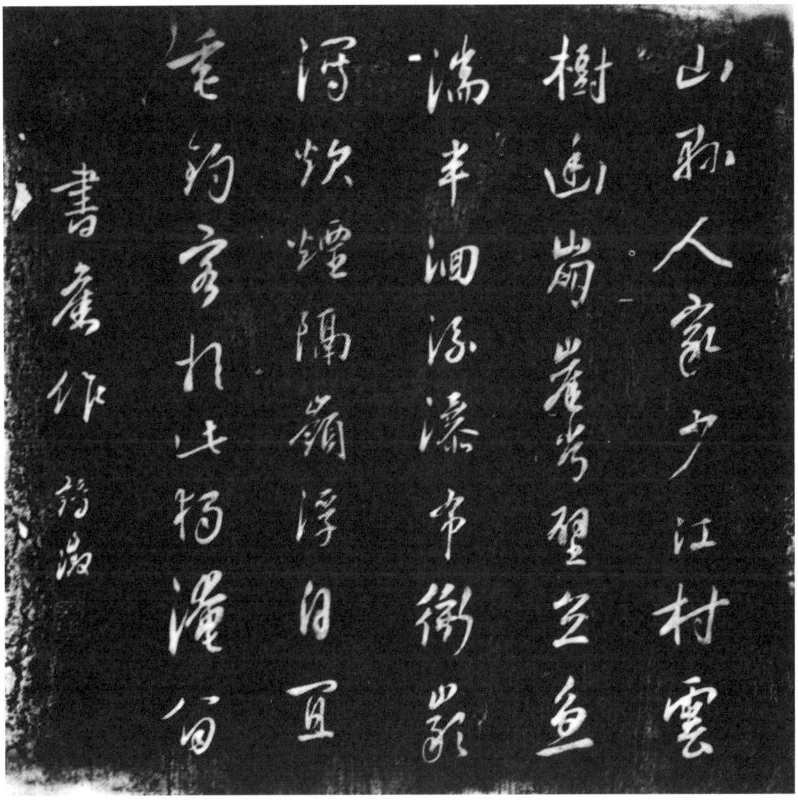

佚名书法（一）

释文

山县人家少，江村云树幽。

崩崖常壁立，急湍半洄流。

瀑布冲岩泻，炊烟隔岭浮。

自宜垂钓客，于此独淹留。

书旧作，□徵

说明

作者不详。

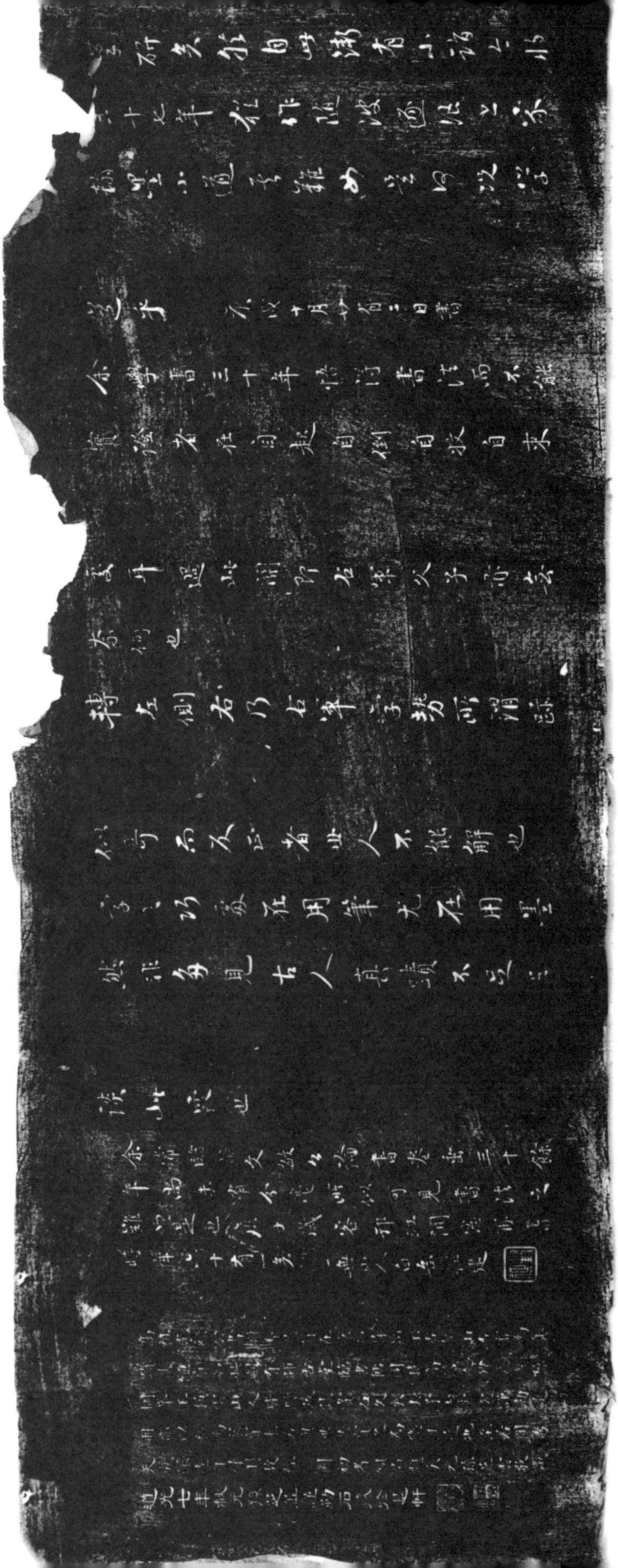

佚名书法（二）

释文

笔研矣。然自此渐有小诣。今将二十七年，犹作随波逐浪书家。翰墨小道，其难如是，何况学道乎？庚戌十月廿有二日书。

余学书三十年，悟得书法而不能实证者，在自起、自倒、自收、自束处耳。过此关，即右军父子亦无奈何也。

转左侧右，乃右军字势，所谓迹似奇而反正者，世人不能解也。

字之巧处在用笔，尤在用墨。然非多见古人真迹不足与谈此窍也。

余常临董文敏公论书卷，垂三十余年，尚未有分毫所似，可见书法之难如是也。庚子岁客邗江间窗再书，时年六十有一矣。

一无山人白岳程建。

高祖光禄公书□□□□□□□□□□□□□□□□□□（字迹模糊无法辨认）元孙芝云敬识。

道光七年秋元孙芝华谨勒石，藏于退轩。

说明

作者不详，但从跋中元孙“芝云”“芝华”称呼来看，应是清代篆刻家程鸿绪之曾祖所书。程鸿绪（1756—1814），字石琴，号芑堂，安徽休宁人。其子程芝云、程芝华均为清代著名的篆刻家。程芝云辑有《百二汉镜斋秘书四种》。程芝华，号小石，著有《程芝华印谱》。

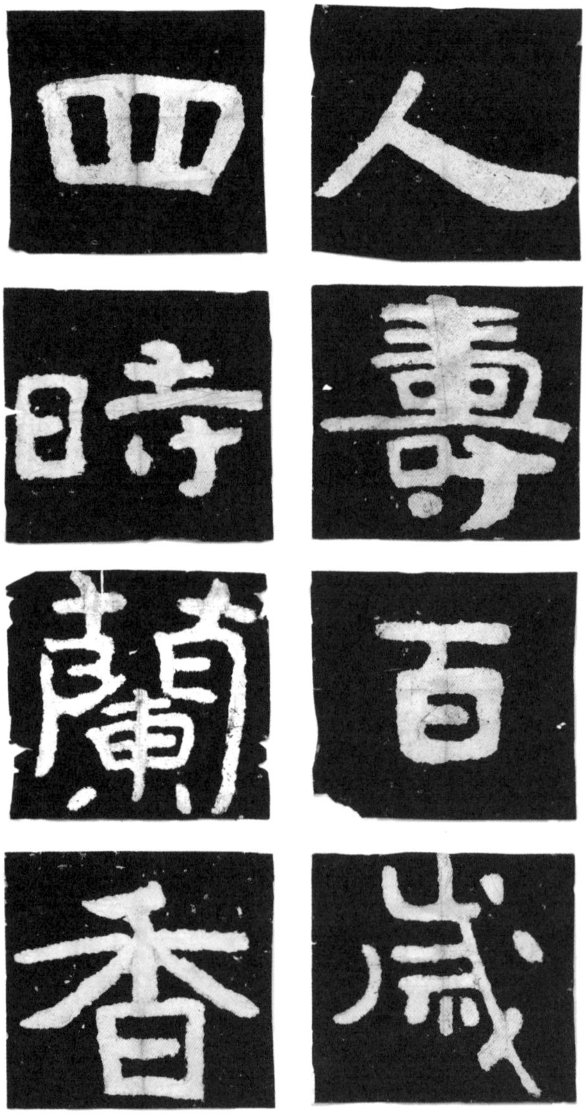

佚名书法（三）

释文

人寿百岁

四时兰香

说明

作者不详。

佚名书法（四）

释文

听水

云路

衔月洞

说明

作者不详。

佚名书法（五）

释文

锄月

霏碧

说明

作者不详。